# ESPIAMOS

## INTELIGENCIA CORPORATIVA

## Guía de Supervivencia
## para el Metaverso

Luis Rivasés

"Así que la torre no fue derribada. Simplemente hizo una pausa".

"Correcto. No fue derribada".

Hiro Protagonist al Librero, en Snow Crash de Neil Stephenson, sobre la Torre de Babel

## Advertencias sobre el futuro

Este libro contiene 322 páginas y tardó poco más de 17 segundos en ser traducido a cada idioma por una máquina de traducción automática neuronal. A partir de allí, en menos de un minuto y diecinueve segundos, otra se encargó de mejorar su redacción.

En 2030 un software podrá traducir todos los libros de la biblioteca del Congreso de los Estados Unidos a más de doscientas lenguas en menos de seis meses y para ese momento, casi todas las publicaciones escritas en letras se encontrarán en unos y ceros. En menos de un segundo, "el Librero" de Google puede encontrar cientos de millones de referencias de su búsqueda y puede descargar una tesis científica en vietnamita y traducirla en menos de diez segundos y fracción con un 98,67% de precisión y en esta carrera no están solos, China está haciendo lo propio con todo lo publicado en Occidente. Mientras escribo estas líneas, la Torre de Babel se ha reconstruido y en 2030 usted podrá hablar en su idioma con un malayo o un finlandés y este escuchará su voz exacta en un audífono. Sí, usted hablará malayo, suajili y más cientos de idiomas y no es que hoy no se pueda ya hacer, pues existen los softwares, sino que usted hablará con su propia voz y además su tono e inflexión al hablar, emulará el del idioma que lo recibe.

Hoy, los científicos japoneses han batido récord de transmisión de data por 1,02 petabits por segundo. Si usted tiene en su casa una velocidad de cien megabytes por segundo, significa que es millones de veces más rápido. A esa velocidad vertiginosa viviremos en 2030 y toda la información que usted, su familia, amigos y su corporación, han producido en los últimos cuarenta años, podrá estar disponible para consulta y podría ser transmitida literalmente, en un abrir y cerrar de ojos.

Pero al mismo tiempo, existen peligros completamente nuevos. Usted y su familia, sus compañeros de trabajo y amigos están siendo hackeados permanentemente, al mismo tiempo que las corporaciones transforman y convierten su vida en unos y ceros para descomponerla en el universo digital y buena parte de su vida, se encuentra o encontrará a la venta en la red profunda. Pero eso no será tan radical, como que toda su vida estará plasmada en un mapa virtual, al igual que su genética y su data molecular.

Mientras esto sucede, las viejas luchas políticas por el control de la política global encontrarán nuevos espacios, terrenos fértiles y la tecnología

3

los ayudará a apoderarse de una buena porción del ciberespacio e iniciar la tercera guerra mundial a nivel social y la primera en el espacio virtual, en un mundo en el que cada vez estaremos más alejados de la realidad, al menos tal y como la conocimos en el siglo XX, mientras que a través de las redes sociales y gracias a los algoritmos, las decisiones humanas estarán menos afectadas por lo racional y por lo tanto serán menos humanas.

El fin de la realidad como la conocimos y su sustitución por otra nueva, representará el mayor cambio en los mercados de la historia de la humanidad y también en la política, en la que ya no solo habrá brechas de desigualdad, ni distancia entre el que tiene o no tiene, el pobre o el rico, sino algo mucho más espeluznante, entre los que pueden sobrevivir a la era digital y los que no.

Si la revolución industrial condenó a decenas de naciones a la pobreza y al caos absoluto o la revolución de la computación colaboró a borrar del planeta a decenas de otras cuyos habitantes marchan en caravanas por los desiertos, para llegar a los países sobrevivientes, la nueva revolución amenaza ahora a decenas de países que tenían ingresos medios y serán incapaces de sobrevivir a su nueva realidad. La pobreza ya no solo se medirá entre los que pueden comer o no, sino los que puedan o no salir de la pobreza digital. Las naciones digitales tendrán que construir, cómo nunca antes, muros gigantescos para impedir que decenas de millones de caminantes de las naciones analógicas destruidas, lleguen a sus fronteras.

Hace veinte años las corporaciones, sus juntas directivas y sus CISO (Chief Information Security Officers) solo tenían que preocuparse por comprar un buen firewall, estructurar bien sus políticas de información y rezar porque un chiquillo, aburrido en su casa, no los vulnerara por travesura. Hoy, tienen que defenderse de gobiernos hostiles, ejércitos de ciber guerreros, mercenarios y piratas freelance, cibercrimen organizado y de corporaciones de inteligencia que harían temblar a la KGB.

Muchas corporaciones, incluso las gigantes que hoy conocemos colapsarán en este futuro por culpa ciber ejércitos con cientos de miles de soldados y usarán billones de dispositivos conectados a la red. Mientras las vías digitales para transformar sus mercados e incluso quebrar a las compañías serán cada vez más rápidas, la gran mayoría no lo sabe, pero pelean en esta nueva Guerra mundial que ya no es por territorio o recursos, sino por el control de la información.

Este es un libro para tratar de comprender y sobrevivir a ese futuro.

Índice

A Daniel,

# Capítulo I. Nuestra actualidad

## Espiamos

Mientras usted lee este libro, estará siendo espiado o espiada en profundidad por la inteligencia y decenas de sus datos están siendo compartidos por personas a las ni siquiera conoce, pero están sumamente interesados en saber todo lo que hace con su vida. Nada se compara al *profile* que están construyendo sobre usted.

No, no se preocupe por el gobierno, ya nadie lo espía de la manera tradicional.

Nadie está hurgando clandestinamente en el basurero afuera de la casa para encontrar datos importantes que permitan saber quién es y qué hace. A menos que usted sea objetivo de interés de algún estado o corporación, no le está interfiriendo su teléfono, o han contratado detectives para conocer sus finanzas.

No lo espían a la antigua, porque el espionaje es una actividad clandestina y usted, sin darse cuenta o simplemente porque no le ha dado suficiente importancia a su privacidad, ha dado su permiso legal, incluido a muchos gobiernos, para ser espiado e investigado y acepta que toda esa información de su gigantesco perfil, pueda ser suministrada a terceros que también se interesen por usted.

De hecho, lo hace todos los días de su vida y cada vez que abre la computadora o su teléfono. Cada vez que descarga una aplicación, la usa o acepta una propuesta que luce inofensiva, pero en realidad se puede tratar de un software malicioso que busca robarle información y ocurre igual cuando acepta una simple galleta o *cookie* de un lugar que no debería visitar, dejando decenas de puertas secretas abiertas para que otros puedan entrar a lo más recóndito de su espacio vital. Así como cuando descarga una pista ilegal de su cantante favorito, una película o un libro de una página que se lo ofrece gratuitamente.

"No hay nada gratis" reza el dicho, ni los que lo hacen son héroes anticapitalistas que usan su dinero para ayudarlo a usted a sortear los derechos de autor, son personas que invierten mucho dinero, en distintos servidores a nivel mundial, almacenamientos y en su propia seguridad para vender la puerta de entrada de su casa, a todo el que esté interesado en la red profunda.

O en el caso de ser simples criminales, también son usados por los grandes sistemas de inteligencia y piratas informáticos, para implantar malwares a los equipos que se conectan a estos, porque su seguridad es extremadamente deficiente o ni siquiera existe.

Por eso ya no es necesario entrar clandestinamente a escarbar en su cubo de basura, porque entre otras cosas, ya no hay muchos papeles que podamos encontrar allí, cuando usted tiene un cofre del tesoro en su ordenador y su teléfono que son infinitamente más importantes o sus datos se pueden comprar a alguien.

Pero también entran a su vida todos los días cuando recibe y descarga un video que no luce peligroso o un meme o foto viral que es retransmitido masivamente- incluso de sus amigos- y que se cree inocente. De allí a la primera advertencia, en Internet nada es inocente y tampoco existe algo gratis, todo sirve a un propósito y ha sido diseñado para que le cueste algo. Puede ser un simple mensaje de texto, una aplicación, programa o sitio de internet que le ofrece una galleta[1] y en especial todo contrato al que usted le da aceptar y en el que casi todos usan las palabras mágicas: "su privacidad es importante para nosotros". Claro que lo es, porque al aceptar ya deja de ser privado, como cuando un extraño le ofrece una galleta en la vida real y pierde un poco su espacio y privacidad, pues intuye que el extraño desea algo de usted o cuando menos, quiere conocerlo o entablar una conversación de la que seguramente extraerá algún dato.

Solo que, en este caso, la información que obtienen es enorme y es usted quien ha entablado la conversación, quien ha buscado a un extraño que saca de su bolsa una provisión de distintas galletas de sabores. Y las cookies, entre muchas otras herramientas, son un problema de tal magnitud que hay leyes para regularlas, así como políticas de uso para que el extraño pueda evadir su responsabilidad por haberle quitado parte o toda su privacidad, de allí que le alerten antes, de que usted es el único responsable de todo al momento en que escoge aceptar las opciones y en no pocas oportunidades, a pesar de que su propia computadora le ha recomendado que no debe hacerlo.

---

[1] Las cookies son fragmentos de su información que los sitios web almacenan en su navegador. Su uso principal es recordar cosas útiles como la información de inicio de sesión de su cuenta o qué artículos había en su carrito de compras en línea; en otras palabras, guardan su información. Pero también pueden utilizarse de manera indebida vinculando todas sus visitas, búsquedas y otras actividades en determinado sitio.

Recuerde que no está recibiendo en realidad un mensaje, una foto, un video o un audio sino la representación de millones de unos y ceros[2]. La información es de tal magnitud, que si en vez de imprimir la foto en un papel, usted quisiera imaginarse su código binario escrito sobre ese papel, por cada mega le entregarían catorce libros del tamaño de una novela. Y allí es cuando sospechamos lo que significa que los piratas informáticos se robaran 37 gigas del código fuente de Microsoft y que puedan encontrar en éste gigantesco universo de unos y ceros, grandes vulnerabilidades.

Pero, no nos adelantemos a eso. Las fotos y videos se encuentran entre las favoritas para expandir los virus y malware[3], porque lucen tan inocentes como las fotos de su álbum familiar y pueden ser utilizadas de mil maneras para encontrar la puerta trasera de entrada, no solo a su computadora sino a toda su vida. Piénselo por un instante, programar un juego tarda miles de horas de un equipo interdisciplinario a un costo formidable, cuesta tenerlo en un servidor, protegerlo, cuesta el procesamiento y la rapidez para que pueda acceder a este. Por lo tanto, nadie no lo puede vender gratis y la respuesta a una gran cantidad de video juegos gratuitos que se ofrecen, no es otra que hacerse dueños de su equipo.

Pero además de esos juegos gratis, los chicos malos también clonan a los más populares, como le ocurrió por ejemplo el famoso Angry Birds, que es un juego y aplicación legal que tiene un costo, pero al ser tan famoso y difundido. Los chicos malos crearon varias copias y extensiones ofertándolas a millones, porque ¿Quién no quiere tener la nueva versión antes de que salga al mercado? Y allí decenas de miles de víctimas vieron que el juego funcionaba perfectamente por unos primeros mundos, dándose cuenta muy tarde que no funcionaba y sin saber nunca que habían dado permiso para que su teléfono o computadora fuera dominado en la totalidad por

---

[2] Para los efectos de simplificar el tema al lector, se omiten las referencias sobre códigos, programación y el uso de hexadecimales (hex).

[3] Si usted observara un pixel (un puntito) en una foto, a través del microscopio, cada uno de ellos usa tres bits para definir su color básico, pero mientras más profundidad de color más bits se utilizan, de tal manera que en una imagen de 24 bits se pueden usar ocho para cada color (rojo, verde, azul) y tener más de 16 millones de tonos. En ese universo de bits, existen a su vez capas que se superponen y llevan la información de donde se tomó, el dispositivo, tamaño etc. Los cripto-virólogos lo que hacen es vincular el formato de la foto con el virus, ocultándose al final de los bits o entre las capas, para generar pequeños códigos que permitan la entrada a su computadora.

terceros o buscaron su cartera de cripto monedas y simplemente los robaron[4].

Por otra parte, aceptamos galletas de sabores de las corporaciones y aplicaciones gubernamentales, pero como ahora están en todas partes, nos llegan desde un pequeño supermercado, un blog, periódicos digitales o restaurantes que no tienen absolutamente ninguna seguridad en sus servidores[5] ofreciéndonos cookies técnicas, de seguridad, personalización, de análisis, galletas específicas para determinar nuestra conducta, para aprender de usted o para llevar sus estadísticas, así como las más tediosas que son las de publicidad, pero a través de todas estas, de las fotos y videos, o incluso de mensajes de texto, viajan entre los unos y ceros, códigos que permiten hacer muchas cosas y muy malas.

Imaginemos entonces que mientras más aumentamos la tecnología, más grandes son los códigos y más posibilidades de vulnerarlos existe y le doy un ejemplo, cuando su teléfono anuncia que su cámara tiene 12 megapíxeles, significa que las fotos que usted toma son de doce millones de pixeles a los que tiene que multiplicar por tres (bits), en otras palabras, si quisiéramos representar esa foto en unos y ceros impresos sobre el papel, el tamaño sería equivalente al tamaño de sesenta novelas por cada foto.

Por otra parte, mientras lee este párrafo están descomponiendo su vida a través de algoritmos y sistemas automatizados acercándonos cada día más a esos unos y ceros, a la realidad virtual y alejándonos de nuestra otra realidad, haciendo que la vida que teníamos antes, nos guste cada vez menos, porque entre muchas otras cosas, nos permiten vivir otra vida o varias más en paralelo a las cuales llaman ciberidentidades, ciberpersonalidades e identidades virtuales. Pero tras cada pedacito de información que nos quitan, se esconde un futuro en el que toda ésta se integrará

---

[4] Crackonosh: How Hackers are using gamers to become crypto-rich en
https://www.bbc.com/news/technology-57601631
[5] Si son capaces de vulnerar sistemas como en de Nvidia, Samsung o Microsoft, los firewalls de las pequeñas empresas lucen inútiles frente a los cientos de miles de ataques diarios.

en ese universo que ya tiene nombre: Metaverso y es la razón por la que a usted lo están minando como si fuera una criptomoneda.

No. El Metaverso no solo será un lugar en el que usted se colocará unas gafas, trajes y guantes o un sistema óptico de la computadora comprenderá todos sus movimientos y podrá recrear juegos o ver películas en realidad aumentada, percibiendo sensaciones únicas. Por supuesto que esa tecnología romperá barreras y ya no necesitará visitar los parques de Disney si sus hijos pueden vivir en la casa de Mickey Mouse o caminar por el parque Jurásico entre gigantescos dinosaurios.

Basta con ver los nuevos sistemas ópticos que captan los movimientos humanos o los trajes de realidad virtual como el *Teslasuit*,[6] que es similar al de neopreno que usan los buceadores y que permite sentir, a través de pequeños pulsos eléctricos, desde el viento, hasta la lluvia, una caricia o un golpe. Y esta tecnología apenas está dando sus primeros pasos. Hoy las imágenes de esos juegos, equivalen a la simplicidad de los antiguos juegos de Arcade, pero en veinte años la tecnología será verdaderamente sorprendente.

Pero repito, el Metaverso no será solo entretenimiento. Es cierto que, gracias a la suma de tecnologías de voz, imagen y datos, sumadas a las i-sensaciones será maravilloso recrear películas con sus actores favoritos desde que se inició el cine mudo e incluso podrá tener distintos niveles de participación en las películas y sí, usted no solo podrá caminar entre los dinosaurios de Jurasic Park con su familia, sino que podrá incluso tocar a uno o podrá ser el campeón de Quidditch y desbancar al mismísimo Harry Potter en un torneo mundial. No es que usted lo hará todo a través de un Avatar, como lo ha hecho hasta hoy, sino que podrá participar en las Meta producciones.

Pero el Metaverso también será un universo informativo nuevo y peligroso, por lo que no solo vivirá en una era de la integración de datos, sino en su híper velocidad. Solo piense que, en un pasado no remoto en Inglaterra, apenas el 9% de la población tenía algún ancho de banda que le permitía viajar a una velocidad de 4 Megabytes por segundo y que hoy consideraríamos del cretáceo. Para el 2016 el

---

[6] https://teslasuit.io/the-suit/

promedio en ancho de banda móvil de los Estados Unidos había alcanzado los 33 Mbps y para el 2021 había alcanzado 74 Mbps. Siendo el promedio de los 25 países con mejor Internet de banda ancha fija, 133 Mbps en 2022[7].

Hablamos entonces del futuro en híper velocidad y nos deberemos preparar para ese momento porque no estamos hablando del futuro, sino del presente, es decir, deberemos sobrevivir en una sociedad que vivirá a cientos de terabytes por segundo y los autos se comunicarán en fracciones de segundo entre sí y con todas las aplicaciones de quienes caminen mientras estas últimas, podrán establecer un seguimiento de nuestras vidas en milisegundos.

En ese mundo las barreras de idiomas se habrán levantado porque podremos conversar con diez extraños en tiempo real y en cada uno de sus idiomas, imitando nuestro tono de voz y solo a través de nuestro auricular.

Por eso el Metaverso representará también avances enormes en su trabajo, la medicina, en la industria, las invenciones e innovaciones y en la forma en la que producimos, así como nos relacionamos entre los humanos. Pues es la conjunción de los universos múltiples en los que hoy interactuamos y, por lo tanto, enfrentará también, la suma de todos los peligros de los multi universos. Pues en los próximos años ocurrirá la mayor integración de información de la historia de la humanidad y mire que la usarán.

Pero no nos adelantemos a los capítulos finales. Porque para saber a dónde vamos, es necesario comprender de dónde venimos y las razones por las que hemos llegado aquí.

---

[7] https://www.speedtest.net/global-index

Durante el fin de toda una era

Mientras escribo estas líneas me encuentro en un tren de alta velocidad de Roma a Florencia, una ruta de apenas una hora y media para una distancia que a mis padres les habría tardado cerca de cinco horas recorrer en el tren más moderno de su época. Pero otros aspectos me separan de esa época relativamente cercana, acabo de abrir la página de la biblioteca electrónica Archive.com y he pedido prestado el libro de 1988: *The Media Lab: inventing the future at MIT* de Stewart Brand.

Sigo siendo un chiquillo que no deja de maravillarse por lo que me rodea y no sé qué me impresiona más, el hecho de haber pedido prestado el libro en una biblioteca virtual y estar releyendo el diagrama de interpretación simultánea de Koji Kobayashi[8] en un tren que marcha a 190 millas por hora o el hecho de que todo lo que me ha llevado allí lo he realizado a través de una aplicación. El avión que me llevó a Italia, el pasaje en tren, el asiento y el servicio que escogí en ambos casos, el coche alquilado y todo lo que me espera al llegar, desde el hotel, el transporte o hasta el restaurante en el que he decidido cenar, ha sido parte de un proceso de toma de decisiones que a nuestros padres les hubiera costado semanas contratar, se puede hacer en una pantalla de teléfono, en el tiempo que dura tomarnos un simple café.

Pero es allí cuando la reflexión es más apasionante que la suma de las veces que me maravillé. Toda esta tecnología que comenzó a crearse a partir de los años ochenta es ya hoy un hecho que todos en ese tren dan como algo tan normal como respirar y lo que es más dramático aún, todo está por cambiar aún más, cómo los millones de empleos que ya no existen porque fueron sustituidos por aplicaciones.

Como los cambios son tan rápidos y constantes a nuestro alrededor y las innovaciones son cada vez más interactivas y atractivas, no nos hemos dado cuenta de la gigantesca transformación a nuestro alrededor. Cuando salió el Compact Disc a nivel mundial en 1984 nadie sospecharía, salvo en el laboratorio del MIT, que en apenas cinco se acabaría toda una era del vinil y de los casetes

---

[8] Página 168, edición Penguin Books 1988.

magnéticos, para 1989 había desaparecido toda una industria sin sospechar tampoco, en este caso incluido el laboratorio del MIT, que en apenas diez años aparecería el iPod, y mucho menos que todo lo anterior sería descontinuado por el streaming en menos de una década. Y con esto, los cientos de miles de empleos ensamblando aparatos que ya no son necesarios.

Y es precisamente en 1984 donde nos debemos situar, no solamente por la creación de ese laboratorio que cambiaría mucho de lo que ocurriría o por la novela de George Orwell, sino por la explicación de Apple en su famoso anuncio publicitario, emulando el final del mundo distópico de Gran Hermano, lanzando un martillo a una pantalla de televisión en la que un dictador decía: "Nosotros prevaleceremos". La revolución de los unos y ceros arrasaría con todo lo analógico que se pasara frente a ellos generando la mayor transformación silenciosa de la historia tecnológica de la humanidad.

La televisión tal y como la conocemos desapareció. Las señales abiertas o *broadcast* fueron reducidas a la nada y las grandes cadenas ahora ganan más por contenido y suscriptores, que por publicidad. Salvo para un grupo etario muy definido, los periódicos de papel se han desvanecido a tal punto que representan la mitad de los que circulaban en 1950 y apenas un 25% de los que deberían existir[9]. Periódicos como el Washington Post tienen apenas un tiraje cercano a los 350 mil usuarios en papel mientras que 87 millones de usuarios, leen y ven su información a través de aplicaciones.

Los antiguos medios de comunicación fueron la primera víctima de la superautopista de la información, que ya es en tiempo real y nadie quiere saber lo que pasó ayer, que es en esencia lo que pasaba en los periódicos que leían nuestros padres o abuelos, cuando hoy están viendo exactamente lo que ocurre al segundo en el que sucede. Por lo tanto, ahora lo que queremos es saberlo antes o que medios especializados nos expliquen lo más rápido posible, la situación a través de análisis más detallados o vamos a buscar la

---

[9] En 1950 Estados Unidos tenía una población de 151.325.798 habitantes y circulaban 53.829.000 ejemplares diariamente, hoy son apenas 24.299.333 ejemplares, para una población de más de 329 millones. https://www.pewresearch.org/journalism/fact-sheet/newspapers/

especialización de la información de acuerdo a nuestro propio enfoque.

Por lo tanto, consumimos lo que deseamos, en el tiempo y con el enfoque que deseamos y todo, a través de unos y ceros que quedan flotando en el espacio, para siempre. Sí, aunque usted lo borre.

Las cámaras han sido también reemplazadas, tampoco las fotos son reveladas con productos químicos como lo conocieron nuestros abuelos y abuelas, sino que son simples códigos binarios que viajan por el ciberespacio, igual que ya no hay cables que conecten las palabras o datos telefónicos a la vieja usanza.

Las viejas formas de hacer cine y el teatro siempre estarán entre nosotros, pero el debate a digital en las películas es uno perdido y aunque hoy se abuse de la pantalla verde y de las animaciones computarizadas o no nos parecen del todo reales, ese será el futuro y aunque no lo parezca, dentro de unas décadas los unos y los ceros, harán que nuestra percepción de la realidad sea completamente distinta. Pues nuestros cerebros evolucionarán para acostumbrarnos a la nueva realidad.

Puede haber un revival de los discos de vinilo, como quien quiere tener un coche vintage, así como muchas tecnologías del pasado, pero no será otra cosa que llevar lo digital a representarlo como antiguo, pues aparatos como el iPod ni siquiera lograron sobrevivir diez años a los avances o la integración.

Nuestro nuevo reloj de pulsera ya es todo menos reloj. Uno, que salvo los de lujo y por razones financieras, está en extinción. De hecho las nuevas pulseras computarizadas no fueron precisamente diseñadas para darnos la hora, nuestro dinero viaja por el ciberespacio junto con nuestras fórmulas de entretenimiento y como siempre estamos acompañados de una supercomputadora a la que apodamos teléfono, quizás para sentirnos menos inseguros, todas las autorizaciones que hemos dado, permiten conocer con precisión dónde estamos a cada segundo de nuestras vidas, qué estamos haciendo y que queremos con una minuciosidad y exactitud escalofriantes.

El GPS de su coche le dice permanentemente a la compañía donde se encuentra, así como si usted posee uno Garmin, iTrack, ProTrack u otras marcas.

Como hablamos de 1984, algo nos dice que no nos preocupemos demasiado por la pesadilla orwelliana de "Gran Hermano" porque intuimos que esa fase la pasamos hace décadas. La siguiente generación construyó la superautopista de la información, la siguiente el Big-data y ahora se encuentran los bisnietos a cargo, es decir si las generaciones precedentes tenían que colocar tecnologías especializadas, cámaras o micrófonos para saber dónde se encontraba alguien y que hacía, o la siguiente tuvo que generar recursos gigantes de interconexión y almacenamiento o efectuar complicados estudios para determinar las tendencias de grupos sociales, sus nietos consiguieron nuestra autorización para integrarnos a todos, individualmente, a la mayor red de inteligencia y espionaje tecnológico jamás creada y que seamos nosotros los que les proporcionemos la información sobre donde estamos o que hacemos y encima, sintiéndonos a gusto y hasta agradecidos por el servicio.

Imaginemos por un instante a nuestros abuelos al momento de suscribir su contrato con el operador telefónico de su época y que el instalador les hubiera informado, que ese contrato, estipulaba el otorgamiento de una licencia por parte del usuario a la compañía, para que ésta última en todo el mundo y libre de regalías, pudiera: "usar, reproducir, distribuir, crear obras derivadas, mostrar y ejecutar la información (incluido el contenido) que subes, presentas, almacenas, envías o recibes a través" del teléfono, dial, internet o el fax.

En su época, nuestros abuelos habrían sacado a patadas al instalador y habrían quedado escandalizados durante semanas o meses por tal propuesta, pero sus nietos aprietan el botón de "aceptar" a esa licencia en WhatsApp y estamos encantados con el servicio que permite enviar desde nuestras fotos muy íntimas, hasta manuscritos y libros e información que dejan de ser nuestros al viajar al ciberespacio.

Vamos a detenernos aquí un segundo, porque usted lógicamente va a protestar y con toda razón por el hecho de que le han jurado que es imposible inmiscuirse en el cifrado extremo a extremo (ETEE) entre los teléfonos, mientras que su compañía explica muy bien que no puede leer o ver el contenido en sus servidores. Sobre lo segundo, es complicado saber en detalle toda la verdad, pues la compañía ha sido multada por 267 millones de dólares precisamente por no ser transparente con sus políticas de seguridad, tratándose de la segunda multa más alta de la historia tras los 886 millones de Amazon por violar también las normas de protección de data[10].

Sobre la interceptación de sus conversaciones telefónicas a través de aplicaciones encriptadas como WhatsApp, despreocúpese. No es posible interceptar la comunicación porque a nadie le interesa hacerlo. ¿Se dio cuenta que utilicé la palabra interceptación dos veces? Lo hice porque ya nadie se encuentra en el medio de dos extremos con un aparato tecnológico como en los tiempos de nuestros padres o se sube a lo alto de un poste telefónico con audífonos como en el de nuestros abuelos. El problema es que evolucionamos de tal manera que está demostrado y es posible escuchar su conversación, así como todo lo que hace porque la llamada no la interceptan, la escuchan desde su propio aparato al que usted sin saberlo, ha permitido dar entrada al código para que lo hagan. Y no solo lo escucharán, sino lo graban y además se llevan todo después, incluidos sus datos pues hay que recordar que las conversaciones en vivo, son solo una pequeña parte de nuestras comunicaciones y todo el resto de la información del teléfono, incluidos los mensajes, documentos y fotos, incluso habiéndolas borrado, es otra historia pues nada es imposible hoy en el terreno de la Inteligencia Corporativa.

Si fuera imposible, WhatsApp no hubiera demandado a la empresa NSO Group[11] porque el software de espionaje los vulneró, ni las cortes habrían protegido a los miles de víctimas permitiendo que los demandaran[12]. Pero de eso de que se entrometan sin permiso en nuestras vidas, hablaremos en este libro y mucho.

Ahora, ¿Se ha dado cuenta que también usé la interceptación a través de las aplicaciones? Esto se debe a que los gobiernos interceptan las comunicaciones a través de las corporaciones

---

[10] https://www.euronews.com/next/2021/11/22/whatsapp-rewrites-its-europe-privacy-policy-after-a-record-225-million-gdpr-fine
[11] https://www.reuters.com/technology/facebook-can-pursue-malware-lawsuit-against-israels-nso-group-us-appeals-court-2021-11-08/
[12] https://www.business-humanrights.org/fr/dernières-actualités/nso-group-statement-on-facebook-lawsuit/

telefónicas, es decir, simplemente solicitan la información de llamadas, mensajes de texto y también los metadatos, que no es otra cosa que a quién ha llamado o donde se encuentra usted en cada momento. Por lo tanto, es bueno que se involucre con compañías que cada año publican a sus socios y clientes toda la información que fue solicitada por los gobiernos.

Pero ahora volvamos un segundo no a nuestros abuelos, sino a nuestros padres. Imaginemos que, al momento de suscribir un contrato de software, se enterarán de que el dueño de la compañía en realidad vive en China, sino que luego de haberle suspendido su compañía por no colaborar con el gobierno, firmó acuerdos con los comunistas para ayudarlos a difundir la propaganda de su modelo, por lo que la compañía creó una filial del partido comunista en su sede para ayudarlos en la parte técnica y de comunicaciones[13].

A su vez, su padre se enteró de la nueva legislación china que obliga a las grandes compañías de comunicaciones a colaborar activamente con la inteligencia del estado y que al menos dos mil moderadores contratados para cumplir los requisitos del estado, son miembros del partido o están altamente influenciados políticamente. Sus padres, se enteran al mismo tiempo que los expertos en seguridad de Apple descubrieron que el software chino instalado, es en realidad una aplicación que: "básicamente puede leer cualquier cosa que copie en otro dispositivo: contraseñas, documentos de trabajo, correos electrónicos confidenciales, información financiera. Cualquier cosa"[14].

Sus padres jamás habrían firmado algo así y más aún al enterarse que el Departamento de Estado norteamericano ha elevado las alarmas y grupos de piratas informáticos archiconocidos como *Anonymous* pidieron a sus seguidores: "borrar ese software de espionaje chino"[15], el fundador y CEO de Reddit, Steve Huffman sostiene que ese software es en

---

[13] https://www.federalregister.gov/documents/2020/11/17/2020-25360/identification-of-prohibited-transactions-to-implement-executive-order-13942-and-address-the-threat

[14] https://www.forbes.com/sites/zakdoffman/2020/06/26/warning-apple-suddenly-catches-tiktok-secretly-spying-on-millions-of-iphone-users/?sh=85fa20434ef0

[15] https://www.forbes.com/sites/zakdoffman/2020/07/01/anonymous-targets-tiktok-delete-this-chinese-spyware-now/?sh=753057035ccf

"fundamentalmente un parásito y software de espionaje"[16] que se hará dueño de su información. ¿Usted habría suscrito un contrato semejante? Ya sus abuelos se habrían reído en su cara, solo por comentarlo, pero nuestros padres jamás habrían aceptado tampoco algo así.

Pero ochenta millones de estadounidenses, diez millones de alemanes e italianos y nueve millones de españoles, no tuvieron problema alguno para aceptar las condiciones de TikTok que en ningún momento le miente, es decir no hay que ser experto en informática para saber, luego de leer sus políticas de privacidad, que los autoriza a recopilar toda la información sobre usted, acumularlos en Singapur o en servidores repartidos por todo el mundo y por "tanto tiempo como sea necesario" o "por más tiempo de conformidad con nuestras obligaciones legales"[17] que como se trata de China, es simplemente para toda la vida.

¿Espían con Tik-Tok? Por supuesto, como lo hacen los demás. La prohibición entonces es un asunto de seguridad del Estado simplemente porque es de China y estos no aceptan que nuestras aplicaciones los espíen. Por eso no me cansaré de repetir que no se trata de un problema entre capitalistas y comunistas, porque China piensa lo mismo del espionaje y la influencia de los softwares occidentales y por eso tiene bloqueados todos los importantes que conocemos, a tal punto que su teléfono es completamente inservible allí, salvo para hacer llamadas tradicionales.

Ahora bien, conociendo como hemos autorizado y hecho la vida más fácil hasta los chinos y rusos para que nos espíen e investiguen, no hay que viajar tan lejos ya que Instagram de una vez nos demuestra su agradecimiento explicando que les hemos facultado a recopilar y usar: "el contenido, las comunicaciones y otros datos que proporcionas cuando usas nuestros productos" incluidos "los metadatos" y que sus "sistemas tratan automáticamente el contenido y las comunicaciones que tú y otras personas proporcionan para analizar el contexto" incluidos los "acontecimientos importantes relacionados con tus creencias religiosas, tus ideologías políticas, tus intereses o aspectos relacionados con tu salud".

---

[16] https://www.businessinsider.com/reddit-ceo-steve-huffman-says-tiktok-is-parasitic-2020-2
[17] https://www.tiktok.com/legal/privacy-policy-row?lang=en

Vaya, para todo lo relacionado con nosotros y el contexto en el que nos movemos. Y como hablan del contexto en el que interactúas, les autorizas a que sus sistemas analicen con quien te reúnes, de qué hablas y terminas entregando: "tu libreta de direcciones, el registro de llamadas o un historial de SMS". Finalizan explicando que no solo recopilarán y usarán el contenido y tus relaciones sociales, sino que analizarán como las usas, incluida las transacciones de "compras y financieras". No sin antes advertir que la corporación conocerá: "tu ubicación actual, el lugar donde vives y los lugares que te gusta visitar, así como las empresas y las personas que se encuentran cerca de ti" y nos advierten que van a integrar esa información a todas las empresas corporativas y sus terceros, incluidos aquellos que estén interesados en investigarnos, con fines de creación de nuevos productos o respaldar investigaciones sociales[18] lo que es un eufemismo, para decirle que se lo pueden entregar a quien esté interesado y tenga con que adquirir "el producto".

Un ejemplo de esto, de acuerdo al Washington Post, sería la compañía de citas-gays Grindr, que compartía la información sobre sus usuarios[19] y cualquier analista podría "inferir (..) que dos usuarios han mantenido una cita o hasta conocer la identidad de las personas, relacionando su lugar de residencia y de trabajo, o conociendo sus hábitos y rutinas"[20]. Pero no se preocupe demasiado, en la red profunda y negra se pueden obtener todos los datos de los 50 millones de usuarios de Ashley Madison en materia de citas extramatrimoniales, incluidos aquellos a los que los usuarios pagaron diecinueve dólares para que la corporación los borrara[21].

En la red oscura se pueden obtener los datos de billones de cuentas entrelazadas en distintas páginas pornográficas que usaban cámaras en vivo. Pero también de citas normales de los 617 millones de usuarios de Dubmash, CoffeMeetsBagel y otras,

---


[18] Política de datos de Instagram al 4 de enero de 2022 en https://help.instagram.com

[19] https://www.wsj.com/articles/grindr-user-data-has-been-for-sale-for-years-11651492800

[20] https://www.efe.com/efe/america/ame-hispanos/wsj-denuncia-la-venta-de-datos-una-aplicacion-para-gays-grindr-lo-niega/20000034-4796655

[21] https://www.wired.com/2015/08/happened-piratas informáticos-posted-stolen-ashley-madison-data/

360 millones de cuentas y contraseñas de Myspace[22], 400 millones de Friend Finders Network o los 412 millones de usuarios y sus contraseñas de citas de adultos en Adultfriendfinders, 64 millones de contraseñas de Tumblr[23], más de cuarenta millones de Fling.com o veintisiete millones de Mate1.com[24] junto a los 127 millones de usuarios juveniles de Badoo[25] o Zoosk. No solo se puede comprar la mayoría de la data de las páginas LGBT para no dejarlas por fuera en estos tiempos de lo políticamente correcto o de los millones que practican sexo en grupo[26], más de ochenta millones de cuentas de usuarios de pornografía en Xhamster, Penthouse, Brazzers o Cam.com[27], sino también sus contraseñas.

La data de 57 millones de usuarios de Uber a nivel mundial fue robada[28] o la de 150 millones de cuentas de MyFitnessPal salió en venta en 2021 igual que los millones de usuarios de cuentas de salud o incluso de regulación de ciclos menstruales y fertilidad[29]. Así que piénselo por un segundo. ¿usted usa distintas contraseñas para cada página que visita? Dos tercios de los estadounidenses usan la misma para todo[30], pero al eliminar de la estadística los bancos y el acceso a nuestro dinero, puede subir hasta el ochenta por ciento el uso de la misma en las páginas que visitamos.

Y esas contraseñas están en venta. Como la de Mark Zuckerberg, el billonario dueño de Facebook que era simplemente "dadada"[31] y en la red profunda, usted puede contratar los servicios de los traders de data, por unos pocos dólares para que le den no solo todos los usuarios y contraseñas que ha utilizado su adversario desde


[22] https://www.usatoday.com/story/tech/2016/05/31/360-million-myspace-accounts-breached/85183200/

[23] https://www.vice.com/en/article/8q88k5/piratas informáticos-stole-68-million-passwords-from-tumblr-new-analysis-reveals

[24] https://www.ibtimes.co.uk/mate1-com-hack-27-million-account-passwords-emails-have-been-leaked-sold-dark-web-1547166

[25] https://www.vice.com/en/article/kb7793/another-day-another-hack-user-accounts-of-dating-site-badoo

[26] https://www.theverge.com/2019/8/9/20798290/3fun-data-breach-security-cybersecurity-group-dating-app

[27] https://www.kaspersky.com/blog/porn-themed-threats-report/20891/

[28] https://www.bloomberg.com/news/articles/2017-11-21/uber-concealed-cyberattack-that-exposed-57-million-people-s-data

[29] https://www.ftc.gov/business-guidance/blog/2021/01/health-app-broke-its-privacy-promises-disclosing-intimate-details-about-users

[30] https://www.security.org/resources/online-password-strategies/

[31] https://www.vanityfair.com/news/2016/06/mark-zuckerberg-terrible-password-revealed-in-hack

el origen del internet, sino todos sus patrones de conducta en las redes, desde sus gustos de pornografía hasta contactos de los que usted ni siquiera se acuerda. En la red profunda y muchas veces ni tan profunda, puede conseguir la data de 28 millones de colegiales estadounidenses y la de universidades como Harvard, Oxford, Cambridge, California, Maryland, Miami[32] entre otras trescientas[33], y la Oficina de Responsabilidad del Gobierno de EE. UU. Sostenga que entre 2016 y 2020 ocurrieron "99 filtraciones de datos denunciadas, un tipo de incidente de ciberseguridad en el que los datos (de alumnos) se vieron comprometidos"[34]

Pero no nos detengamos en pequeñeces como el hecho de que en la red profunda se puedan conseguir bases de datos con ocho mil millones de usuarios y sus contraseñas, incluso todas las que alguien ha usado en el pasado y será muy fácil saber que siempre usa una variante o la recicla para poder recordarla, junto a la data de millones de huellas digitales y reconocimiento facial[35]. Y eso ayudó bastante a un grupo de adolescentes a la hora de hackear las cuentas de Barack Obama, Joe Biden al mismo tiempo que la de Bill Gates, Elon Musk, Jeff Bezos o Kim Kardashian para llegarle a millones de usuarios posteando información falsa.

Y no, la culpa de encontrarlas no es de su gran corporación en la red social -al menos no actualmente-, sino de los millones de usuarios que usan contraseñas y usuarios simples que son muy fáciles de penetrar y que ayudan a descifrar la encriptación que esconde sus datos[36]. Los piratas informáticos se deleitan vulnerando a pequeños comercios y supermercados, porque son una mina de oro al saber, que el 95% de los usuarios usa la misma

---

[32] https://thehill.com/opinion/technology/550959-massive-school-data-breach-shows-we-need-better-privacy-policies/

[33] https://abcnews.go.com/Technology/wireStory/university-california-victim-nationwide-hack-attack-76847800

[34] https://www.gao.gov/products/gao-20-644

[35] https://www.forbes.com/sites/zakdoffman/2019/08/14/new-data-breach-has-exposed-millions-of-fingerprint-and-facial-recognition-records-report/?sh=5d51922a46c6

[36] Simplificando enormemente lo que ocurre. Cuando usted crea una cuenta en cualquier red social importante, la compañía almacena datos en texto como su nombre, email y teléfono etc., pero no así la contraseña a la que *disfraza* (encripta) con números y letras, de tal manera que es imposible descifrarlas. El problema está con los robos pasados -cuando no eran tan seguras- que se acumulan en grandes bases de datos, que ayudan a desencriptar los códigos, así como páginas de compañías que carecen de seguridad -como pequeñas tiendas o mercados online pequeños y medianos-, en la que los usuarios usan el mismo usuario y contraseña.

contraseña en su pequeño comercio local, que en las redes sociales y bancos.

Lo que también siempre debemos tener presente, es que hemos licenciado a nuestro buscador favorito, periódico, comercio, supermercado y cualquiera que use una página de ventas, para que nos estudie, siga nuestros pasos y si bien es cierto que explican que su contenido nos pertenece, desde el punto de vista de propiedad intelectual, pueden modificarlo o publicarlo, reproducirlo, distribuirlo y sub-licenciarlo a terceros en todo el planeta y ahora, las corporaciones se están integrando y fusionando para enfrentar lo que en breve conoceremos como el metaverso o universo alternativo que no es otra cosa, que el mundo post-globalización, donde habremos sido tan desmaterializados, data-moleculizados y virtualizados como nuestra información y podremos interactuar integrados en mundos multiplataforma tan virtuales que ni siquiera reconoceremos la diferencia entre uno y otro. Razón por la que se necesitará realmente toda la información de miles de millones de usuarios.

Esa es la razón por la que Exxon Mobil que vende un petróleo tangible, por doscientos mil millones de dólares al año, tenga una capitalización de mercado de poco más de trescientos billones de dólares, mientras que Facebook-Meta que ingresa la mitad del dinero en publicidad y productos vale casi el doble en el mercado. La misma razón por la que Elon Musk quien construye productos tangibles de energía alterna como baterías, coches, paneles solares o giga factorías quiere comprar con urgencia redes sociales, mientras lanza tres mil satélites al espacio para dar servicio de banda ancha donde se encuentre y que su compañía Tesla, que vende en comparación, una ridícula cantidad equivalente al diez por ciento de Exxon, valga en el mercado tres veces más que el gigante petrolero.

¿Qué saben ellos que ustedes no?

En la que la información es mucho más que todo

En 1980 Ronald Reagan -nacido en 1911- expresó que "la información es el oxígeno de la era moderna[37]" algo que iba en concordancia con la economía de lo tangible, es decir se necesitaba la información como oxígeno para que el cuerpo pudiera producir. De esta manera de los veinte grandes reyes del mercado en la revista Forbes doce eran petroleras, dos eran empresas de materias primas, los tres grandes constructores de vehículos, lo seguía General Electric junto a dos emergentes, IBM en computación e ITT en comunicaciones.

Luego de una inmensa transformación que duraría veinte años, la siguiente generación escucharía de otro presidente, Bill Clinton -nacido en 1946- que: "La Información lo es todo" generando con ello la mayor reforma para proteger la infraestructura de información, por ser "uno de los recursos más críticos para la economía de la nación[38]" es aquí cuando surge la superautopista de la información y los medios empleados para transmitirla adquieren tanta importancia como el cuerpo y el oxígeno.

De esta manera, el dinero buscó adaptarse a ese cambio y en las veinte mayores corporaciones de Estados Unidos apenas se encontraban cinco de las petroleras y comienza la era de las computadoras, las comunicaciones masivas, el consumo final y la banca, en una revolución sin precedentes, que preparaba el camino a lo que ocurriría más adelante.

El cambio que parece sutil, fue en realidad dramático e hizo que el presidente Barak Obama explicara cómo había cambiado todo, incluida la economía y la política tras la aparición de: "las Social Media y la manera en la que la gente recibe la información". "En un mundo con menos paredes, con información instantánea: tienes el mundo al alcance de la mano y puedes cambiarlo para mejor. Y creo que juntos podemos hacer cosas que tus padres, tus abuelos, tus bisabuelos nunca hubieran

---

[37] Frase tomada del Periodico The Guardian el 18 de Junio de 1989, contenida en el libro: Intellectual property protection of fact-based works: copyright and its alternatives de Robert Brauneis Publicado por Edward Elgar Publishing, 2009 pág. 305
[38] Tomado del Libro: Privacy in the information age de Fred H. Cate, Publicado por Brookings Institution Press, 1997 pág. 5

imaginado"[39]. En la revista Fortune, entre las primeras empresas apenas quedaba una empresa petrolera (Exxon Mobil) y en el puesto diez.

Entre las primeras corporaciones habían desaparecido los constructores de coches y todo lo tangible dejando solo un gigante de comunicaciones AT&T que había absorbido toda la infraestructura y una de productos tecnológicos (Apple) habiéndose reestructurado Hewlet Packard y enviando a IBM atrás del puesto cuarenta. De hecho, si Apple solo vendiera computadores personales se encontraría en el puesto 89 de la lista, pues solo el diez por ciento de sus ingresos son por ese concepto[40]. Aunque de nuevo es bueno recordar, que en realidad vende algo que apodan teléfonos para que nos sintamos menos inseguros, aun cuando uno solo de estos representa a los computadores de toda su manzana cuando era más joven, por no hablar de que la NASA hubiera matado por esa tecnología para llevar el hombre al espacio.

Pero no se apresure a pensar que las grandes corporaciones de productos tangibles han sido sustituidas por Facebook o redes sociales. La solución al nuevo acertijo es tan simple como compleja. Las materias primas y las vías de comunicación han sido sustituidas por, hago una pausa para elevar el misterio, Usted.

Es correcto. Los nietos del "Gran Hermano" ya no solo creen que la información es el oxígeno que mueve al mundo y que la infraestructura de transmisión es importante para producir dinero, sino que han logrado lo que se creía imposible: monetizar su información y cada pedazo de esta. Por ese motivo Usted ha sido, es y será espiado cada segundo de su vida, ha sido fragmentado y desmaterializado con un solo propósito, monetizarlo de tal manera que ahora se ha convertido en el oxígeno que mueve el sistema y por eso en la revista Forbes la mayoría de las veinte mayores corporaciones son quienes han integrado a los cientos de millones de usuarios en su universo.

Por eso de la misma manera que Tesla no solo fabrica paneles solares o coches eléctricos o Apple hace lo propio con teléfonos o

---

[39] https://www.govinfo.gov/content/pkg/DCPD-201400301/pdf/DCPD-201400301.pdf
[40] Estados Financieros de Apple, 2021 en
https://s2.q4cdn.com/470004039/files/doc_financials/2021/q4/_10-K-2021-(As-Filed).pdf

accesorios, sus productos cumplen también el propósito de minar a su usuario, desmaterializar e integrar toda nuestra información convirtiéndonos en la suma de nuestros unos y ceros. Cada vez que su coche eléctrico de Tesla se conecta a la red, descarga gigas de información a la nave nodriza no solo sobre el auto y su performance, sino a dónde se dirige y cómo conduce para que los algoritmos sepan diseñar posteriormente un producto que usted no pueda rechazar.

Y no es el único, para el 2025 todos los autos estarán conectados a la red y transmitirán todo lo que se hace con estos. Lo que será fantástico en materia de datos e innovación, así como peligroso ya que los piratas informáticos han hecho tan común introducirse en el software de los coches que hay un término diseñado para esto "piratería automotriz", que como bien dice el CEO de la compañía GuardKnox, especializada en proteger el software de los coches: "Cuanto más sofisticado es el sistema, cuanto más conectado está su vehículo, más expuesto está. Hemos tomado cualquier modelo [automóvil] en el que pienses, y lo pirateamos en varios lugares. Puedo controlar tu dirección. Puedo apagar y encender su motor, controlar sus frenos, sus puertas, sus limpiaparabrisas, abrir y cerrar su maletero"[41].

Y también su coche se conecta y envía continuamente su posición, así como su GPS, razón por la que los piratas informáticos se han llevado ya mucha información y entre ésta cuáles son los lugares favoritos o recurrentes a los que usted va en su coche. Lo mismo hace su teléfono cada determinado tiempo y cualquier aplicación cada vez que le piden permiso para saber dónde se encuentra usted. Por lo tanto, ya saben a dónde va, con quién se reúne, cuando y a qué horas porque tienen su calendario y contactos, que le gusta o le disgusta y esto a niveles de impresionantes de detalle, como quienes son sus mejores amigos, sus intereses, sus relaciones más cercanas y gustos, cuál es el vino o su comida favorita. Lo saben absolutamente todo, desde cómo se viste y los lugares que frecuenta con una precisión de metros, hasta qué enfermedades padece, sus tratamientos y que clínica o

---

[41] https://datatechvibe.com/data/when-piratas informáticos-drive-your-car/

doctor lo atienden. Conocen hasta sus gustos más ocultos sobre parejas, inclinaciones sexuales o pornografía.

Los algoritmos descomponen sus palabras, los predadores buscan sus gustos y generan con los pedazos de información un *profile* sobre cómo actúa y se desenvuelve, desde qué tipo de entretenimiento hasta cuántas veces a la semana hace sexting con sus parejas potenciales y recuerde, usted ha dado su consentimiento para que hagan con esa información lo que deseen. Pero despreocúpese, las corporaciones éticas nunca van a publicar esa información porque necesitan que ustedes se sientan protegidos para aportar cada vez más información y puedan explotar aún más la calidad de dicha información para seguir vendiendo, pero eso no significa que no formen parte de su profile.

Y en este ya saben cómo luce usted, de hecho, como lo han *tageado,* le han dado *Like,* presionado sobre un *Corazón* y *reenviado,* así como comentado infinitas veces, tienen el álbum de fotos y de su vida desde su nacimiento que sería sin duda, la envidia de su madre. Los algoritmos y sistemas son capaces incluso de etiquetarlo cada vez que escribe una palabra, también puede buscarlo en todas las fotos existentes y con 98% de fiabilidad, encontrarlo por toda la red entre billones de fotos a un nivel, en el que pueden conocer práctica y cronológicamente toda su vida desde que era bebé ya que también han etiquetado a su clan, a su madre y a todas sus parejas y amigos. En pocos años esa búsqueda se hará en pocos segundos. Saben también qué hizo usted con su vida, a cuál maternal, colegio y universidad, quienes fueron sus novias o novios y gustos, donde ha trabajado todos los años, como ha sido su carrera, los puestos de trabajo que ha tenido, sus compañeros de trabajo o quien ocupó antes o después su cargo.

Un ciber-ingeniero social, podría ubicar en las bases de datos sus cartas de renuncia, los problemas que ha tenido, quién era el gerente de recursos humanos o su jefe inmediato porque los algoritmos han determinado su perfil incluso sobre lo inteligente que es usted y, sobre todo, empiezan a entender cómo explotarlo mucho mejor. Cada vez que usted presiona el Like, un corazón, comenta o comparte, distintos algoritmos y sistemas van creando todos sus patrones de gustos y conocen desde lo más superficial como su helado o postre favorito, los coches o vestidos que le gustan, el nombre de su perro, que come, hasta cuándo y dónde lo pasea y cuantos ha tenido a lo largo de su vida, llegando a conocer en profundidad hasta su veterinario. Pero también conocen sus gustos más íntimos, esos que se supone que no le ha contado, ni a sus mejores amigos. Por no hablar de que hay algoritmos que descomponen como ha variado sus gustos y son capaces de adelantarse a usted y pronosticar lo que le va a gustar.

También saben cuál es su peso y las dificultades para conservarlo. Que dieta sigue, qué ejercicios hace, cuántos pasos da al día, donde los da y hacia dónde se dirige, conocen su frecuencia cardíaca y pronto recopilarán absolutamente todo lo que se refiere a sus valores corporales.

Ya estamos viendo los adelantos en la i-medicina. Sabemos que la bomba de insulina inteligente envía información a la nave nodriza, pero ahora también lo hacen los marcapasos y desfibriladores que están sincronizados por Bluetooth a su teléfono y en contacto con su clínica y doctor. Ya los relojes y pulseras comienzan a medir signos vitales que se creían imposibles, los espejos inteligentes en red, le indicarán también su estado de salud y como en realidad los llamaremos espejos, para no sentirnos inseguros, no nos daremos cuenta que son supercomputadores capaces, no solo de reconocernos y ver si estamos pálidos o ruborizados, sino darnos tutoriales de maquillaje o salud, indicando a la nave nodriza piezas de información clave para la industria.

En breve hasta sus lentes de contacto inteligentes o los iGlases controlarán también lo que vemos y entre todos, vigilarán el ritmo cardíaco, la presión arterial, los niveles de glucosa, así como otras enfermedades y suministrarán pastillas igualmente inteligentes cuando su cuerpo así lo indique. Pero también serán capaces entre todas nuestras apps, de recoger en unos y ceros, nuestros estados de ánimo y emociones.

Recuerde que hemos dado autorización para que los algoritmos de sus teléfonos y apps favoritas le descompongan su propio rostro, huella digital, voz y otros datos biométricos en unos y ceros. Es tal la revolución que Facebook-Meta tuvo que apagar su sistema de reconocimiento facial en las fotos, por razones de seguridad y privacidad explicando que: "Necesitamos sopesar los casos de uso positivos para el reconocimiento facial frente a las crecientes preocupaciones sociales, especialmente porque los reguladores aún tienen que proporcionar reglas claras" [42]. En estas dos últimas palabras es donde se concentra la razón, había que adelantarse a las demandas judiciales que le costaron 650 millones de dólares[43], pues nuestras caras en formato de unos y ceros, eran requeridas masivamente por la policía o podían ser obtenidas por terceros como Clearview AI[44] compañía que recopiló veinte billones de imágenes para vender su sistema a más de tres mil clientes, en su mayoría policías e inteligencia de estados y fue demandada por Twitter, Google, Facebook y YouTube[45].

Pero no se preocupe demasiado. Porque en la red oscura se puede encontrar la información de tres billones de rostros, pues la compañía fue víctima de uno de los mayores robos de data de la historia[46].

Pero lo que quieren decir en realidad todas las compañías que usan la tecnología como IBM, Amazon, Microsoft o Meta[47], es que no van a estar disponibles para usted o terceros, pero ellos van a seguir descomponiendo nuestros rostros en todas las fotografías que subamos a la red[48].

Por lo tanto, una versión exacta suya y de su dinero, viven también en varios universos alternativos que tienen su forma, rostro, voz y datos completos desde su nacimiento, donde las corporaciones son en parte codueños de esa información, es decir, si bien es cierto que no la usarán jamás para hacerle daño, tienen licencia para usar su rostro, voz, datos biométricos y todo lo que conocen de usted, porque se han convertido en simple información.

---

[42] https://about.fb.com/news/2021/11/update-on-use-of-face-recognition/
[43] https://www.wsj.com/articles/texas-sues-meta-over-facebooks-facial-recognition-practices-11644854794
[44] https://www.businessinsider.com/law-enforcement-using-unknown-facial-recognition-technology-facebook-photos-2020-1
[45] https://www.cnet.com/news/privacy/clearview-ai-hit-with-cease-and-desist-from-google-over-facial-recognition-collection/
[46] https://www.cnet.com/news/privacy/clearview-ai-had-entire-client-list-stolen-in-data-breach/
[47] https://www.vox.com/recode/22761598/facebook-facial-recognition-meta
[48] https://www.nytimes.com/2021/11/02/technology/facebook-facial-recognition.html

Ahora recuerde también que su televisor o su termostato serán cada día más inteligentes. A esto se le llama IoT[49] o "Internet de las Cosas" que no es otro asunto que la red de objetos físicos o cosas, que estamos construyendo a nuestro alrededor y que llevan incorporados sensores, software y otras tecnologías que se suman a la red, al igual que su espejo y cámara del teléfono. Quizás no lo sabe, pero no son propiamente *Intelligents* sino SMART[50] que es un acrónimo corporativo que apunta a explotar un nicho de mercado específico (Specific), es medible porque cuantifica los resultados que esperan de Usted, a quien fue asignado el aparato o dispositivo (Asignated) y de quien a su vez, esperan resultados reales (Realistas) en un determinado lapso de tiempo (Time Related).[51] Por eso todo lo que usted usa está y estará en red, como su báscula del gimnasio, que se contactará con la ropa de ejercicio que lleva puesta, la caminadora, su reloj y en breve, a su refrigerador y despensa de medicamentos inteligentes, la cual llevará implantados a todas partes.

Pero mientras más IoT tengamos a nuestro alrededor y más Smart sean, más vulnerabilidad tendremos. Así que recuérdelo al comprar cada uno de estos dispositivos y más aún del país de procedencia, pues si usted compra uno, también está adquiriendo el programa que lo hace funcionar y por lo tanto las puertas traseras diseñadas por el fabricante.

Su app favorita para ver entretenimiento es cada día más SMART y ahora la mayoría de los hogares comienzan a tener cada vez más productos de esta naturaleza, desde su termostato hasta su nevera que estarán en red comunicándose con sus fabricantes, proveedores y distribuidores y se prevé que en los próximos cinco años la nevera sea quien haga parte de las compras de su hogar y mientras más inteligente sea, más información obtendrán las corporaciones.

---

[49] En español el acrónimo es IdC. Para los efectos de la explicación lo usaremos en Inglés Internet of Things o IoT por sus siglas en ese idioma

[50] Es diferente ser listo (Clever) que Inteligente, que es una palabra que denota la capacidad innata para comprender, aprender o resolver problemas. Pero en inglés Smart va más allá de la Inteligencia innata porque de acuerdo al contexto denota ya un nivel de inteligencia aplicada a la situación, demostrando agudeza y habilidades especiales.

[51] SMART= Specific + Measurable +Assignable + Realistic + Time-related

No se trata de que en el futuro veremos vitrinas y ventanas futurísticas, es que ese futuro ya llegó.

Si en los tiempos de las abuelas, sus esposos tenían secretarias y asistentes, ahora Siri o Alexa reciben billones de órdenes y preguntas al mes, lo que es debidamente desmaterializado y ordenado en intereses, que están atados a un rostro y a una voz porque lo convirtieron en *echo speaker*, también a una huella digital y un mecanismo de pago, mientras que, si su abuelo consideraba a su asistente bilingüe como su mano derecha, Alexa habla por ahora ocho idiomas, nueve dialectos y sus nuevos diseños reconocerán las voces y en consecuencia los intereses y datos de toda su familia y la de 130 millones de nuevos echo speakers solo de Amazon, que se prevén en los próximos cinco años.

Si este es el primer orden de las buenas corporaciones existe un segundo. Cuando usted firma un contrato de uso y acepta gustoso las condiciones para que se lleven, por ejemplo, su rostro, su voz, sus datos y metadatos, usualmente la corporación principal mantiene en sus servidores la información por un plazo entre los 30 días y los cinco años, mientras que otras son de por vida. Pero que le expliquen que "ya no está en sus servidores" no significa que sus datos desaparezcan, porque también ha dado su autorización para que esa información sea traspasada a terceros, a brókeres y otras apps que replican su información para ser almacenada o usada "dentro de los términos de privacidad y uso", lo que significa que sus datos pueden ser minados profesionalmente por terceros para extraer mayor data que pueda ser útil para otras corporaciones.

El resto lo hace nuestro ego y vaya que las corporaciones saben explotarlo. Como en este nuevo mundo somos distintos a nuestra vida real, deseamos estar en todas partes, dar y recibir información y podemos incluso escondernos detrás de avatares, o dejar nuestra opinión a miles de desconocidos sintiéndonos más seguros que si lo hiciéramos en persona. En fin, nadie le va a decir a otro su opinión negativa, en una cafetería, porque sabe que tendrá repercusiones físicas inmediatas, pero el meta universo nos permite manifestarla creyendo que no hay repercusiones y eso nos permite ser hasta cierto punto nosotros mismos, es decir, mucho más sinceros.

Pero el resultado inmediato es que quien era impopular en la escuela ahora puede tener una segunda oportunidad y ser el más popular de este nuevo universo, quien era tímido ahora puede ser arrojado, quien era un poco cobarde ahora puede envalentonarse, puede decirlo a viva voz, con la protección que nos brinda un avatar, que no es otra cosa que un nuevo rostro que funciona como armadura.

Nuestro ego nos ha hecho más frágiles de lo que suponemos y ya no es solo con nuestros amigos con quienes nos comunicamos. Si somos populares para unos, también seremos impopulares masivamente para otros, ya que terminaremos irremediablemente agrupándonos en el cardumen con quienes parecen nuestros iguales y dejamos todo debidamente registrado pues saben permanentemente donde estamos enviando la información, con quienes nos comunicamos secretamente por el chat, las coordenadas precisas de donde tomamos una foto publicada y viajan con la información de la hora y el aparato que usamos para tomarlas.

Pero, además no nos limitamos a un rollo de veinte fotos, tomadas por una Polaroid durante nuestras vacaciones o reveladas por la Kodak, pues ambas compañías terminaron en la bancarrota. Ahora nuestro álbum se encuentra almacenado en una nube a la que usted licencia para recabar toda la información de interés, y en vez de tener unas cuántas docenas, tiene decenas de miles donde diariamente envía información de cada minuto de su vida.

Si con la data, conocen mucho de nosotros, en conjunto con la metadata pueden estar al corriente y darle forma a nuestra personalidad y a lo que hacemos con nuestra vida a niveles de una precisión quirúrgica. Pero eso nos preocupa poco porque ahora tenemos más seguidores que el mismísimo Gandhi y a muchos los siguen más personas que a Jesucristo cuando multiplicó los panes y los peces. Todo esto sin tener que hacer milagros, pues basta con un simple mensaje corto para *compartir* nuestro universo con cientos de personas, que a su vez multiplican nuestra información y allí nos agrupan por grupos de interés y tendencias.

Es así como no solo conocen nuestros secretos más íntimos y cómo vivimos, sino cómo hemos madurado con el paso del tiempo. Si escribimos unos tres mensajes cortos al día, es el equivalente anual a unas cien páginas en formato de novela y en apenas una década habremos escrito el equivalente a tres biografías, en las que decimos absolutamente todo sobre nosotros, a quién amamos, quienes son especiales y aquellos que no lo son, por quienes votamos, que religión profesamos, nuestros secretos y querencias, desde nuestros equipos y jugadores favoritos, hasta nuestros anhelos más íntimos, junto a nuestros odios y rencores. Alguien que comience a los quince años escribiendo tres posts en Twitter o Instagram diarios, cuando llegue a los cuarenta años de edad habrá escrito siete libros sobre sí mismo en cada red social, dejando absolutamente todo lo esencial y se podrá conocer su evolución educativa, empresarial, social y política. Imagínese entonces que usted habrá escrito siete autobiografías de lugares, amigos, relaciones y opiniones en Facebook. Habrá escrito el mismo número de autobiografías de sus gustos personales, rasgos de personalidad, intereses particulares y culturales en Instagram y otras siete autobiografías de intereses sociales y políticos generales en Twitter.

Si Usted navega quince minutos en Instagram y presiona apenas cinco veces Like en sus gustos, a la vuelta de la esquina los algoritmos habrán recibido más de cincuenta mil decisiones suyas y esto lo combinará con otro tanto de reenvíos, comentarios etc. y habrán reconstruido su mundo en cuanto a las tomas de decisiones, a través de cientos de miles de parámetros.

También podrán conocer cómo maneja usted sus emociones y cómo la información repercute o no en sus decisiones. ¿Cómo? No solo a través de los simpáticos emoticones y los algoritmos especializados, sino por los programas creados para ubicar millones de selfies y sus expresiones faciales, vinculándolo con lo que ha escrito y cómo ha reaccionado usted frente a los estímulos. Si eso es a través de sus expresiones faciales y mentales, también existen los programas y los algoritmos que ubican como habla usted cuando envía un mensaje de voz, hace un video o un podcast, la frecuencia con la que usa las palabras, las pausas, la brillantez o la oscuridad, la cadencia, pronunciación y hasta los patrones de estrés así como diferentes modalidades, en las que corporaciones invierten cientos de millones de dólares en investigaciones y recuerde que usted les ha dado permiso para que lo hagan.

En fin, las computadoras podrán hacer un perfil psicológico completo de usted y en breve lo será por sus expresiones faciales y voz que serán recogidas y reconocidas por las computadoras y el IoT en tiempo real a una velocidad inimaginable.

No pocos pensarán que gracias a que son más astutos que otros, se habrán librado de todo eso gracias al uso de cuentas paralelas, secretas y distintas ciberpersonalidades. Es cierto, se habrá librado de terceros, pero no de los algoritmos corporativos y de la metadata por la forma en la que se recopila la información.

Quiero decir con esto que, si Superman tuviera cuenta de Facebook e Instagram y Clark Kent otras distintas, las corporaciones ya sabrían perfectamente quienes son en realidad los superhéroes. Por lo tanto, debe saber que también tienen agrupados sus otros yo y también saben hasta su lado oculto en la política, la sociedad y sus otros gustos, incluso aquellos que no se los ha contado a nadie y guarda secretamente. Así que las corporaciones tendrán las siete autobiografías de usted como Bruce Wayne y también las siete como el Caballero Oscuro.

Finalmente entienda algo importante, cuando usted presiona Borrar, en realidad para la aplicación significa: Ocultar. Su mensaje será simplemente invisible para el resto de las cuentas, pero no para la corporación. Todo, absolutamente todo lo que usted escriba en las redes, quedará allí para siempre y cada cinco años será llevado de un servidor a otro y posiblemente de otra corporación, hasta quedar en el universo de información "a la carta". Por lo tanto, los brókeres de información, pronto sabrán quienes somos, mejor que nosotros mismos y en el futuro, podrán adelantarse a nuestros pensamientos y nuestra información estará disponible para consulta.

Como somos criaturas de hábito, saben a la hora en que nos acostamos y despertamos, saben si sufrimos insomnio, nuestro café favorito, las acciones de la bolsa que nos gustan, la cantidad de veces que chequeamos sus cotizaciones, con quien nos relacionamos con los criptoactivos y ahora dominan incluso cómo nos organizamos y pensamos. Hoy los algoritmos podrían definir con precisión absoluta no solo lo que tenemos en nuestras gavetas del armario, sino podrá predecir lo que tendremos, porque, además, nos lo habrá sugerido y por eso ni siquiera nos preguntan, sino afirman que: "si te gustó eso, es probable que disfrutes esto" tomando muy en cuenta cómo reaccionamos a su propuesta.

Hace diez años, el presidente de Google dijo: "Sabemos dónde se encuentra y dónde ha estado y podemos más o menos conocer en qué está pensando". Hace diez años la Universidad de Stanford demostró que ya era posible a través de voluntarios que entregaron su data, conocer quien padecía condiciones cardiacas, comprar armas semiautomáticas o incluso cultivar marihuana secretamente, mientras que la Universidad de Carnegie demostró que a través de una simple cámara que detecta un rostro, se puede llegar a extraer hasta su número de seguro social[52] y eso lo hicieron después con los rostros de una foto de Facebook y los resultados fueron verdaderamente turbadores.

Hace diez años es casi un siglo tecnológico. Hoy saben cien veces más.

A partir de aquí es que podemos comprender a quienes elevan sus voces de rechazo por las nuevas tecnologías de Facebook que les permitieron eliminar once millones de post relativos a la desnudez infantil y cinco más referidos a la venta de drogas y armas[53]. Por una parte, es increíblemente loable combatir contra el terrible flagelo, por la otra tener un software que revisa nuestras fotos masivamente para encontrar puntos determinados de coincidencia, es como para asustar al más valiente. Y voy a detenerme precisamente aquí para que entienda lo que viene cuando Apple, avisa que hará lo propio con todas las fotos que usted tiene guardadas en su nube[54], correo o la envía y será parcialmente censurada cada vez que "analice los archivos adjuntos de imágenes y determine si una foto contiene desnudez".

---

[52] http://www.forbes.com/sites/kashmirhill/2011/08/01/how-face-recognition-can-be-used-to-get-your-social-security-number/2/.
[53] Facebook removes 11.6 million child abuse postshttps://www.bbc.com/news/technology-50404812
[54] https://www.apple.com/child-safety/

Y allí es cuando se entienden las protestas, pues cómo esa información es para ser enviada a los policías ¿A dónde se almacenarán los millones de imágenes de desnudez?, ¿Cómo discriminaría el software, la foto de una madre con su recién nacido desnudo, de uno que no lo es? ¿Cómo se discriminan las edades de la desnudez? Y a medida que crecen ¿Cómo diferenciaría un software en una foto la falta de vello en las partes íntimas en una foto? ¿las de parejas reales de las que no? Una vez que entendemos que eso no va a ser discriminado, ¿será manejada la data de todos los desnudos por terceras personas? ¿Qué tipo de seguridad tendrán las fotos para no ser el gran botín de los piratas informáticos y terminen vendidas en el darkweb?

No se preocupe de nuevo. Millones de desnudos ya están allí a la venta.

**Y donde todos, vienen a por usted**

Como hemos visto, a unos les entregamos toda nuestra vida sin chistar, pero otros están dispuestos a todo por encontrar masivamente su información. Primero hay que llamar las cosas por su nombre, apodamos a nuestro aparato de comunicaciones teléfono celular, móvil, dispositivo, inteligente, Smartphone y muchos nombres más, porque guarda reminiscencias sobre algo que desapareció de nuestras vidas hace ya muchos años. Sin embargo, lo que llevamos a todas partes en realidad no es otra cosa que una supercomputadora de bolsillo como la que tenemos en casa y que, entre sus múltiples funciones, puede comunicarse a través de aplicaciones. Es cierto que también tiene incorporado un chip de teléfono en una parte interna muy pequeña, pero el audio, el micrófono, la cámara y el resto de los artilugios incorporados, no solo cumplen las funciones inherentes a la telefonía, sino que son parte integral de la computación.

Por lo tanto, su supercomputadora de bolsillo es tan segura, como la de su casa. Jeff Bezos el CEO de Amazon, podría explicarle cuán seguro era su IPhone de última generación luego de que le robaran 7,6 gigas de su información personal, incluidas todas las fotos, conversaciones, videos y documentos de WhatsApp y también podrían decirle lo mismo los quince mil mexicanos espiados masivamente con su androide favorito, o el presidente de España al que se le descubrió una fuga de 2,5 gigabytes de información de su IPhone durante meses, sin que nadie lo notara.

"Yo uso Telegram" dirán algunos sintiéndose más seguros y sobre esa aplicación podrían hablar los ministros australianos de Finanzas y Salud, pues sus teléfonos fueron clonados desde esa aplicación y les robaron la identidad para comunicarse con terceros[55]. Aspecto del que también podría hablar el ministro de Seguridad de Estado de Sudáfrica[56].

De hecho, los abogados de Facebook en las cortes, cuando demandaron a NSO Group explicaron que durante un mes: "usaron

---

[55] https://www.bloomberg.com/news/articles/2021-03-24/australian-minister-in-phishing-attack-as-report-reveals-hk-link
[56] https://www.standardmedia.co.ke/africa/article/2001362116/piratas informáticos-clone-phone-of-sa-security-minister

los servidores de WhatsApp en los Estados Unidos para enviar un Malware aproximadamente a 1.400 teléfonos y devices (..) Los defendidos desarrollaron un Malware y obtuvieron toda la información de los mensajes y otras comunicaciones tras haber sido desencriptados en el teléfono" y más adelante nos indican que el software puede obtener información "incluido iMesagge, Skype, Telegram, WeChat, Facebook Messenger, WhatsApp y otros (..) de acuerdo a esto, creemos que el Malware es modular, lo que significa que puede ser customizado para diferentes propósitos incluido la intercepción, la captura de screenshots y filtrar hasta el historial de búsquedas".

Todo esto sin importar si usted borró o no la información, porque también puede recuperarse o estar colgada en algún servidor tercerizado de los que están "pegados con chicle" y esa es la razón por la que diversas actrices de Hollywood protestaron enérgicamente porque las fotos sexuales robadas de sus teléfonos habían sido borradas hacía mucho tiempo y en algunos casos incluso años.

Leer la documentación y las pruebas en la corte, del alcance de un contrato de servicios de esa compañía de piratas informáticos -que es una de las tantas- le helaría la sangre al más veterano de los políticos, porque sencillamente el software se convierte en un usuario de su teléfono en tiempo real sin ser detectado, es decir que puede usarlo incluso mejor que usted sin que se dé cuenta y logra lo impensable, desde encender el micrófono o la cámara, escucharlo y grabarlo en tiempo real hasta identificar todas sus ciberpersonalidades e identidades virtuales siguiéndolo incluso, si cambia de chip en el teléfono.

Pero ya que estamos hablando claro, usted me dirá que no es Jeff Bezos, ni se encuentra cerca de estar entre las personas más ricas del mundo, ni luce tan importante como el presidente de España o los cincuenta mil políticos, periodistas e influenciadores a quienes les robaron toda la información de sus teléfonos. Pero yo no le hablo de Bezos únicamente por su condición de ser el tercer hombre más rico del planeta o dueño del gigante tecnológico Amazon, sino porque también se graduó summa cum laude en computación en Princeton.

El dueño de Amazon no solo es un experto en computación y en tecnología, sino que contrató a los mejores expertos como sus jefes de seguridad de la información o CISO, como en el caso que nos ocupa, el mítico Gavin de Becker. En otras palabras, no es como el común de los mortales que va a la tienda, compra el teléfono, coloca el chip y comienza a descargar las aplicaciones. Tampoco el presidente de España y su ministra de defensa. Lo que debemos aprender es que vulneraron a varios de los mayores expertos en tecnología y seguridad de este planeta.

Si no, pregúntele a Jack Dorsey, CEO y cofundador de Twitter a quien le hackearon su teléfono, entraron en su cuenta y la usaron para enviar mensajes a través de todas sus redes sociales. ¿Qué tan segura es su cuenta? Pues la respuesta es que, a Dorsey, quien pasó más de hora y media tratando de recuperarla, se la hackearon dos veces, pues también le ocurrió un par de años antes[57], por el mismo grupo y al mismo tiempo que lograron hackear a los presidentes de Google y Facebook[58].

Y cada vez que esto ocurre, la defensa pública de las compañías deja cada vez más claro que no estamos protegidos. No solo porque en el juicio WhatsApp confesaron que vulneraron y usaron sus propios servidores durante todo un mes para enviar el malware, sino porque los oficiales de seguridad vulnerados, comienzan a hablar de lo mal que tratan las compañías el tema de la seguridad, como es el caso de Gary Gagnon el exCiso de Amazon quien explicó tras el desastre de seguridad, que: "tenemos una red gigantesca de información (..) la compañía nació en un garaje y fue creciendo simplemente a partir de allí" manifestando que fueron aumentando sus capacidades de forma improvisada hasta generar un coloso cuya información: "está pegada con cinta adhesiva y chicle, así que: "no tenemos idea dónde están nuestros malditos datos"[59].

Ganon explica con lujo de detalles como la seguridad en realidad no es tan importante, como hacer del lugar algo más amigable y una experiencia fácil para el usuario, por lo que no solo

[57] https://www.theguardian.com/technology/2016/jul/11/twitter-ceo-jack-dorsey-account-hacked-ourmine-security

[58] https://www.theguardian.com/technology/2016/jun/28/sundar-pichai-hacked-ourmine-group-bitly

[59] https://www.wired.com/story/amazon-failed-to-protect-your-data-investigation/

carecen de recursos en gran escala para garantizar que la plataforma sea realmente segura, sino que la seguridad atentaría contra la facilidad para hacer negocios. Es exactamente lo mismo que dijo al Congreso de los Estados Unidos Frances Haugen, la gerente de productos de Facebook, explicando que la empresa siempre va a preferir las ganancias a la seguridad[60] pero su frase más relevante fue cuando la ejecutiva dijo que la compañía: "tiene control unilateral sobre tres mil millones de personas"[61].

### Para deconstruirlo hacia el Futuro

Pero ¿de qué personas tiene el control?, un episodio del presidente de España nos puede ilustrar un poco el asunto y ocurrió cuando se le dañó su teléfono y escribió en las redes: "por fin funciona mi iPhone!!! vuelvo a ser persona; menuda dependencia tengo del móvil"[62]. Basta con ver a nuestro alrededor, en nuestras casas con los más jóvenes o en las propias reuniones de negocios cuan i-dependientes somos.

Esa es la realidad, no nos sentimos personas si no estamos cerca de nuestra supercomputadora de bolsillo. No somos parte del universo que nos rodea. Por eso es posible hoy estar reunidos físicamente, pero todos viajando a universos distantes, todos viviendo experiencias distintas. Así que dejemos la cursilería de volver al campo y que los niños vuelvan a jugar al yo-yo o perseguir un aro con un palo.

Los niños están hoy sujetos al desarrollo de la i-mente o *i-mind*, son mucho más agiles mentales que sus padres y diez veces más que sus abuelos. Sus juegos son en tercera dimensión y los algoritmos le permiten pasar horas escogiendo escenas de juego. Sus hijos y nietos en cambio, desarrollarán la meta-mente o *m-mind*. Y serán a su vez más agiles que sus padres.

---

[60] https://www.nytimes.com/2021/10/03/technology/whistle-blower-facebook-frances-haugen.html
[61] https://www.theguardian.com/technology/2021/oct/25/facebook-whistleblower-frances-haugen-calls-for-urgent-external-regulation
[62] https://twitter.com/sanchezcastejon/status/27299189729787904?lang=es

Los usuarios de redes sociales pasaron de 2,6 a 4,2 billones de personas solo entre 2016 y 2021[63]. En el siglo XX usted pasaba ocho horas de su tiempo en el trabajo, en la escuela o la universidad. Esto representaba unas cuarenta horas semanales, en cuanto al colegio el promedio mundial es de ciento noventa días, por lo que usted pasó poco menos de mil seiscientas horas anuales, mil horas menos de las que hoy pasa navegando en Internet o usando aplicaciones y el teléfono[64].

La dependencia es de tal magnitud, que el Centro para el Control de Epidemias de Estados Unidos lleva las estadísticas de los niños y adolescentes y a entre los 8 y 10 años invierten seis horas diarias de sus horas activas y aumenta a siete horas y media en los adolescentes entre 15 y 18 años[65]. Lo que representa casi una jornada laboral dedicada a recibir y dar información, solo que no tiene vacaciones ni fines de semana, por lo que el impacto es muy superior.

Pero esto no solo es un asunto de tiempo en pantalla, sino de uso de un dispositivo Smart, en los Estados Unidos cualquier usuario explora su celular 344 veces o lo que significa que, si duerme seis horas, lo revisará cada tres o cuatro minutos en promedio. Por lo tanto, no solo su teléfono está permanentemente enviando su localización, sino que todas sus aplicaciones están permanentemente enviando información sobre lo que está haciendo y con quien.

Por eso el diputado del partido verde alemán Malte Spitz quiso saber si en realidad la telefónica estaba recopilando demasiada información sobre él y tras una demanda y un largo juicio le entregaron la data de seis meses de su vida. El resultado fue sencillamente aterrador, 35 mil piezas o pedazos de información de su teléfono, una cada cinco minutos al día o el equivalente a cada vez que usaba su teléfono, era enviada a la nave nodriza para su análisis, sabían: "a qué hora me levanto, a qué hora me acuesto, a dónde voy, con quién hablo, con quién me veo"[66] y entonces lo publicó causando

[63] Basado en el GlobalWebIndex en https://datareportal.com/reports/digital-2021-global-overview-report

[64] El promedio mundial es de 6 horas 54 minutos. GlobalWebIndex 2021

[65] https://www.cdc.gov/nccdphp/dnpao/multimedia/infographics/getmoving.html

[66] Entrevista en https://web.karisma.org.co/malte-spitz-una-experiencia-tangible-de-la-retencion-de-datos/

un enorme revuelo en la opinión pública que pudo ver el nivel de detalle sobre donde se encontraba a cada paso.

Un equipo de análisis cotejó la información en sus redes sociales y publicaron un video enseñando donde desayunaba, almorzaba o cenaba cada día, el almacén donde compraba su comida en todo minuto durante los seis meses de información[67]. Al integrar la información con otras bases de datos, se podía conocer con quien se reunió, a quien le escribió o contactó y en no pocas oportunidades, de que hablaron o que adquirió.

Y eso ocurrió hace una década que como hemos mencionado, es casi un siglo en tecnología y ahora ya saben cuántas veces usamos una idea, repetimos una frase, una palabra o hasta cuales son nuestros miedos y poco a poco los algoritmos van incorporando a nuestro rostro y voz digitalizados, una forma de actuar, pensar y relacionarse.

De allí al paso obvio, a la siguiente evolución que significa descomponer lo que falta en unos y ceros o en otras palabras el Metaverso. Un lugar en el que desmoleculizarán hasta la forma en la que nos movemos físicamente, así como lo que tocamos con nuestras manos y verán lo que ven nuestros ojos. Olvídese de los cascos, guantes aparatosos y lentes gigantes que ve hoy en las fotos ¿A quién le puede gustar eso más que a un adolescente para maximizar sus videojuegos? Pero eso que ve hoy, es el equivalente al teléfono móvil Siemens de 1985 que parecía un maletín y lo entendemos tan poco, como a esos móviles de los que muchos -en ese primer momento- llegaron a pensar que no sustituirían al teléfono por cable.

Y eso es lo que veremos en los próximos veinte años, la *bio-miniaturización* y la *bio-información* de nosotros mismos, cuando nuestra biometría e incluso buena parte de nuestros análisis de sangre habrán sido descompuestos en unos y ceros gracias a las tecnologías *lab-on-a-chip* en los que están invirtiendo Amazon y Microsoft, para que puedan viajar junto con su presión arterial y demás signos vitales a su médico, que ya no tendrá que auscultarnos porque tendremos chips implantados y nuestra

---

[67] Se pueden observar en https://www.zeit.de/datenschutz/malte-spitz-data-retention

propia camisa *Smart* tendrá electrodos que envían el electrocardiograma a un algoritmo que ayudará a tomar mejores decisiones médicas y estaremos integrados con aparatos de detección molecular, con chips y apps que habrán hecho también su parte.

Nada de esto se trata de ciencia ficción, todo esto ya existe o está en pleno desarrollo en los laboratorios. Como su camisa que vigilará su salud que no sólo enviará el electrocardiograma, sino que no importa si se le derrama el café, no la manchará porque sus partículas de nanotecnología repelerán el líquido, así como las bacterias o sus zapatos capaces de enviar a la nave nodriza información para mejorar su performance deportivo y no solo los pasos, sino cuántas escaleras ha subido o saltos ha dado.

Por lo tanto, seremos la suma de nuestra información gracias a los cerca de treinta billones de aparatos IoT conectados para 2025[68] y un trillón de sensores compartiendo información que las corporaciones habrán transformado en unos y ceros, conociendo no sólo donde estamos, qué hacemos y en qué pensamos, sino también cómo se comportan nuestros órganos, tejidos y en breve nuestro ADN que será sintetizado, e incluso reconfigurado. En otras palabras, ya no están hackeando su computador, los están hackeando a ustedes y eso cumple también un propósito para las nuevas generaciones que ya están en la tarea de correlacionar todos los sets de data y usarlos en un nuevo y fantástico universo.

Solamente comprenderemos el Metaverso, a partir de interesarnos, además de la carrera espacial entre los superbillonarios, por su carrera secreta por llegar a nuestro universo interior, incluido el genético. De allí a que Jeff Bezos de Amazon o Paul Allen de Microsoft estén detrás de esas tecnologías médicas, mientras qué Bill Gates invierte cientos de millones para sintetizar e imprimir el ADN. ¿Por qué Elon Musk compró una base de datos de doscientos millones de usuarios y comprará cada vez más, al mismo tiempo en el que invierte en un laboratorio para integrar nuestros cerebros a los ordenadores? Es la misma respuesta por la que Larry Page de Google creó su laboratorio genético y que Apple contrate equipos secretos de biotecnología.

---

[68] Hoy se calcula en 14,4 billones. State of IoT 2022: Number of connected IoT devices growing 18% to 14.4 billion globally. En https://iot-analytics.com/number-connected-iot-devices/

Hoy poco menos de 30 millones de clientes tienen su ADN en una base de datos que les proporciona fielmente sus orígenes a tal punto que le indica cuanto de neandertal queda en Usted. Como bien explica la esposa del fundador de Google la idea es: "llevar la revolución genética a un nuevo nivel al ofrecer un servicio seguro basado en la web donde las personas pueden explorar, compartir y comprender mejor su propia información genética" y por unos cuantos cientos de dólares puede conocer su predisposición a las enfermedades[69].

Es un negocio tan importante, que la gigante compañía de inversiones BlackRock, compró a la competencia de Google por 4,7 billones de dólares[70].

No se trata de una teoría de la conspiración. Todos tienen buenas intenciones en ambas carreras, la de conquistar el espacio exterior y el interior del cuerpo humano. Pero detrás de la cura para alguna enfermedad o llegar de primeros a Marte, se encuentra el tránsito para lograrlo. Salir al espacio nos dejó una magnífica experiencia a los humanos, pero también nos legaron las herramientas sin cable, los detectores de humo, hasta los filtros de agua que hoy usamos comúnmente[71].

Llegar a la Luna fue sin duda la mayor proeza humana de toda su historia, pero también les dio a las madres del planeta la fórmula enriquecida para sus bebés y el termómetro de oído[72]. No podríamos usar nuestra cámara del teléfono[73], ni nos podrían traer alimentos por encargo sin que el GPS de precisión[74] fuera requerido primero por los astronautas. Así que la carrera espacial no es solo una aventura de billonarios inquietos, sino una por descubrir nuevas tecnologías.

Fue la generación de los bisabuelos de Elon Musk los que crearon el primer cohete, la de sus abuelos salió al espacio y llegaron a la luna, la generación de sus padres ya tenía dos

---

[69] Your Personal Genome: Googling Your DNA en www.ncbi.nlm.nih.gov/books/NBK559916/

[70] https://www.blackstone.com/news/press/blackstone-completes-acquisition-of-ancestry-leading-online-family-history-business-for-4-7-billion/

[71] https://www.philips.com/c-w/malegrooming/philips-space/space/10-space-innovations-that-are-closer-than-you-think.html

[72] https://www.nasa.gov/offices/oct/40-years-of-nasa-spinoff/enriched-baby-food

[73] https://www.nasa.gov/offices/oct/40-years-of-nasa-spinoff/digital-image-sensors

[74] https://www.nasa.gov/offices/oct/40-years-of-nasa-spinoff/precision-gps

estaciones espaciales[75], por lo tanto, repetir esas hazañas es parte de lo que desean, pero aún más el tránsito innovador, que es precisamente la carrera más importante entre ellos. Desde las patentes billonarias de nuevos materiales compuestos hasta las fórmulas de reducción de uso de energía, la carrera espacial cambió incluso la arquitectura. Los tejidos tensados que usualmente vemos en todas partes, desde toldos hasta grandes estadios, partieron de las investigaciones del traje espacial, los amortiguadores para puentes y edificios, las barreras térmicas en las casas para conservar el calor[76] así como grandes innovaciones para los aviones comerciales, implantes auditivos, purificadores de aire y lo que están por descubrir Jeff Bezos o Elon Musk en su carrera por llegar primero a los nuevos descubrimientos y patentes.

Por eso se encuentran también en la carrera para conquistar las patentes de nuestro mundo interior. Secuenciar el primer genoma humano tardó años y costaba millones de dólares a cada participante, en 2003 habían logrado bajar el precio a unos 350 mil dólares, pocos años después Steve Jobs secuenció el suyo por 100 mil y hoy la lucha está por bajarlo de mil dólares, de hecho, la compañía californiana Illumina sostiene que puede hacerlo por 600 dólares[77], mientras los laboratorios chinos explican que lo pueden lograr ya en 100[78]. Conocer el ADN y llevarlo a unos y ceros, será el equivalente a la nueva conquista del espacio y traerá decenas, sino cientos de nuevas invenciones billonarias médicas y científicas.

Así que no hay que preguntarnos ¿Por qué Mark Zuckerberg de Facebook, está integrando todas sus corporaciones de big-data en una sola llamada Meta, mientras invierte cerca de cuatro mil millones de dólares en herramientas que permitan hacer un mapa humano a nivel celular y de proteínas? La respuesta es simple, porque saben hacia dónde se dirige el planeta y cuál es el siguiente paso para el control de la información, sea para llegar más lejos en los avances

---

[75] Werner Von Braun, diseñador de los cohetes hasta el Saturno V que llegó a la luna, nació en 1912, Neil Amstrong estaba en condiciones de ser padre de los de Elon Musk y este último era un adolescente cuando ya estaba en el espacio la estación Rusa MIR y se acopló a la EEI en 1993.

[76] https://www.nasa.gov/offices/oct/40-years-of-nasa-spinoff

[77] https://www.nature.com/articles/d42473-021-00030-9

[78] https://www.technologyreview.com/2020/02/26/905658/china-bgi-100-dollar-genome/#:~:text=Super%2Dcheap%20DNA%20sequencing%20could,and%20research%20into%20population%20genetics.

tecnológicos, para curar enfermedades que se creían imposibles de erradicar, crear más productos o para profundizar más en el nuevo universo e incluso retrasar nuestro envejecimiento para seguir siendo minados. La información es dinero y solo sobrevivirá el que logre integrarla y explotarla mejor y con más precisión.

Es por esto que, si hoy creemos que tienen ese valor enorme y una capitalización que luce exagerada, una vez que se produzcan las híper-fusiones y adquisiciones de información en los próximos años, valdrán diez o cien veces más a través de las décadas por venir y todo gracias al conocimiento individual cuando estemos bio-integrados en la red y vivamos buena parte de nuestra vida en el Meta universo.

Y hasta aquí las buenas noticias, porque el futuro ya está aquí.

## Transformándonos rápidamente

Situémonos en una reunión cualquiera entre unos amigos en 2010 sobre la típica discusión sobre cuál teléfono era el mejor. Todos ellos acaban de pasar de los pequeños teléfonos a tener una pantalla que ocupa buena parte del aparato. Un 30% de estos habría explicado que el Nokia o el T-mobil otros el LG, el HTC o el NEC y el resto le echaría en cara a los otros su teléfono Samsung, Sony Ericsson o el Motorola mientras que aún habría un 3% de usuarios del BlackBerry y una minoría enseñaría el iPhone 3 o el 4.

Diez años más tarde sólo sobrevivieron aquellos que usaban Samsung o el IPhone de Apple. Pero si ambos sobrevivieron fue debido a una de las mayores guerras de inteligencia corporativa y robo de patentes de la historia de los teléfonos, lo que llevó a un tribunal a sentenciar a Samsung por más de mil millones de dólares por haberse copiado de iPhone[79] es decir que, en la reunión entre los mismos amigos, el teléfono Samsung tampoco habría sobrevivido si esta compañía no se hubiera copiado y cambiado todo su destino a la supercomputadora de bolsillo.

Lo mismo podríamos decir de nuestras computadoras personales. En la misma reunión entre amigos se habría concentrado la discusión sobre cómo cambiaron, en apenas un par de años, las Compaq, IBM, NEC, Toshiba o Sharp con sus inmensos cajones que soportaban una pantalla y tenían los procesadores en el piso, algunos incluso echarán en cara su computadora Fujitsu y solo una minoría hablaría de su nueva iMac. Hoy de aquella época, sus amigos podrían decir que solo sobrevivieron Apple, Dell y HP, de no ser por dos aspectos importantes, el primero es que salvo las empresas y las computadoras especializadas (programadores, diseñadores, arquitectura e ingeniería etc.) los hogares tienen cada día menos computadores de escritorio y han sido sustituidos por computadores móviles o laptops[80].

---

[79] https://www.theverge.com/2012/8/24/3254422/apple-samsung-trial-verdict

[80] De acuerdo a sus estados financieros, en el año 2000 los ingresos de Dell eran cercanos al 80% por computadores de escritorio, hoy las ventas se han revertido completamente. 80/20 era cercana a la proporción de ventas de Apple en 2000. Su proporción cambió a 66% laptops en 2010, pero no tanto como los PC porque fueron diseñadas para el mercado de gráficos de alto performance. A partir del 2014 Apple reporta todos sus productos como MAC, pero habla de la demanda alta de sus laptops

Esto causó que las compañías de equipos de computación dejaran de serlo para dedicarse a otros productos móviles y ocurrió el gigantesco cambio que operó en estas dos últimas décadas. Por ejemplo, Hewlett Packard dejó de ser el gigante -y de llamarse así- y se redujo prácticamente a la mitad del tamaño[81] e ingresando a caja casi la misma cantidad de dinero que una década atrás. Para nadie es un secreto el drama por el que pasó Dell los últimos diez años, teniendo que deslistarse de la Bolsa, reestructurándose profundamente a tal nivel que cerca de la mitad de sus ingresos son por virtualización, data storage, computación en la nube y seguridad[82] arrastrando una pesada deuda que se elevó por diez hasta 2021.

Por esto, la transformación silenciosa en su vida ha sido colosal en las últimas dos décadas y más aún en la medida en la que la brecha de tiempo de las innovaciones se cierra dramáticamente. Me refiero lógicamente no al descubrimiento en sí de la tecnología, sino cuando esta puede estar disponible en masa y barata para los millones de usuarios[83].

Cuando salió la primera televisión de Plasma de Fujitsu en 1997 costaba entre diecisiete y veinte mil dólares. La tecnología tardó diez años en abaratarse, hasta que en 2007 fue reemplazado por la tecnología LCD y abarató los costos de un televisor de 32 pulgadas a un precio entre los 699 y 849 dólares para el año 2010[84]. Y este fue el año de la aparición del primer TV LED 3D HDTV de alta definición. Es decir, en menos de una década pasamos del Plasma, al LCD al OLED, pero en apenas cinco la tecnología llegó de alta definición a ultra-alta, a 4K por menos de quinientos

---

[81] Hewllet Packard fue una compañía de tecnología en la que apenas un tercio de sus 126.033 millones de dólares de ingresos provenía de la venta de sus sistemas personales, notebooks y PC(40.741), al cambiar de nombre solo a HP sus ingresos descendieron a 63.487 millones. 10-K Annual report pursuant to section 13 and 15(d) Filed on 2010 y October 31, 2021

[82] Tras su primera reestructuración hasta 2010 y la adquisición de EMC en 2016, la compañía sufrió una enorme transformación. Su deuda hasta 2021 era de 39.222 millones de dólares. Total debt, carrying value. 2022 Form 10-K pág. 65

[83] Un ejemplo es que la tecnología 4K pudo demostrarse en 2001 con los monitores LCD de IBM, o el sensor 8k puede haberse creado en 2012, pero de allí a estar en su televisor a un precio razonablemente alcanzable, es lo que define a la tecnología en lo que se refiere a la transformación de nuestras vidas y no simplemente la fecha de su descubrimiento.

[84] Precio de los TV Samsung LCD UN32C4000 y 5000 a marzo de 2010.

dólares y a un televisor Samsung de 65 pulgadas 8K con Alexa incorporada por menos de dos mil dólares[85], lo que representará una fracción de ese costo a futuro en lo que las tecnologías microleds y las de materiales inteligentes se conviertan al uso cotidiano.

En pocos años el salto cuántico se habrá consumado, no solo por la realidad aumentada en la que todo nuestro cuerpo será descompuesto en unos y ceros enviando información a las corporaciones, sino por las nuevas tecnologías y rapidez de la información.

Ya no se trata solamente de que su televisor no pueda capturar imágenes provenientes de una antena VHF o de que la propia señal satelital y de cable estén scriamente amenazadas por el streaming, sino que la televisión estará en un futuro acoplada a los materiales de nuestro hogar. De la misma manera que el teléfono desapareció de nuestras vidas siendo una aplicación de la supercomputadora de bolsillo, la televisión será una aplicación más de una computadora central a la que apodamos, hogar.

Y ese es el gran aprendizaje, vivimos nuestra vida a través de supercomputadores y superprocesadoras, tenemos una de comunicaciones e información que registra nuestra vida móvil, otro superprocesador que nos entretiene con superjuegos, otra computadora a la que llamamos televisión solo porque tiene forma de televisor y nuestra casa ya no será solo inteligente, sino que la suma de las aplicaciones la hará convertirse en una metacomputadora, cuando se integren nuestros universos.

Por lo tanto, la primera advertencia en ruta hacia el MetaUniverso, no es otra que solo sobrevivirán aquellos que sean capaces de integrarse rápidamente. Debemos aprender la lección del BigData con gigantes que fueron incapaces de comprenderlo y desaparecieron de nuestras vidas como Eastman-Kodak, Motorola o Lucent Technologies, y pudiéramos discutir sobre que destruyó a Sears & Roebuck, Pier 1, Borders, Sport Authority, American Apparel, Blockbuster o Toy-R-Us o sobre preferir o no Henry Bendel

---

[85] SAMSUNG Clase Neo QLED 8K QN800A Series - 8K UHD Quantum HDR 32x Smart TV con Alexa incorporado (QN65QN800AFXZA, modelo 2021) en Amazon.

a Lord & Taylor a Pebble, Jawbone o a RadioShack[86]. Muchas de nuestras tiendas favoritas quebraron, fueron vendidas o fusionadas para constituirse en híper gigantes.

¿Quiénes lograron sobrevivir? Solo aquellas que lograron transformarse e integrarse al BigData para explotar su nicho de negocios de manera ultra sofisticada. De esta manera entendemos la constitución de híper gigantes y que los grandes bancos de inversión estén interesados en agrupar marcas de retail para formar súper gigantes de información y explotación como J.C.Penny y su competidor Kohl´s o que el exCEO de la compañía financiera Hilco Consumer Capital, creara su compañía Authentic Brands Group que adquirió más de cincuenta gigantes como Reebok, Nautica, Arrow o Aeropostale.

Nos estamos integrando del Big-Data al Metadata. Que no es otra cosa que la conjunción de universos de data a una velocidad fulminante. Esta es la razón por la que hoy en solo cinco bancos de Estados Unidos se encuentra el 60% del dinero de los ahorristas y hasta el 90% se encuentra en los cien bancos grandes y medianos mientras que apenas el siguiente diez por ciento se encuentra en los otros cuatro mil, luego de haber cerrado casi la mitad de las instituciones financieras en dos décadas[87].

De hecho, no hay manera de comprender lo ocurrido con la conformación de los gigantes financieros actuales, salvo explicando que los dos primeros bancos estadounidenses, JpMorgan y Bank of América acumulan la misma cantidad de activos, que los ocho mil bancos sumados en 2001. Es lo mismo que ocurrió en 2019 con las cinco aerolíneas gigantes, que juntas embarcaron más pasajeros que las sesenta aerolíneas juntas en el año 2000[88].

---

[86] ToysRUs y Radio shack quebraron y fueron liquidadas. Sus nombres fue comprados por terceros y es factible que las operen en el futuro, pero serán otra corporación usando el nombre.

[87] El 50,38%. En el año 2000 el FDIC contemplaba 8.315 bancos comerciales y 1.589 instituciones de ahorro para un total de 9.613. Para el 2021 quedan 4.301 bancos comerciales (-48,27%) y 613 entidades de ahorro (-61,42%), para un total de 4.914.

[88] Air Carriers : T-100 Segment (US Carriers Only) Sum : Non-Stop Segment Passengers Transported by UniqueCarrier for 2000 and 2019 https://www.transtats.bts.gov

En otras palabras, nos pueden parecer las mismas compañías por fuera, pero dentro de estas ha ocurrido una gigantesca transformación. Si pasamos por una farmacia de la corporación CVS nos parecería la misma en la que entraron nuestros padres y abuelos, pero si esta se hubiera quedado con el negocio de front stores y farmacias, así como los tres mil laboratorios de revelado fotográfico en una hora siendo el cliente número 1 de Kodak y el mayor proveedor de fotografías en los Estados Unidos, habría simplemente quebrado. La superautopista de la información y la transformación al BigData, la llevaron a integrarse en el mayor sistema interconectado médico de la historia, lograron no solo sobrevivir, sino convertirse en un híper gigante dc la industria médica y farmacéutica, pasando de 20 mil millones en ingresos a 268 mil millones en dos décadas y de 300 millones de prescripciones, a 1,5 billones[89] equivalentes a tener al 30% de los pacientes de Estados Unidos en sus bases de datos, integradas en circuitos de atención multiproductos, multiservicios y formatos de atención integral.

Y eso es lo que debemos preguntarnos con urgencia ¿Cómo nos va a transformar el MetaUniverso y cuán rápido nos va a transformar?

La respuesta es que será en muy poco tiempo, mucho más rápido del que pasó del diskette, al CD, a la memoria USB capaces de almacenar 1 TB de memoria en el tamaño de su uña y por una fracción de lo que costaban los primeros. La brecha de la innovación, de nuevo entendida en el tiempo en que llega a la calle y se populariza, pasó de quince años a poco más de cinco y será mucho más rápida en el futuro.

Parecen cambios sutiles, pero los algoritmos y la tecnología han permitido lo impensable y los amigos que usaban sus teléfonos Ericsson y enviaban sus emails en sus computadoras Compaq, posiblemente tenían preferencias por embarcarse en TWA, National, UsAir, o Northwest y poco antes, en PanAm, Eastern o Continental.

Y si lograron sobrevivir, American o Delta Airlines tras sus bancarrotas, fue precisamente porque la industria se transformó de una manera tal que se constituyeron en supergigantes del espacio

---

[89] Form 10-K y reports anuales al 31 de diciembre de los años 2000 y 2021

aéreo y en compañías ultra eficientes en el manejo de su data, sin descartar que terminaron siendo tan grandes, que el estado se vio en la necesidad de ayudarlos tras cada crisis, pues tras la desaparición de PanAm, ciento diecisiete aerolíneas quebraron o dejaron de operar en apenas un par de décadas.

La información de los pasajeros en la era del BigData es de tal magnitud, que los programas de viajeros frecuentes se pueden monetizar de tal manera, que representan más valor que la propia compañía aérea que gestiona su base de datos[90]. El valor de la información y explotación de la base de datos de los pasajeros de Delta Airlines, fue suficiente para servir de colateral de un préstamo de 6,5 billones de dólares[91]. En otras palabras, es de tal nivel el concepto de monetizar los datos, que con eso se podrían comprar todas las aerolíneas sudamericanas.

Por lo tanto, ya nada es como en el pasado. No importa donde usted se encuentre, en todas partes la transformación es absoluta pues nuestro futuro y el de nuestras corporaciones yace exactamente en esas bases de datos convertidos en unos y ceros. Y de esos cambios es precisamente sobre lo que trataremos en los siguientes capítulos.

[90] https://www.forbes.com/sites/sarahhansen/2020/09/14/delta-will-borrow-65-billion-backed-by-frequent-flyer-program/?sh=38b8c7f6d228
[91] https://www.forbes.com/sites/sarahhansen/2020/09/14/delta-will-borrow-65-billion-backed-by-frequent-flyer-program/?sh=38b8c7f6d228

## En la ruta al MetaUniverso

Volviendo al gran aprendizaje sobre vivir en los distintos universos de unos y ceros, es que ya sabemos que no estamos, ni estaremos seguros. Pero ahora vamos hacía el metafuturo o lo que es igual a la conjunción de universos de la información y el uso de esa información traerá innovaciones y respuestas como nunca antes en el pasado, así como evidentes peligros.

De hecho, el asunto es tan grave que Facebook-Meta cuentan con un vicepresidente de Investigaciones de Cyberespionaje y un director de Interrupción de Amenazas entre sus altos rangos para luchar contra los cybermercenarios y la industria del espionaje-por-encargo y nos informan que empresas como NSO son: "una pieza del gigantesco ecosistema" de espionaje y que hasta diciembre de 2021 habían logrado detectar a siete compañías y notificar privadamente a 50.000 usuarios[92].

El mensaje personalizado y directo de Facebook o Instagram, cuando encuentra a un cliente atacado reza: "(tu nombre) creemos que tus cuentas pueden haber sido objetivo de ataque por parte de actores contratados por un gobierno".[93] Ya sabemos que los israelíes poseen varias compañías privadas como NSO y Candiru, pero también descubrieron una en Macedonia llamada Citrox que lograba implementar en su teléfono un malware rival idéntico llamado Predator. De hecho, el ministro de ciencias de Macedonia fue víctima de los ataques de piratas informáticos quienes explicaban que tenían: "acceso hasta en sus sistemas de cámaras, te vigilamos 24/7, tenemos ojos en todas partes"[94] mientras apagaban prácticamente todas las páginas de internet de los bancos macedonios incluido su banco central[95]. Ahora bien, ¿son los piratas informáticos de la pequeña Macedonia, más astutos y preparados que los que viven en las superpotencias tecnológicas?

Ya usted sabe la respuesta, aunque el Departamento de Comercio de Estados Unidos haya creado una lista negra de compañías de

---

[92] Meta. December 2021- Threat Report on the Surveillance-for-Hire Industry, el informe se encuentra disponible en https://www.heise.de/downloads/18/3/2/3/4/1/2/1/Threat-Report-on-the-Surveillance-for-Hire-Industry.pdf#page=10

[93] https://www.facebook.com/notes/10157814537141886/

[94] https://balkaninsight.com/2022/02/07/north-macedonia-ministry-confirms-new-hacking-attack/

[95] https://bne.eu/north-macedonia-s-banks-taken-down-by-greek-hacking-group-235976/

mercenarios del espionaje cibernético, capaz de llevarse todo de su teléfono desde compañías privadas en China, Rusia, Singapur, Macedonia y varios países más, no habla de lo que ocurre en su propia casa.

Por eso, siendo de nuevo honestos. El asunto no es cuántos clientes privados o pequeños gobiernos recurren a las empresas privadas para espiar, o si en realidad están muy poco claros los linderos entre el estado y los privados, sino el tamaño y la calidad de los grandes presupuestos de espionaje de las superpotencias cibernéticas, que se desconocen y de los que nadie habla. Porque si un par de oficiales del Mossad, con dos jóvenes emprendedores pudieron desarrollar semejante software de espionaje, lo que pueden hacer las grandes maquinarias de los gobiernos billonarios debe ser verdaderamente asombroso.

De allí a que, si empresas privadas logren llevarse la información de los teléfonos de los primeros ministros europeos, la primera ministra de Alemania Angela Merkell se quejara de que la espiaran con los softwares estadounidenses "Prisma" de vigilancia masiva, capaz de monitorear todo lo que se hace a través de las grandes compañías que almacenan nuestra data en las nubes y teléfonos.

De la misma manera tienen otro software llamado X-Keyscore, capaz de extraer la data de 30 días de teléfonos y nubes, así fueran borradas treinta días atrás. Y es tan inteligente, que sus cientos de servidores en todos los países buscan permanentemente lenguajes empleados, idiomas -principalmente arábico, ruso y chino-, determinadas palabras y es tan inteligente que mientras más encriptado está un teléfono, más sospechoso es para el sistema y más data extrae del teléfono[96].

Pero también poseen el sistema "Muscular" del que el exjefe legal de Google, David Drummond llegaría a decir: "Estamos indignados por los extremos a los que parece haber llegado el gobierno para interceptar datos de nuestras redes

---

[96] Filtración del programa ultrasecreto por parte de Edward Snowden

privadas de fibra" subrayando la necesidad de una reforma urgente[97].

Entre los sistemas conocidos pueden recabar toda la información de sus computadoras y teléfonos, desde chats, emails y fotos, hasta hojas de cálculo y documentos de Office, sin que usted o ningún experto pueda encontrar las huellas de los perpetradores.

Con la aparición del Covid-19 el mundo aprendió por las malas lo que es no estar protegido de los virus y nos sentimos afortunados por contar con una vacuna que provee el 95% de eficacia[98] y así somos los humanos, confiados que no seremos parte de ese 5% que fallecerá.

Pero no ocurre lo mismo con la vacuna contra la gripe o el Covid-19 que, con nuestras computadoras, aunque las mejores vacunas o antivirus nos garanticen en realidad una protección del 99.98%. No estamos seguros porque en promedio somos atacados por 480 mil virus malvados al día. En este sentido, una cifra cercana a los cien malwares que tienen diariamente el potencial de colarse en nuestras computadoras, suponiendo que tengamos siempre al día todas nuestras vacunas y nuestros softwares estén actualizados.

Los cibervirólogos crean en sus laboratorios un promedio de diez millones de virus al mes y diseñan para el teléfono Android unos quinientos mil cada año, siendo el iPhone atacado en proporción al mercado con una cifra cercana a los cincuenta mil anuales[99]. Se dice fácil, pero que su computadora pueda ser atacada por un virus nuevo cada tres segundos y su teléfono una vez cada minuto ya indicaría por sí mismo, el tamaño del problema.

Pero siendo honestos, nuestro firewall y nuestros antivirus no son ni remotamente tan buenos como los de los servidores vulnerados de WhatsApp, ni en nuestro teléfono tenemos el antivirus de Jeff Bezos o el presidente español. A esto hay que añadir que Facebook e Instagram alertaron privadamente a 50 mil de sus usuarios que estaban siendo investigados por distintos gobiernos. Mucho menos estamos tan protegidos como el Ministerio de Defensa

---

[97] https://www.washingtonpost.com/world/national-security/nsa-infiltrates-links-to-yahoo-google-data-centers-worldwide-snowden-documents-say/2013/10/30/e51d661e-4166-11e3-8b74-d89d714ca4dd_story.html

[98] Tomado de la opinion científica de la Organización Mundial de la Salud con respecto a la Pfizer

[99] De acuerdo a AV-TEST GmbH que es el instituto de investigación independiente en materia de seguridad informática de Alemania. https://www.av-test.org/es/estadisticas/software-malicioso/

de Corea del Sur de su peligroso vecino del norte ya que en 2016, hackearon los teléfonos de la mayoría del Gabinete y miembros de defensa y se llevaron sus mensajes de texto e información[100].

El pánico cundió y se invirtieron cifras astronómicas en seguridad y la respuesta norcoreana fue hackear nada menos que al CiberComando militar encargado de la protección[101], mientras que pocos meses después violentaron todos los ordenadores para robarse nada menos que los planes de defensa y guerra de los surcoreanos, a manera de dejarles claro que podían hacer lo que les viniera en gana con los protectores y con su secreto más protegido[102], junto con todas las compras de armamento que hicieron, en otro ataque al siguiente año[103].

Por eso es bueno no convertirse en objetivo pues no hay protección que valga. Primordialmente debemos comprender que somos nosotros quienes aprobamos la entrega de nuestra información y en un futuro cercano, llegaremos a entregarla a niveles de tejidos, celulares y de proteínas. Así que la respuesta más rápida a la pregunta sobre quiénes sobrevivirán en el Metaverso, es que millones no lo harán.

Hasta ahora la mayoría se ha defendido como los peces pequeños que se agrupan en gigantescos cardúmenes para protegerse de los depredadores. En otras palabras, dependemos únicamente de la suerte para que se coman a otros.

Nunca podremos estar seguros, si los brockers de información tienen en venta no solo los cientos de millones de usuarios de páginas de citas, sino 40 millones de cuentas de T-mobile[104] de las que 850 mil no solo obtuvieron todo lo relacionado con la identidad, clonar el teléfono, sino con el PIN para ingresar a este, mientras otro grupo de Piratas informáticos tratan de vender la data de 70 millones de usuarios de AT&T

---

[100] https://www.ndtv.com/world-news/seoul-says-north-korea-hacked-into-south-korean-officials-phones-1284946

[101] https://en.yna.co.kr/view/AEN20210618007200315

[102] https://www.bbc.com/news/world-asia-41565281

[103] https://www.zdnet.com/article/piratas informáticos-breach-and-steal-data-from-south-koreas-defense-ministry/

[104] https://www.t-mobile.com/news/network/additional-information-regarding-2021-cyberattack-investigation

afirmando que logró hackear a la compañía[105]. De nada sirve que el CEO de esa compañía se disculpe por la cuarta vez que ocurrió un mega robo de datos[106] mientras que otros brokers están vendiendo la metadata de 500 millones de cuentas de LinkedIn[107], junto a 533 millones de cuentas de Facebook[108] (por segunda vez) y decenas de millones de cuentas de correo han sido hackeadas.

Al final de todo, diremos algo muy tranquilizador: "no soy tan importante como para que me hagan daño" y sentimos que agruparnos en el cardumen nos dará la protección necesaria, así todos los días nos enteremos que el teléfono de alguien o la cuenta en alguna aplicación ha sido clonada. El cardumen nos dará cierto margen de éxito ya que, al fin y al cabo, no somos tan importantes como las celebridades o el príncipe Harry y su esposa Megan[109] como para que expongan nuestras fotos haciendo sexting en alguna página de internet.

El problema es que, en los millones de recónditos lugares del espacio de la Red, existen distantes planetas como el Darkweb y el Darknet, es decir el lado oscuro de la red, fragmentos que apenas representan el 0,1% del universo y a los que solo se puede acceder con un software especial y protocolos que solo los data-traders, piratas informáticos y especialistas en la búsqueda de información, conocen donde se pueden encontrar miles de millones de datos en venta por parte de los data brokers.

Solo uno de estos le puede vender los 91 millones de usuarios de Tokopedia[110], mientras que otro le puede ofrecer hasta 200 millones de usuarios de empresas de citas o restaurantes[111]. Y es así, en este gigantesco mercado de información es donde se puede comprar unos quinientos mil usuarios y contraseñas de Zoom, el

---

[105] https://www.businessinsider.com/pirata informático-selling-the-data-of-70-million-att-users-2021-8
[106] https://www.nbcnews.com/tech/security/t-mobile-ceo-apologizes-pirata informático-stole-millions-users-personal-informati-rcna1794
[107] https://edition.cnn.com/2021/04/08/tech/linkedin-data-scraped-pirata informático-site/index.html
[108] https://www.businessinsider.com/stolen-data-of-533-million-facebook-users-leaked-online-2021-4
[109] https://www.dailymail.co.uk/femail/article-8615875/How-Russian-piratas informáticos-stole-hundreds-Prince-Harry-Meghan-Markles-personal-photos.html
[110] https://www.reuters.com/article/us-tokopedia-cyber-idUSKBN22E0Q2
[111] https://www.wired.com/story/shinyhunters-hacking-group-data-breach-spree/

popular sistema de conferencias[112], puede hacerlo por una ínfima cantidad de dinero.

Estamos más seguros que las celebridades, sin que nos importe muchos que aquellos que hackearon las fotos desnudas o practicando el sexo con sus parejas, apenas recibieron unos pocos meses de sentencia, si es que llegaron a pasar un día en la cárcel, en señal, de que la información expuesta tampoco valía más que unos pocos miles de dólares en compensación[113] y los expertos nos explicarán que no han comprometido demasiado a los grandes almacenes de data y podemos sentirnos seguros, aunque un jovencito de diecisiete años hackeara las cuentas de Joe Biden o Bill Gates[114] mientras otro, más joven aún, logra hackear a Microsoft y a Samsung.

Por eso no vamos a hablar en este libro de seguridad ya que ambos sabemos que no estamos seguros. Nos interesa poco lo que pueden saber las corporaciones porque lo hacen desde hace muchos años y seguirán minándonos y hackeándonos con nuestro consentimiento o no, cada minuto de nuestras vidas y tampoco explicaremos aquí, qué significa la Inteligencia o cuan necesaria es la información para alcanzar las metas y el desarrollo en un país o una corporación, ya que simplemente la información ya no "es el oxígeno" ni "lo es todo", sino que significa cientos de billones de dólares en ingresos corporativos y el sistema hay que protegerlo.

De lo que si aprenderemos es sobre cómo usar la información para que no nos destruyan. Comprenderemos que nada de lo que ocurre es nuevo y cómo debemos manejarnos en este nuevo mundo, en la medida en que ocurran las evoluciones de la información. Y, sobre todo, a entender nuestra posición en las guerras de inteligencia corporativa del futuro, pues nuestra corporación, aquella en la que trabajamos o de la que vivimos indirectamente se encuentra en un triángulo como el de las Bermudas y éste se tragará a decenas de miles de compañías en los

---

[112] https://edition.cnn.com/2020/05/06/tech/data-breach-passwords-protection/index.html

[113] De los cuatro piratas informáticos, uno no fue acusado, dos fueron sentenciados a unos pocos meses, pero la pena se conmutó a unas pocas horas de trabajo voluntario y solo a uno lo condenaron a 18 meses. El total de compensación no llegó a los diez mil dólares.

[114] https://www.theguardian.com/technology/2021/mar/16/florida-teen-sentenced-twitter-bitcoin-hack

próximos años y creará supergigantes gracias a haber devorado y desmembrado a corporaciones y compañías pequeñas.

En un bando o esquina superior de este triángulo, sin ideología política alguna, existen las corporaciones que obtienen con permiso nuestra información y sus satélites, los brokers, los investigadores sociales junto a las que van a integrar en un futuro toda esa información y por el otro en la esquina inferior izquierda y también sin ideología política alguna, están las que no tienen la información y la desean para sobrevivir, venderla o usarla para lograr sus fines, así como sus satélites, terceros e investigadores.

En el extremo opuesto, los gobiernos y sus corporaciones de inteligencia gubernamentales o semigubernamentales. Aquí es precisamente donde recobra su importancia y la protección del cardumen valdrá de poco, por no decir de nada. Porque en el centro de ese triángulo y esta batalla campal por la información, está usted y su compañía.

Y es aquí donde debe ver su emprendimiento, compañía o corporación, sea dueño o trabaje en estas, como parte del cardumen a ser devorados en un festín sin precedentes. Pero no la vea en este universo, debe aprender precisamente a observarla desde el meta universo descompuesto en unos y ceros. Solo así podrá entender los riesgos que correrá y aumentará sus posibilidades de sobrevivir.

Hasta ahora se conoce que un jovencito de dieciséis años es el jefe de una ciberbanda de piratas informáticos que robó 200GB de información del código fuente del teléfono Galaxy de Samsung[115]. Hasta allí nada que nos preocupe porque desde 2014 sabemos que habían descubierto puertas traseras en los teléfonos y posteriormente que los piratas informáticos podían incluso bloquear nuestros teléfonos cuando quisieran[116]. Sabemos que dejamos al destino, buena parte de nuestra seguridad corporativa, porque a fin de cuentas si la compañía que vendía el software de protección más avanzado, fue asaltada cibernéticamente por unos jovencitos hindúes y se lo robaron[117], poco o nada podemos hacer para garantizar que nuestros

---

[115] https://www.forbes.com/sites/daveywinder/2022/03/08/samsung-confirms-massive-galaxy-hack-after-190gb-data-torrent-shared-via-telegram/?sh=5c3bce25658c
[116] https://thehill.com/policy/cybersecurity/222216-samsung-fixes-bug-that-let-piratas informáticos-lock-phones/
[117] https://www.reuters.com/article/symantec-piratas informáticos-idESMAE81603O20120207

datos estén seguros y quizás eso fue lo que llevó al famoso John McAfee a retirarse a lugares como Belice o Guatemala, rodeándose de un arsenal de armas para protegerse y decir que era espiado a toda hora[118] para finalmente suicidarse en una prisión española.

Hasta ahora ponemos todo nuestro esfuerzo para que nuestro personal de sistemas logre proteger nuestra información corporativa y que sepa cómo usar a plenitud el firewall para que no ocurran algo como al banco Capital One, se roben la información de cien millones de usuarios y seamos multados por casi doscientos millones de dólares[119], quizás debieron haberle prestado atención a lo fácil que fue de hacer antes en Citibank[120] y antes que eso, a otros seis bancos[121]. Queremos evitar que un jovencito de diecinueve años se robe 10 terabytes de información de las compañías eléctricas como la portuguesa EDP[122] y otros enciendan o apaguen nuestras centrales eléctricas y toda nuestra ciudad o la infraestructura crítica.

Pero sabemos que lo complicado es que no se la roben, porque si un jovencito de quince años se llevó la información de la NASA y el Pentágono, pues suena lógico que el famoso edificio de los militares organizara un concurso para hackearlo y en las primeras horas un jovencito de décimo grado logró hacerlo. Como los chinos lo hicieran nueve veces antes[123] y también los rusos[124], los norcoreanos e iraníes, por lo que sería quizás más conveniente elaborar un listado, de aquellos que no se han robado la información de los contratistas del Pentágono.

Por lo tanto, si aquellos especialistas encargados de generar las políticas y herramientas para piratas informáticos en la

---

[118] https://www.businessinsider.com/the-crazy-life-of-john-mcafee#but-things-in-belize-got-hairy-he-became-convinced-that-he-was-being-watched-all-the-time-according-to-wired-15

[119] https://www.seattletimes.com/business/capital-one-to-pay-190m-settlement-in-data-breach-linked-to-seattle-woman/

[120] https://www.businessinsider.com/was-the-citi-group-hack-an-inside-job-2011-6

[121] https://www.nytimes.com/2012/10/01/business/cyberattacks-on-6-american-banks-frustrate-customers.html

[122] https://www.businessinsider.es/ciberdelincuentes-empiezan-filtrar-datos-electrica-edp-634775

[123] https://www.theguardian.com/world/2014/sep/17/china-hacked-pentagon-contractors-senate-hearing

[124] https://www.forbes.com/sites/joewalsh/2022/02/16/russian-piratas informáticos-gained-sensitive-information-from-us-defense-contractors-feds-say/

CIA no pudieron garantizar que los vulnerarán y se robaran su información[125] ocurriendo una filtración masiva, varios años más tarde de que lo hicieran empleados como Snowden, resultaría sorprendente que la información de nuestras compañías, en caso de que alguien esté interesado, no se encuentre a la venta en algún no tan recóndito lugar del *Deep web*. Por eso hablar de seguridad de la información corporativa es tan arbitrario como si el director de Inteligencia y jefe de la CIA de los Estados Unidos hablara de la suya, cuando un jovencito de dieciséis años se coló en su correo protegido de seguridad nacional, en el de la CIA y el FBI llevándose con él, sus correos y la información de contacto de 20.000 empleados[126]

Tampoco es del todo una buena señal que el director del FBI ruegue públicamente que las empresas no continúen pagando rescate a los piratas informáticos[127]. De hecho, que la Casa Blanca considere que hay que elevar la recompensa a diez millones de dólares para encontrar a todo aquel que pida rescate por la información robada que no es poca, a raíz de lo que se puede ver en la página sobre los criminales más buscados por el mismo FBI, que dice que deben tratarse como terroristas y con ellos no se negocia, mientras investiga al menos cien casos de los que hicieron caso y no pagaron, así como dos mil ataques, solamente desde China[128].

Pero una buena parte, sino la mayoría de las empresas prefiere pagar para que les sea devuelta la información y zanjar así el asunto, lo que significa un riesgo aún mayor para nosotros, del que dejaré un momento en suspenso. Por eso es que asumimos que estamos a salvo en el cardumen y saldremos adelante. Pero ¿Cómo cambiará todo y cómo podremos salvarnos en el meta universo?

[125] https://www.washingtonpost.com/national-security/elite-cia-unit-that-developed-hacking-tools-failed-to-secure-its-own-systems-allowing-massive-leak-an-internal-report-found/2020/06/15/502e3456-ae9d-11ea-8f56-63f38c990077_story.html
[126] https://www.mundodeportivo.com/urbantecno/tecnologia/sentencia-adolescente-pirata informático-cia-fbi
[127] https://www.reuters.com/technology/fbi-director-wray-urges-companies-stop-paying-ransoms-piratas informáticos-2021-06-23/
[128] https://thehill.com/policy/cybersecurity/518051-fbi-director-warns-that-chinese-piratas informáticos-are-still-targeting-us-covid-19/

## Y a la Tercera Guerra Mundial

Ya hemos analizado las dos primeras puntas del triángulo. Ahora entendamos que todo ocurre en el medio de la Tercera Guerra Mundial, que estará inmersa en la I Guerra Virtual Social[129] y entre los países, donde los países están tratando de explotar todas las vulnerabilidades sin lanzar bombas, por el control del nuevo universo y la información que los hará sobrevivir. Pero en medio de esa gran guerra, que dividirá sociedades e incluso familias a un nivel mucho más fuerte que la Guerra Fría, se encuentra su compañía o la corporación para la que trabaja.

Las generaciones de la superautopista de la información y del BigData concentraron su atención en la protección de la infraestructura y de la data. De allí que se crearan los cargos llenos de expertos en plataformas, sistemas y ciberseguridad, contrataron piratas informáticos incluso como directores, así como establecieron fondos y provisiones para compensar las pérdidas en rescates. Pero en el Metaverso las corporaciones tendrán ahora que protegerse de la explotación de la data contra la misma corporación.

Como ya sabemos, las compañías tienen expertos en seguridad, directores de contra-cyber-ataques o como en el caso de grandes compañías como Microsoft, todo un Centro de Inteligencia de Amenazas (MSTIC) junto a un poderoso Equipo de Detección y Respuesta (DART)[130]. Ya que, al menos en dos ocasiones, han explicado que se han llevado parte de la información de sus códigos, expresando que planifican su "seguridad con una filosofía de "asumir (públicamente) los hackeos" con capas de protección y controles de defensa en profundidad para detener a los atacantes antes cuando obtienen acceso"[131].

---

[129] La Guerra Fría fue sin lugar a dudas una guerra mundial, en la que ocurrió una primera guerra mundial social pues países enteros entraron en guerra civiles y sociales. Esta nueva guerra mundial por los recursos y entre nuevas potencias realineando sus estrategias y fuerzas para conquistar los mercados, conlleva a una guerra más profunda a nivel social que empleará el terreno virtual como campo de batalla.

[130] https://www.microsoft.com/security/blog/2022/03/22/dev-0537-criminal-actor-targeting-organizations-for-data-exfiltration-and-destruction

[131] https://msrc-blog.microsoft.com/2020/12/31/microsoft-internal-solorigate-investigation-update/

Bob Lord, por ejemplo, fue durante algunos años el CISO o jefe de Seguridad de la Información de Yahoo. Previamente lo había sido de Twitter luego de veinte años de experiencia en AOL, Sun Microsistems y Netscape. Antes que él había ocupado el cargo alguien que es casi una leyenda en el área de Ciberseguridad, Alex Stamos quien después pasaría a Facebook y antes diversas mentes de la seguridad cibernética que estuvieron a cargo del famoso equipo Paranoids, repleto de ingenieros especializados en ataques a la infraestructura, analistas de integridad de sistemas y ciberseguridad, reclutados de las mejores universidades y compañías.

Luego de los ataques donde se robaron 450 mil correos y contraseñas en 2012[132], Yahoo había puesto todo el esfuerzo para protegerse, pues sabían que la seguridad de los correos era la base fundamental del valor de su corporación y es allí cuando Bob Lord se encontró con el caos que estallaría posteriormente, cuando descubrieron que al año siguiente habían sido robadas mil millones de cuentas[133], incluidas las contraseñas y las respuestas a las preguntas de seguridad.

Repito, mil millones de cuentas.

Los esfuerzos se redoblaron y se fortalecieron, cuando al año siguiente se descubrió una filtración de otros 500 millones de cuentas buena parte con sus respectivas contraseñas, procesos de recuperación, de las cuales en 30 millones obtuvieron acceso, de acuerdo al Departamento de Justicia[134] y un par de años después, encontraron en la *DarkWeb* otros doscientos millones más disponibles para su venta[135]. Finalmente, los expertos explicarían que se había comprometido absolutamente toda la información y si usted tenía una cuenta en Yahoo, es muy posible que alguien podía haber comprado su contraseña por poco dinero y eso ocurrió durante años porque los Piratas informáticos estuvieron mucho tiempo escondidos robando la información, sin ser detectados.

---

[132] https://money.cnn.com/2012/07/12/technology/yahoo-hack/

[133] https://www.nytimes.com/2016/12/14/technology/yahoo-hack.html

[134] https://www.justice.gov/opa/pr/us-charges-russian-fsb-officers-and-their-criminal-conspirators-hacking-yahoo-and-millions

[135] https://www.vice.com/en/article/aeknw5/yahoo-supposed-data-breach-200-million-credentials-dark-web

Alex Stamos se marcharía de Yahoo a Facebook, solo para afrontar a otros piratas informáticos que ahora manipularían, de acuerdo al FBI, nada menos que las elecciones de los Estados Unidos mientras Facebook publicaba en sus estados financieros que: "A pesar de nuestra implementación de medidas de seguridad, nuestros servidores son vulnerables a virus informáticos, malware, gusanos, piratería, intrusiones físicas y electrónicas, interrupción del enrutador, sabotaje o espionaje, y otras interrupciones por acceso no autorizado y manipulación, así como denegación coordinada" y además que: "Es posible que no estemos en condiciones de abordar los ataques de inmediato o de implementar medidas preventivas adecuadas si no podemos detectar dichos ataques de inmediato" porque además: "Confiamos en proveedores externos sobre los que tenemos poco o ningún control para nuestras principales conexiones a Internet y la ubicación conjunta de una parte significativa de nuestros servidores de datos"[136].

Cuando se habla del caso del ataque a los servidores de Hillary Clinton y el escándalo posterior, todo se centró en las culpas de la secretaria de Estado por haber usado un correo personal que era inseguro, en vez del autorizado oficialmente para no ser vulnerado. Pero, independientemente de que violentara o no una norma o procedimiento ¿No se suponía que el que usó debía ser seguro? La respuesta es no, es mucho menos seguro que el buzón de correos de una casa en los suburbios, es decir, lo puede abrir cualquiera.

La misma crítica de los expertos y funcionarios, de una vez descartaban que una de nuestras formas de comunicación más usadas en el mundo corporativo e industrial, por no decir a nivel personal, fuera segura. Pero como explicó la propia Hillary Clinton en sus memorias, fue el FBI el que descubrió la fisura en el sistema, llamó a alguien para notificarlo y nadie hizo el menor seguimiento, permitiendo a los piratas informáticos seguir actuando durante meses[137].

---

[136] Yahoo. Reporte del Cuarto Trimestre. 31-08-2016.
https://www.sec.gov/Archives/edgar/data/1011006/000119312516764376/d244526d10q.htm
[137] What Happened. Hillary Rodham Clinton. Simon & Schuster, 2018. Pág. 276

Y esto es importante, porque como le dije anteriormente y habíamos dejado en suspenso, las compañías prefieren pagar por el rescate de la información a enfrentar el escándalo y con eso usted pierde parte de sus derechos a ser informado de los ocurrido con sus datos, pues técnicamente la compañía, que puede retrasar durante años el hecho de hacer pública la fisura en sus sistemas, puede también usar el comodín del silencio o hacer pasar la propia fisura como una prueba técnica. De esta manera es posible que usted no se entere jamás de que alguien en Turkmenistán, está vendiendo todo su servidor de fotos, documentos y correos a un bróker de información.

Por supuesto que Usted puede intuir que algo ha pasado cuando Google dice por ejemplo que: "nos robaron nuestra propiedad intelectual" y uno de los directores de McAfee dice algo como: "Nunca hemos visto ataques de esta sofisticación en el espacio comercial. Anteriormente solo los hemos visto en el espacio gubernamental"[138] y volvemos al caso de nuestros abuelos, imaginemos qué ocurriría si al suscribir el acuerdo de instalación de teléfono, no solo le hubieran dicho que todo lo que allí se hablara podría ser usado por la telefónica, sino que el vendedor le dijera de una vez, los pasos que debía seguir en el caso que otros le robaran toda la información. Posiblemente el teléfono no habría existido o habría sido usado solo para emergencias. Pero lo que para nuestros abuelos era impensable, para nosotros es algo común, no solo porque autorizamos lo impensable, sino porque estamos tan claros que nos van a robar la información, que tenemos contraseñas de recuperación y páginas para recuperar nuestras cuentas en caso de robos.

Que usted se entere que le han filtrado su cuenta entre los 500 millones de cuentas de Facebook[139] porque estaban respaldadas en una nube sin mucha seguridad, pues ya parece algo del día a día. Y la verdad es que usted pudo haber preguntado mejor ¿Quién no se ha robado mi cuenta? Al enterarse que al mismo tiempo se filtraban a la red otros 267 millones[140]. En fin, si usted estaba entre los 500 millones de clientes de Marriott, los 200 millones de Instagram, 152 millones

---

[138] https://www.reuters.com/article/us-china-google-microsoft-idUSTRE60D5QA20100114

[139] https://www.cbsnews.com/news/millions-facebook-user-records-exposed-amazon-cloud-server/

[140] https://www.cbsnews.com/newyork/news/facebook-dark-web-data-breach/

de Adobe o los 60 millones que tenían sus datos en DropBox[141] y los más de los ocho o nueve billones de cuentas filtradas -sin contar con los billones de cuentas chinas filtradas- en apenas los últimos cinco años, mi recomendación es que compre un nuevo equipo y comience de cero, porque ya deben vivir demasiadas personas en su casa, que usted ni siquiera conoce.

Y si esa es la protección de datos, la de infraestructura también presenta problemas evidentes. Compañías de GPS como Garmin fueron atacadas y paralizadas hasta obtener un rescate[142] y esto es importante, no solo porque se usan en los coches, sino la aviación y la navegación. Hablando de esta última, es sumamente difícil para un CEO corporativo como el de la gran empresa de transporte y contenedores Cosco[143] o la gigantesca Maersk tener que explicarles a sus inversionistas que: "Superamos un ataque cibernético agresivo que condujo a un tercer trimestre difícil y, en consecuencia, los resultados financieros se vieron afectados negativamente"[144], así como verse obligados a reinstalar cuatro mil servidores y cuarenta y cinco mil computadoras para reiniciar las operaciones comerciales.

Ya es difícil responder al robo de los programas de viajeros frecuentes como el de American Airlines[145], el de United, Japan Airlines, Lufthansa[146] o el de Delta Airlines[147]. Los CISO de Costco, Whole Foods, Kroger, Wallgreens o CVS en los Estados Unidos tienen los mismos problemas que los franceses de Carrefour, los alemanes de Lidl o los austriacos de Rewe para proteger a toda costa sus bases de datos.

Pero encarar los ataques a la infraestructura es aún más vital para la continuidad operativa. Y no solo hablamos de que desde 2015 los piratas informáticos, de acuerdo a IBM y a la

---

[141] https://www.vice.com/en/article/nz74qb/piratas informáticos-stole-over-60-million-dropbox-accounts

[142] https://www.wired.com/story/garmin-outage-ransomware-attack-workouts-aviation/

[143] https://www.bbc.com/news/technology-44965163

[144] https://investor.maersk.com/static-files/250c3398-7850-4c00-8afe-4dbd874e2a85

[145] https://www.dallasnews.com/business/airlines/2021/03/05/data-breach-hits-it-company-serving-oneworld-star-alliance-frequent-fliers/

[146] https://fortune.com/2021/03/05/airlines-frequent-flier-information-hacked/

[147] https://www.denverpost.com/2018/04/05/delta-cyber-attack-data-exposed/

famosa compañía de seguridad Symantec: "que un grupo de piratas informáticos irrumpió en docenas de empresas de energía en los EE. UU., Turquía y Suiza ya en 2015 y, en algunos casos, pudieron obtener "acceso operativo" a equipos vitales.

Es así como ahora deben enfrentar a piratas bajo las órdenes de los estados en la forma de ciberejércitos, piratas patrocinados por los estados en forma de cibermercenarios y piratas bajo la forma de cibernacionalistas, es decir aquellos que no le cobran al estado por sus servicios cuando encuentran el tesoro y que, en contraparte, son protegidos por los gobiernos que se hacen la vista gorda con los otros trabajos de ese grupo.

En octubre (2018), los piratas informáticos de Corea del Norte violaron una empresa de energía estadounidense"[148]. Ataques como estos, quedaron solo en la demostración y no se llevaron a cabo quizás por sus implicaciones para los atacantes, pues los Estados Unidos lanzó, de acuerdo al New York Times, posibles ataques de retaliación, pero todos vimos lo ocurrido cuando Ucrania quedó apagada en 2015 o como pidieron rescate de diez millones a una eléctrica española en abril de 2020[149] y un par de meses más tarde exigieron siete millones de dólares para devolver el sistema operativo de una empresa eléctrica en Brasil[150].

No en balde los sistemas de inteligencia alemanes señalaron a piratas informáticos de Rusia por infiltrar una gran cantidad de empresas eléctricas de ese país en 2018[151] y año tras año han paralizado distintas corporaciones de energía hasta llegar a detener importantes instalaciones de suministro petrolero en febrero de 2022[152] hasta turbinas eólicas y paneles solares un mes más tarde[153]. Los ataques masivos a la infraestructura crítica de energía se han dado también en Japón y Corea del Sur[154], pero también en el suministro de agua potable, donde piratas informáticos probaron que eran

---

[148] https://www.ibm.com/blogs/industries/piratas informáticos-sights-set-energy-utility-companies/

[149] https://cincodias.elpais.com/cincodias/2020/04/14/companias/1586887179_127560.html

[150] https://vejario.abril.com.br/cidade/piratas informáticos-invadem-light-resgate/

[151] https://www.reuters.com/article/us-germany-cyber-russia-idUSKBN1JG2X2

[152] https://www.bbc.com/news/technology-60215252

[153] https://fortune.com/2022/04/25/germany-trying-to-transition-away-from-russian-fuel-and-piratas informáticos-are-now-hitting-german-wind-energy-companies/

[154] https://asia.nikkei.com/Business/Technology/Chinese-pirata informático-group-targets-Japanese-and-South-Korean-businesses

capaces no solo de infiltrarse en los sistemas operativos, sino de envenenar el agua de costa a costa en el estado de la Florida[155] y San Francisco[156].

No solo la infraestructura crítica y de transporte sufre las consecuencias de los piratas informáticos, sino que un ataque coordinado desde China pudo entrar a los aeropuertos de Vietnam y paralizarlos, al mismo tiempo en el que lograban vulnerar los sistemas de las dos mayores líneas aéreas de ese país.

Y no es para menos. De acuerdo al organismo regulador europeo, los ataques llegaron en 2016 a cerca de mil mensuales al sistema aéreo europeo, mientras que Eurocontrol, la asociación que agrupa a los operadores y entes de la Unión Europea, sostienen que han aumentado 500% cada año. Los aeropuertos fueron atacados unas doscientas veces y las aerolíneas se llevaron la peor unas ochocientas veces: "el 95% fue por motivos económicos (..) lo que llevó a pérdidas financieras en 55% de los casos y pérdidas de información en 34% de los casos"[157].

Por la misma razón, la Oficina de Responsabilidad del Gobierno de los Estados Unidos en sus estudios llegó a la conclusión de que la FAA, el órgano regulador de las aerolíneas: "debe implementar completamente las prácticas clave para fortalecer su supervisión de los riesgos de la aviónica" ya que "Históricamente, las redes de un avión se usaban principalmente para intercambiar datos entre los sistemas a bordo" pero "Ahora, los aviones comerciales modernos están equipados con redes y sistemas que comparten datos (..) en formas que antes no eran factibles."[158] Y en consecuencia hay que evitar que ahora los ciberterroristas entren al avión desde el sistema wifi y en consecuencia se alojen en sus sistemas operativos gobernando la aeronave sin pisar siquiera un aeropuerto.

---

[155] https://www.bbc.com/news/world-us-canada-55989843
[156] https://www.nbcnews.com/tech/security/pirata informático-tried-poison-calif-water-supply-was-easy-entering-password-rcna1206
[157] https://www.eurocontrol.int/sites/default/files/2021-07/eurocontrol-think-paper-12-aviation-under-cyber-attack.pdf
[158] https://www.gao.gov/assets/gao-21-86.pdf

¿Podría ser esa la causa de desapariciones de aviones, desvíos de curso sin explicación, mandos que no obedecen temporalmente a los pilotos o accidentes fatales que lucen como si hubiesen sido a propósito y sin explicación alguna? los ataques que logran tomar el control de los automóviles, barcos y tecnologías de puerto ya son más que un hecho, así que las preguntas no están demás cuando se trata del destino de la seguridad aérea del futuro.

Ya a estas alturas lo ha intuido perfectamente. Estamos en guerra y es a nivel mundial, solo que las balas son el menor de nuestros problemas. Una vez que comenzó la guerra en Ucrania, los satélites comenzaron a ser atacados y no solo los que proveían de comunicaciones a los ucranianos[159] sino a muchos europeos dejando sin comunicación a decenas de miles de usuarios[160].

Como bien lo explicó el gran experto Craig Miller[161], presidente de Goverment Systems de Viasat, la empresa de satélites. "Cualquier red es tan fuerte como su eslabón más débil (..) puede ser el satélite, en algunos casos, puede ser el terminal. En algunos, puede ser la infraestructura terrestre. O puede ser la postura cibernética del sistema (..) Así que tienes que protegerte contra cada uno de ellos porque recibirás ataques en todo el espectro"[162].

Y esto es vital. Si a Craig le apagaron decenas de miles de módems de comunicaciones de su red, imagínese lo que pueden hacer con las de su compañía o la corporación en la que trabaja. Ya sabemos que están atacando nuestros satélites, centrales nucleares, oleoductos y plantas de refinación, de hecho, los chinos lograron detener un oleoducto, al mismo tiempo en que los rusos pararon los sistemas de seguridad de una refinería[163] y es igual con nuestras comunicaciones, sistemas de correo y entregas, puertos y aeropuertos, nuestros coches,

---

[159] https://www.bbc.com/news/technology-60796079
[160] https://edition.cnn.com/2022/03/30/politics/ukraine-cyberattack-viasat-satellite/index.html
[161] Craig comenzó en Hughes Missile Systems, donde fue responsable de la implementación de contramedidas electrónicas para el sistema de misiles AMRAAM. Ingresó a Viasat en 1995 y creó productos y servicios de defensa: incluidas comunicaciones por satélite, redes tácticas, seguridad de la información, seguridad cibernética. /seguridad de redes e Inteligencia, Vigilancia y Reconocimiento. Espaciales y Comerciales de Viasat, que desarrolló la constelación de satélites ViaSat-3.
[162] https://spacenews.com/cyber-warfare-gets-real-for-satellite-operators/
[163] https://www.state.gov/rewards-for-justice-reward-offer-for-information-on-russian-government-cyber-actor-for-conducting-malicious-activity-against-u-s-critical-infrastructure-in-2017-and-2018/

barcos y aviones, nuestros servicios de luz, agua y teléfonos.

Por esta razón los viejos modelos de protección de las corporaciones han sido sobrepasados y las nuevas generaciones de Piratas informáticos ya no lo hacen solo como religión o reto, ahora se han unificado o forman parte de sus gobiernos y están apenas comenzando a comprender cómo sacarle provecho por lo que estamos presenciando una evolución que será apenas la punta de un Iceberg de lo que llegarán a ser en el MetaUniverso.

Nadie estará seguro dentro del cardumen, porque cada individuo podrá ser separado y utilizado contra la corporación, aún el menos importante en la cadena, representará la vulnerabilidad. De hecho, el cardumen entero o parte de este podrá ser utilizado contra las compañías. En otras palabras, en el MetaUniverso la explotación de la data hará que cardúmenes de sardinas, se coman a las ballenas si estas no aprenden rápidamente a cuidarse.

Usted, su familia, su compañía o la corporación para la cual trabaja se encuentra justo en el medio de una batalla campal por el dominio de la información global, que es el nuevo terreno en el que se ganará o perderá la tercera guerra mundial.

Puede optar por hacer las cosas como se han venido haciendo hasta ahora y desaparecer o cambiar. Es necesario que sepa cómo protegerse de este nuevo mundo en el que no solo harán falta los expertos en seguridad de la información, redes e infraestructura. No solo hará falta contar con las provisiones para rescates y especialistas en PR que lo ayuden a sortear el impacto en su imagen si se roban toda la información o detienen su operación.

En el Meta Universo, tendrá que evolucionar y convertir toda su organización en inteligente y Smart. Deberá aprender muchas más técnicas para que no usen su propia información para dirigir desde afuera su propia compañía, o estrellarla.

Pero antes, aprendamos algunas lecciones básicas.

# Capítulo II. De dónde venimos

## La Inteligencia.

Los animales no leen libros. Un chimpancé puede usar herramientas, pero no crear una computadora y mucho menos pueden sentarse frente a ésta y usar un editor de archivos binarios para atacar la encriptación del firewall de una corporación como Microsoft.

Un pájaro puede emular muchos sonidos, pero no puede usarlos en combinación con un tono de 2600 Hz para rutear una llamada en la misma frecuencia que el operador telefónico, ingresar al circuito satelital, comunicarse con el Comando de Defensa Aeroespacial estadounidense para divertirse con su molestia y asombro, usar otra frecuencia para colgar y que esa llamada jamás fuera facturada.

Un delfín durante su infancia aprende a jugar, emulando lo que será su conducta de adulto. Pero no puede a los cinco años romper el código de acceso de su X-box, creado por su padre, un ingeniero de sistemas como lo hizo Kristofer Von Hassel. Tampoco puede ingresar secretamente a una red WiFi pública a los siete como hizo Betsy Davis o entrar a una conferencia de seguridad recién cumplidos los diez años y robarse la data de los teléfonos Android de los presentes, solo para demostrarles la vulnerabilidad como lo hizo el pequeño Reuben Paul.

Solo los Homo Sapiens -o su evolución en homo progressus- somos capaces de transformarlo todo a nuestro alrededor y crear e innovar. Somos tan increíbles que hemos aplicado todas las herramientas a nuestra disposición para transformar incluso los estímulos que permiten nuestra propia evolución o al menos la de nuestros cerebros. Leemos, porque escribimos y al hacerlo guardamos nuestra memoria para las generaciones posteriores que tendrán acceso a cientos de millones de publicaciones[164].

Proveemos nutrientes durante nuestra infancia que eran impensables para nuestros ancestros y que permiten que nuestros cerebros reciban una energía que les permite a su vez digerir mucha más información y de manera más rápida y eficiente, haciendo que

---

[164] Para el año 2010, solo el proyecto Google tenía 129,864,880 de publicaciones (libros y revistas), para el 2019 se habían incluido otros cuarenta millones de publicaciones

evolucionen y sean exitosos los más rápidos[165], de hecho, hemos llevado nuestro proceso de adaptación con un éxito tal, que transformamos continuamente nuestros cerebros.

Por lo tanto, en la medida en que transformamos, creamos e innovamos, recibiendo miles de estímulos que no existían en el pasado y terminamos contribuyendo a nuestra evolución, siendo mucho más inteligentes que nuestros ancestros que solo debían tomar decisiones cada vez más básicas hasta llegar a los que solo buscaban resguardarse, buscar agua y comida, así como una pareja.

Y es precisamente en esas escogencias, como estímulos, donde se centra todo el problema.

La palabra Inteligencia proviene del latín *intelligere* conformado por dos términos: *Indus* cuyo significado es "entre" y *Legere* que significa "escoger". Se trata pues, de una palabra que usamos comúnmente y que indica no solo que sabemos escoger la mejor alternativa entre varias sino seleccionar las mejores opciones para adaptarnos mejor a nuestro complejo entorno. Su significado[166] incluye además nuestra capacidad para entender, comprender las cosas o resolver problemas, es la suma de nuestra habilidad, destreza y experiencia, aunque también se define como el trato y como dice el DRAE, la correspondencia secreta entre dos o más personas o naciones entre sí.

Allí radica parte del problema. La inteligencia será, entre otras cosas, la suma de decisiones y si estas son buenas o le permiten adaptarse mejor, usted será, por consiguiente, más inteligente que otros. Si sus padres le enseñaron a tomar una base de decisiones básicas buenas y usted les hereda esas bases o fórmulas ancestrales a sus hijos, serán también más inteligentes que los demás. De allí a que explique que se trata de un problema tan ancestral como esa herencia, no podemos ser iguales si desarrollamos nuestra

---

[165] Survival of the Fattest: The Key to Human Brain Evolution. Stephen C. Cunnane. World Scientific, 2005

[166] Diccionario de la Real Academia de la Lengua Española sobre la palabra Inteligencia 1. f. Capacidad de entender o comprender. 2. f. Capacidad de resolver problemas. 3. f. Conocimiento, comprensión, acto de entender. 4. f. Sentido en que se puede tomar una sentencia, un dicho o una expresión. 5. f. Habilidad, destreza y experiencia. 6. f. Trato y correspondencia secreta de dos o más personas o naciones entre sí.

inteligencia y de allí el conflicto social permanente desde hace miles de años.

Pero no nos adelantemos. La Inteligencia es innata en nosotros, nacemos con ella, aprendemos gracias a ésta y a través de los estímulos de los demás. Pero de la misma manera en la que heredamos de nuestros ancestros fórmulas de toma de decisiones, aprendemos también sobre estos estímulos y comenzamos a desarrollar habilidades en los *manejos secretos* para estimular a los demás, lo que hace que socialicemos desde el primer día que abrimos los ojos en el mundo y entre las primeras cosas que aprendemos es precisamente a manejar estos estímulos por cuanto estos, influyen en los demás positiva o negativamente.

Por ejemplo, la risa de un bebe, es en la mayoría de los casos producto de un estímulo usualmente de sus padres, pero a su vez la risa del pequeño estimula a los progenitores y entonces mucho antes de hablar, el bebe aprende a conectarse con ellos y poco a poco a manejarlos secretamente para su interés que probablemente no sea otro que reírse o estar en compañía. En palabras sencillas, no solo aprendemos a hacer cosas por los estímulos que recibimos, sino que aprendemos desde muy temprana edad a influir en los demás, para satisfacer una necesidad.

Y allí vamos desarrollando nuestra inteligencia y toma de decisiones, mientras más estímulos tengamos, más variables para la toma de decisiones tendremos y por consiguiente, seremos más inteligentes que aquellos que no tuvieron esos estímulos.

A medida que crecemos seguimos aprendiendo más y motivados principalmente por esas necesidades cada vez más complejas, tratamos de modificar nuestro entorno la mayoría de las veces mediante comunicación secreta. Somos pues una máquina inteligente, que proporciona inteligencia y que la recibe, pero sobre todo influimos en nuestro entorno tanto como el entorno influye en nosotros. Entonces, en la medida que abandonamos la niñez aprendemos a utilizar más herramientas que nos ayudan a obtener los estímulos que nos agradan y nos especializamos en otras para rechazar los que nos disgustan. Pero además buena parte de estas, las conservaremos en secreto durante toda nuestra vida y serán nuestras herramientas primordiales.

Mientras crecemos, más aprendemos mediante estímulos y más deseamos modificar el entorno para acomodarlo en función a nuestras necesidades. Es en razón a la cantidad de información y a la escogencia entre la información que recibimos, que perfeccionamos todas las herramientas en la medida en la que nuestro entorno se vuelve más complicado y nos asociamos con otros, enviando estímulos que traten de influir en los demás, dejamos pistas o señales que indiquen quienes somos y usualmente aprenderemos la siguiente herramienta que no es otra que la distorsión de la información que usaremos para despistar.

A partir de allí usaremos toda nuestra cartera de trucos nuevos al aprender a transformar la información para nuestro beneficio, no solo a mentir, sino los beneficios de halagar, alabar, lisonjear, flirtear, insinuar o engatusar que, aunque parezcan sinónimos, en realidad son herramientas distintas usadas para un mismo fin como lo pueden ser la llave, el alicate o el rache[167], todas aprietan una tuerca, pero son completamente distintas.

En la medida en que nos asociamos con terceros, usualmente por los mismos intereses surgen más problemas a resolver y empezamos a utilizar la Inteligencia para permanecer, escalar posiciones dentro de esa asociación, influir en los demás o neutralizar los intereses de nuestros competidores. Porque, de la misma forma que aprendemos a influir en los demás, los demás aprendieron igualmente a hacerlo en nosotros y al recibir sus estímulos o bien su influencia, esta nos agradará, o nos molestará y pronto aprenderemos por consiguiente a usar más herramientas, la mayoría de las veces secretas, para rechazar esos estímulos que nos desagradan.

Pero ¿Qué pasa con las asociaciones de humanos, que no tienen nuestros intereses? Pronto nos instruimos también utilizando nuestras herramientas para tratar de influir en otras organizaciones o neutralizar la influencia de ellas. Por lo tanto, la Inteligencia se convierte en la búsqueda, recopilación y uso permanente de la información para sobrevivir en un ambiente complejo, está en todas partes y es parte de todo, por cuanto el

---

[167] Conocido también como rachet, Socket wrench en inglés, llave de tubo, Clé à cliquet en francés, Knarre en alemán o Bussola en italiano.

hombre y sus formas de agrupación, sus organizaciones, sus compañías, sus sociedades y sus naciones están llenas de seres humanos que no son otra cosa que el reflejo de sus intereses, por lo que aprendemos a utilizar la Inteligencia y la profesionalizamos cada vez más para influir en nuestro entorno y en el de los demás.

No significa entonces que alguien sea más inteligente que los demás, sino que alguien utiliza la inteligencia de forma más especializada para la toma de sus decisiones. O quien domine mejor el uso de la información ganará.

## De ese pequeño James Bond, que todos llevamos por dentro

Cuando el ser humano toma conciencia de su entorno, comienza a influirlo y aprende rápidamente que los demás están en lo mismo que él. Por ejemplo, un joven que le gusta una chica en el colegio, usualmente envía emisarios o señales para recabar información sobre los intereses de su objetivo, trata de conocerla e incluso puede llegar hasta mentirle si sus intereses no concuerdan, solo con la finalidad de salir con ella. Si ocurre lo contrario, es decir a una joven le gusta un chico, usualmente enviara emisarios que se contacten con el entorno del joven para medir sus intenciones con ella y conocer sus probabilidades de éxito. Utilizaremos pues primariamente nuestra experiencia en el manejo secreto de las relaciones, para garantizar una aproximación eficaz.

Es por ello que desde muy temprano los jóvenes aprenden la importancia del uso de herramientas que no son otra cosa que versiones moderadas de operaciones de inteligencia, como el uso de la indagación, del sondeo, la infiltración y el uso de agentes de influencia para modificar nuestro entorno o salirnos con la nuestra. En la medida en la que más difícil se convierta la experiencia, más herramientas de inteligencia utilizamos para solucionar el problema, como por ejemplo si dos adolescentes compiten por una pareja, se pueden dar casos de desinformación, uso de propaganda, infiltración espionaje o sabotaje para impedir que el contrario se salga con la suya y no lo olvide nunca, el contrario estará en lo mismo.

Y esto no es otra cosa que lo mismo que hacen China o Rusia de forma magnificada, en la competencia con las potencias occidentales o una corporación contra otra por un segmento de mercado.

Pero todo lo aprendemos en las pequeñas operaciones de Inteligencia que ocurren todos los días en los colegios, en las universidades, en las familias, en los trabajos y en todas partes donde existan seres humanos interconectados con comunicaciones abiertas o secretas, porque la Inteligencia no es algo desconocido, sino más bien una labor mundana, cotidiana. No es elegante, ni emocionante, ni es llevada por hombres de smoking exquisitamente cortado, es tan simple que la utilizamos a diario para entender nuestro contexto, entorno o una situación en particular y tratar de modificarla a nuestra conveniencia o simplemente para neutralizar sus efectos y sobrevivir en los ambientes hostiles.

Es tan usual que aprendemos a utilizar a los hermanos para monitorear en tiempo real a nuestros padres, o solicitarles información a estos para saber sus horas de salida y llegada, como también es común elaborar pequeñas operaciones de extorsión o intimidación con información de los hermanos, para que no nos delaten o se presten a nuestras pequeñas travesuras juveniles.

A esto, los profesionales lo llaman Inteligencia Humana y tienen como acrónimo HUMINT[168] que no es otra cosa que la información que recopilamos de fuentes humanas, para lograr nuestros objetivos. Pero también utilizamos otra estrategia que tiene como acrónimo OSINT[169] que no es otra cosa que la información que recibimos de fuentes abiertas.

Hoy en día un adolescente en la red, puede conseguir más información en 30 minutos, que lo que hubiera tardado la CIA en 1980 en un año con un equipo multidisciplinario de 20 hombres y toda la tecnología disponible. Si esos mismos jóvenes declaran como objetivo a otros, conocerán de inmediato sus gustos, su entorno, familia, viajes, lugares favoritos, amigos y hasta su forma de pensar solo usando Facebook, Instagram o Twitter. Si se ponen

---

[168] Inteligencia Humana o Human Intelligence por sus siglas en inglés.
[169] Open Sources Intelligence OSINT por sus siglas en inglés.

creativos, podrán obtener su dirección, las fotos de su casa, de su colegio, la calle, el plano aéreo, el número telefónico y hasta su ubicación en tiempo real y mucho más, si su objetivo es descuidado con sus herramientas tecnológicas. De hecho, en el siglo XXI cualquier adolescente promedio en su habitación, sería la envidia de la KGB del siglo XX.

Por eso cuando el ser humano llega a la adolescencia ya tiene profusa experiencia en materia de Inteligencia. Ese mismo adolescente promedio ha utilizado versiones Light de espionaje, agentes de influencia, tácticas de información y desinformación, vigilancia perimetral, vigilancia estacionaria, ha manipulado información, la ha usado para sus fines, ha trabajado de encubierto y tiene buena idea en base a análisis de actividades, capacidades, planes y proyectos de sus amigos, adversarios, competidores y en especial de sus posibles enemigos.

De hecho, es allí precisamente cuando aprendemos de criptografía, En cualquier patio de los colegios, comenzamos a idear y usar alfabetos secretos para que solo nuestros amigos entiendan el lenguaje cifrado, de la misma manera que algunas tablas babilónicas, hace más de 2.500 años. Pero además el uso de la información es lo que lo ha hecho situarnos en el lugar de la manada que nos corresponde. Y ese aprendizaje sobre situarse en lo más alto de nuestro entorno, es lo que nos llevará directamente al futuro.

### Educado para la aventura, los detectives y los espías

Al mismo tiempo que nos ejercitamos y aprendemos en todas partes como es la cosa de la inteligencia, la cultura que nos rodea hace casi imposible no convertirnos en verdaderos agentes de campo. Seremos introducidos por nuestros padres desde nuestra más tierna infancia a los libros que nos hablan de las operaciones de espionaje e inteligencia, a través de ratones espías[170], conejos, zorros, gatos y

---

[170] Entre los libros más vendidos para niños en España y algunos países de Iberoamérica se destaca la escritora Elisabetta Dami (mejor conocida con el seudónimo de Gerónimo Stilton) y sus historias sobre un mundo de fantasía de ratones, donde las aventuras no prescindirán de la paranoia de los espías. Por ejemplo, en el Tesoro Perdido del Ojo de la Esmeralda, en un restaurante el ratoncillo Thea, callara a todos porque sospecha que el mesero es un espía.

niñas como Harriet[171]. Prácticamente todo en la televisión nos enseña a recopilar y manejar información y podremos ver al pato Donald haciendo de agente de contraespionaje, a Daisy la eterna novia de Mickey Mouse haciendo de agente secreto o a Goofy educarnos sobre como ser un buen espía.

La palabra: Espía, se convertirá rápidamente en una de las más conocidas y es una que suena igual prácticamente en cualquier idioma, recogido desde que el hombre comenzó a escribir y está de tal manera difundida en la literatura infantil que podemos encontrar más de quinientos títulos para niños entre 4 y 9 años que la contemplan. Las madres comenzarán nuestra educación con la extraordinaria serie "Yo Espío" así que ya no seremos indiferentes a esta palabra cuando nos llega la pubertad y empezamos a leer más detalladamente nuestras primeras historietas como Astérix y Obélix, donde veremos como luce por primera vez un espía que roba "nuestro primer secreto industrial". A partir de allí acompañaremos a los galos en su lucha contra las operaciones de infiltración y manipulación del Cesar para acabar con la irreductible aldea. También aprenderemos que hay espías en nuestro bando, que los hay dobles y asalariados, buenos, malos o hasta eficaces y atolondrados como Mortadelo y Filemón "agencia de información"

Quizás un año o dos más adelante nuestros padres nos regalen el primer libro con las aventuras de Tintín y su perro Milú, donde ya sin rodeos nos introducirán al malvado Servicio Secreto Ruso y a las luchas entre el "bien y el mal", cuando igualmente desde el primer libro de la serie, un agente secreto pone lo que conoceremos como la primera bomba en un tren, acusándonos injustamente de ese hecho. Dando por sentado que los periodistas –Tintín es uno de ellos- y los servicios secretos siempre estarán condenados al enfrentamiento.

No deja de ser interesante como los autores nos entrenan para saber quiénes son nuestros adversarios. Tintín conocería a los

---

[171] Harriet La Espía es sin lugar a dudas uno de los libros más vendidos y merecedor de varios premios en Nueva York de la escritora norteamericana Louise Fitzhugh (5/10/1928 – 19/11/1974) y que dio origen a 4 secuelas, así como influencio a diversos autores que continuaron contando historias sobre las aventuras de la pequeña Harriet

servicios secretos soviéticos en 1929[172] exactamente en el período del Gran Giro de Stalin. Y en ella se puede ver como el personaje descubre que lo quieren asesinar: "despareciéndolo por accidente" y a partir de allí, aprende como disfrazarse y hacerse pasar por distintos personajes para descubrir como las fábricas de Stalin son en realidad un parapeto de utilería, cómo el servicio secreto utiliza periodistas afines o pagados para influir en los medios y desinformar, cómo se engañan y alteran las estadísticas para hacer propaganda, agentes que se disfrazan para llegar a él y arrestarlo, lo tratan de comprar para convertirlo en doble agente, utilizan servicios de inteligencia aliados para perseguirlo o como los servicios realizan operaciones de infiltración, secuestro y extorsión a lo largo del planeta para capturarlo, pero sobre todo y finalmente hay un plan (en 1929) para utilizar el terrorismo internacional como arma de desestabilización mundial[173].

Desde el preciso instante en que Tintín nos introduce a los espías ya tendremos una pasión que nos llevará inevitablemente a las "aventuras de Blake y Mortimer" donde de la mano del profesor Philip Angus Mortimer y el capitán Francis Percy Blake del servicio secreto de Su Majestad, conoceremos una máquina del tiempo y como combaten los servicios secretos en todos los terrenos (y épocas) contra el coronel Olrik, cabeza del servicio secreto rival.

El espionaje nos acompañará a partir de allí toda la vida en nuestras lecturas más queridas sin importar si se trata de la generación del *Club de los Cinco,* el Capitán Trueno, el Guerrero del Antifaz o la de Harry Potter. Nos enteraremos de cuán comunes que son los espías en Moby Dick, los Tres Mosqueteros o la Flecha Negra de Stevenson[174], conoceremos espías maestros en Ivanhoe o

---

[172] Con la primera edición de Tintín, reportero del "Petit Vintieme", en el país de los soviets se inicia el 10 de enero de 1929, aun cuando los primeros 500 ejemplares están firmados como Tintín y Milu (Fuente Editorial Juventud a los 80 años de la primera publicación en el suplemento Vintieme Siecle"

[173] En efecto el plan general de terrorismo Internacional comienza con la voladura del tren a Moscú para despistar sobre el origen del complot global y es a Tintín a quien culpan con el mismo objetivo de desinformación. Quien hubiera dicho que Herge en 1929 descubriría el plan que 35 años más tarde financiaría a todos los grupos terroristas del planeta desde la ETA, hasta la Organización para la Liberación de Palestina.

[174] Robert Louis Stevenson es el célebre autor de la Isla del tesoro y el extraño caso del Dr. Jekyll y mr. Hyde

aprenderemos como el servicio de inteligencia del Sheriff de Nottingham espiará a Robin Hood.

En la medida en que crecemos los autores nos introducirán también los libros de Charles Dickens, Graham Greene y hasta los escritos de Balzac, incluso creeremos vital espiar a los marcianos para sobrevivir la Guerra de los Mundos de H. G. Wells, lo leeremos sutilmente en Agatha Christie, en Kipling, en Charles Dickens y Edgar A. Poe. y serán esenciales para lograr el suspenso escrito por **J. R. R. Tolkien** y su trilogía del Señor de los Anillos. Leeremos referencias sobre ellos desde Shakespeare hasta los libros de Narnia de C.S. Lewis y muy pocos escaparán a su utilización en la ficción[175]

Por eso desde los libros clásicos donde nos asombrará como en las Mil y una Noches un Rey será capaz de cortarle la cabeza al médico que le salvo la vida tomándolo por un espía asesino[176], paseando por la mitología clásica donde nos enteramos como fue que Troya fue conquistada además de por el célebre caballo, por el uso del espionaje y contraespionaje. En la ficción moderna tuvimos que correr con Henry cuando lo tomaron por espía, por culpa de su mal italiano en Adiós a las Armas[177] y nos deleitamos con los libros de aventuras en los escritos de Joseph Conrad. Más recientemente nos enteramos que la infiltración era el sello de poder de los illuminatti de Ángeles y Demonios o las operaciones para descabezar el priorato gracias a espías del Código da Vinci, y sin ellos no hubiera sido posible escribir sobre los templarios o los caballeros de Malta, en fin, que la inteligencia ha sido parte de nuestras lecturas más queridas.

---

[175] En la relectura de los grandes clásicos y más vendidos, pocos eximieron a sus lectores de vérselas con espías, un ejemplo lo podemos encontrar en Antoine de Saint-Exupery quien elimino el uso del espionaje o las operaciones de Inteligencia. Es evidente que no consideraba el espionaje como algo noble y esa influencia se nota en su obra no de ficción: Escritos de Guerra 1939-1944 o también Odisea de un Hombre del Aire. Es probable que su experiencia en la guerra no la hubiera querido transmitir en sus libros o que su propio estilo no lo permitiera. Principalmente prescindieron los escritores hasta la primera mitad del siglo XIX, evidentemente antes de la paranoia de la Guerra Fría del siglo XX, ejemplos evidentes los encontraremos en los escritos de Jonathan Swift (Gulliver), Bernard Shaw, quien solo lo utilizo en una de sus obras de Teatro (Cesar y Cleopatra) o Andersen y Grimm.

[176] Las Mil y una Noches, Anónimo página 86-88

[177] Es propio que aquellos que han padecido la guerra hablen poco de espías o en su defecto los vean como algo poco noble. Entre ellos y al igual que Saint-Exupery, Ernest Hemingway solo habla de ellos en un breve relato de cómo Henry escapo de sus captores lanzándose a un río porque lo confundieron con un espía alemán debido a su acento cuando hablaba italiano.

## Por la paranoia de nuestros abuelos

Y como Usted bien debe haberse preguntado, al darse ese tropezón con Hergé ¿Cómo es posible que en 1929 un dibujante y boy scout belga[178], descubrió de qué iba la cosa soviética que tendría al mundo en vilo durante los siguientes 60 años? ¿Cómo es posible que un dibujante que había nacido en un pueblito de menos de 50 mil habitantes hoy en 2010, ya había definido claramente todo el proceso ideológico, de guerra fría que tardaría exactamente 60 años en colapsar[179], o los cimientos de la creación de grupos terroristas a escala planetaria?

Más allá de esos maravillosos y notables belgas nuestra pasión escrita por la inteligencia se la debemos a tres aspectos, el primero es que el siglo XIX y más de la mitad del XX estuvo marcado por guerras infinitas, de allí a que Wallace un general de la Unión escribiera Ben Hur, la experiencia en las trincheras de la primera guerra mundial impactará en el joven oficial a C.S. Lewis  o que Agatha Christie, Tolkien o Humberto Eco fueran marcados por distintos episodios de las distintas conflagraciones por hablar de los autores de libros más vendidos de la historia.

Esto quiere decir que, en nuestra formación, somos en esencia la suma de la experiencia, pero también de los miedos y las paranoias de las generaciones que nos antecedieron y que nos formaron. Sin ese miedo, no hubieran sido escritos El señor de los anillos, ni Harry Potter.

La historia tendría tres vertientes que definirían por demasiados años la propia historia de la inteligencia y es el origen de lo que ocurre hasta el día de hoy, pues la mayoría de los problemas que arrastramos, comenzaron con la disputa de la Triple Alianza a finales del siglo XIX

---

[178] En efecto Georges Prosper Remi, conocido mejor como HERGE el dibujante y escritor de Tintín, además de un brillante escritor y dibujante Belga, fue durante años Boy Scout y posiblemente uno de los mejores analistas de inteligencia del Planeta, hasta el punto de haber logrado sus análisis masivos y a la vista de todos, basados en reportes fidedignos de especialistas, mucho antes de que existieran buena parte de los servicios de inteligencia moderna y sin que la mayoría de ellos estuviera presente en la conformación del modelo que tendría en vilo a la humanidad.

[179] Esto es una gran paradoja porque cuando Herge escribe "Tintín en el País de los Soviets" o Tintín et Milu", coloca casi al final a Tintín en un muro encadenado, desesperanzado por que el bolchevismo  lo abandono y "condeno a morir de hambre", su perro Milu (que habla siempre con el lector) dice: "corramos… a liberar a Tintín he tardado demasiado", y cuando lo logra, este último grita: Libre, Libre" eso ocurrió en un muro en Noviembre de 1929, y fue exactamente en Berlín, 60 años más tarde, en Noviembre de 1989 en un muro,  se gritaría por lo mismo a su caída.

(Alemania, Italia y el imperio Austrohúngaro) y la guerra que terminaría con la llegada de otro personaje que cambiaría el rumbo de los acontecimientos y que paradójicamente haría que el mundo obviara sus diferencias durante años. Un hombre nacido en otro pequeño pueblito de diez mil habitantes (también hoy), y que – como los boy scouts- vestiría a su juventud con pantalones cortos, camisa beige y haría olvidar durante al menos cinco años el problema que tendría Europa durante los siguientes cincuenta y cinco, hablamos de Adolfo Hitler.

Por causa de estos personajes y el pánico que causaron sus ideas, todos los escritores del siglo XX fueron influenciados por las guerras y se olvidaron del comunismo como problema que ya en 1929 era conocido en toda Europa. Así que metieron en el congelador lo que en efecto se discutía en cada esquina y bar europeo, para dedicarse por entero a la amenaza más tangible y clara de aquel momento. Hablamos claro está, de un mundo sin la C.I.A[180] y sin la mayoría de los servicios modernos de hoy.

Esta es pues, la primera gran lección sobre lo ocurrido y en otro parte, la razón por la que algunos son más inteligentes que otros, como nuestros abuelos y padres nos legaron fórmulas para la toma de decisiones, también nos han educado para la siguiente conflagración. Fuimos influenciados con la figura de los espías modernos, los códigos y la criptografía que provienen exactamente de las memorias y no pocas paranoias posteriores de los combatientes de las guerras mundiales del siglo XX y sobre todo de las experiencias de quienes vivieron a plenitud todas las guerras incluidas la Guerra Fría[181].

Que, por cierto, fue fría para las potencias, pero muy caliente para cerca de cien países.

Así que no importa si sus hijos y nietos leemos el Hobbit o Harry Potter, será imposible que no aprendamos también sobre

---

[180] Desde que Herge escribió ese "análisis de inteligencia" que daba cuenta detalladamente de los planes soviéticos hasta la creación de la CIA habrían de transcurrir 18 años y probablemente, como veremos más adelante unos 25 para darse cuenta de la magnitud de un problema que ya era harto conocido en el 29. Pero sobre todo tardaría unos 40 años para llegar a la misma conclusión de Herge en Tintín en el País de los Soviets.

[181] De las más de 3.500 millones de copias vendidas de los 100 libros más influyentes, el 75% de las publicaciones son posteriores al año en que Herge escribió Tintín en el país de los soviets.

las paranoias de sus escritores y familias durante los períodos turbulentos o incluso de las vivencias y miedos contemporáneos. Por esta razón en Harry Potter no solo aprenderemos sobre magia, sino sobre ministerios, burocracia y corrupción. Conoceremos que el Ministerio de la Magia, está enlazado con el 10th de Downing Street y al primer ministro británico a través de un mecanismo de comunicación como el resto de los ministerios ingleses, mientras que sus departamentos incluirán la contrainteligencia y seguridad (Departamento de Seguridad Mágica) encargado de vigilar todas las residencias y paraderos de las brujas y magos de toda Gran Bretaña y por supuesto la Inteligencia siempre rodeada de secretos (Departamento de Misterios) cuyos miembros tienen nombres clasificados por razones de seguridad.

Pero sobre todo aprenderemos que nuestros miedos contemporáneos, siempre han sido los mismos y en especial, que todo ese aparataje de seguridad y control, nunca funciona para prevenir los atentados de los brujos perversos de la saga, tal y como ocurre en la vida real.

Y hay algo de lo que nadie habla, pero está presente en esos libros. El inmenso conflicto social y las guerras sociales entre quienes tomaron distintas fórmulas de decisiones. Los que viven en una Tierra Media en lenta decadencia, que no quieren ser ocupados a la fuerza y gobernados por aquellos que viven en la oscuridad y usted podría suponer que se trata de una alegoría sobre el comunismo, que es algo que Tolkien no tenía en cuenta en 1932 cuando creó ese mundo.

Tampoco lo tenía H. G. Wells, cuando escribió un panorama igual en 1895 en la Máquina del Tiempo y mucho menos aquellos que les tenían pánico a orcos de la mitología romana, a los troles de las fantasías escandinavas o al resto de los ogros europeos. Por eso, algo a tomar siempre en cuenta, es que la guerra social entre los seres que toman buenas decisiones y viven en paz, y los que quieren arrasar con la Tierra Media, los que quieren vivir en un ambiente que les permita seguir tomando decisiones inteligentes y los que desean la simplicidad de la tiranía, es un problema de la humanidad que hemos arrastrado desde hace miles de años.

**Porque están en todas partes, junto a ti y dentro de ti**

La inteligencia comienza a estar entonces, en todas partes. La aprenderemos por uso y también por enseñanza, a través de libros y su imagen de éxito la llevaremos impresa en nuestra memoria y sí, hasta en la religión. En esto último no importa si se profesa la católica, cristiana, judía, budista o es musulmán, viva Usted en Japón o en Nueva Zelanda, pronto aprenderá mecanismos más sofisticados para emprender operaciones de Inteligencia, de hecho, será entrenado para ellas por sus organizaciones sociales, religiosas, deportivas o empresariales, hasta alcanzar el nivel requerido por las mismas.

Encontraremos referencias a todo nuestro alrededor que justifiquen moral o religiosamente las operaciones de inteligencia. No importa si abrimos la Biblia o el Corán encontraremos cómo comportarse o cómo emprender operaciones de Inteligencia, de hecho, la palabra espía y gran cantidad de operaciones las encontraremos en todas las religiones como parte integral de la de sus enseñanzas en las que nos dan lecciones de espionaje, la utilización de casas seguras, señuelos, uso de mujeres hermosas para despistar, agentes encubiertos, utilización de gentes de los bajos fondos y las acciones especiales están a lo largo y ancho de las enseñanzas.

La historia de Mahoma está repleta del uso de espías y redes de espionaje para ganar las guerras. Su red era impresionante en las ciudades de Meca y Medina y los historiadores sostienen que eran altamente efectivos pues no sólo podían conocer las intenciones de los enemigos, sino de infiltrarse en todos, así como podían descubrir espías entre sus filas[182].

De hecho, en los estudios lingüísticos y estadísticos de los sabios árabes sobre la frecuencia de las palabras del profeta, no pocos expertos creen que fue el origen de la criptografía moderna, por no hablar del tratado del erudito Al-Kindi sobre el desciframiento de los mensajes encriptados cerca del año 800 D.C.

Moisés por su parte: "envío espías a Jazer y así tomaron sus aldeas", enviando a los jefes de doce tribus a espiar a sus enemigos.

---

[182] The Fascinating Story of Muhammad. Ahmad Shameem Author House, 2014

La Biblia relata los pormenores de las operaciones de espionaje, por lo que los católicos y cristianos aprendieron con más detalles cómo: "Josué hizo lo propio enviando una versión antigua de los espías de reconocimiento o espías exploradores a Jericó[183]. Y fue este último el que perfeccionó su inteligencia, con operaciones de extracción al mejor estilo de las fuerzas especiales, donde grupos de comandos entraron a las casas de quien querían proteger, descendiendo por los muros mediante cuerdas y protegidos por la oscuridad de la noche, extrayéndolos del peligro[184] para luego quemar por entero la ciudad[185]. Episodio bíblico que terminaría enseñándonos que, gracias al uso de operaciones de inteligencia con Fuerzas Especiales, "Dios estuvo con Josué, y su fama se divulgó por toda la tierra"[186].

También descubrimos a un Josué realizando operaciones de ingeniería social. Como sabía que su padre era ciego, se vistió con las ropas del hermano, se puso piel de cordero para aparentar los vellos del brazo y se perfumó haciéndose pasar por Esaú y logró que su padre le diera su bendición desterrando al hermano.

Pero el más atrevido agente de inteligencia fue sin duda David, quien efectuó las mejores operaciones casi con precisión quirúrgica para evitar conflictos y ganar combates. Por ejemplo, luego de enviar espías para conocer la posición de su enemigo (Saúl) en el medio de la noche, realizó una operación encubierta para robarle la lanza y la cantimplora de agua mientras su enemigo dormía[187]. Claro está que Saúl se encontraba tendido con su lanza clavada en la tierra y rodeado de miles de soldados de su ejército. De esta manera impidió la guerra, al entender su enemigo que habiendo estado tan cerca como para matarlo, su vida había "sido estimada preciosa ante sus ojos".

---

[183] Antiguo testamento, Josue envia espias a Jerico  (6:2:1 - 6:2:24)

[184] En efecto Josue ordeno a su equipo de espionaje que solo se salvara Rajab la prostituta que los habia ocultado y ayudado a escapar, junto con sus pertenencias y familia. "Josue dijo a sus hombres entrad a la casa de la mujer prostituta y sacad de alli a ella y todo lo que sea suyo, como se lo habeis jurado" Antiguo Testamento, Josue y la toma de Jericó (6:6:1 - 6:6:27

[185] En este episodio bíblico los espías llegaron a Jericó y se escondieron en la casa de una prostituta llamada Rajab, esta les dio refugio y engañó al Rey de Jericó a cambio de misericordia para ella y su familia. Luego ella los hizo descender mediante cuerdas por los muros de la ciudad porque a estos los perseguían casa por casa y salieron para reencontrarse con Josue. Antiguo Testamento, Josue y la toma de Jericó (6:6:1 - 6:6:27

[186] La Biblia, Antiguo Testamento, Josue y la toma de Jericó (6:6:1 - 6:6:27

[187] "David tomó la lanza y la cantimplora de agua de la cabecera de Saúl, y ellos se fueron. No hubo nadie que viese, ni nadie que se diese cuenta, ni nadie que se despertase". Primer Libro de Samuel > David perdona la vida a Saúl en Zif (9:26:1 - 9:26:25

Hasta los sacerdotes y los escribas mandaron espías para tratar de echarle mano a Jesús[188] y efectuaron maniobras para unir a sus enemigos contra él. Y Jesús, descubriendo con antelación a los espías y agentes encubiertos (que se hacían pasar por justos) logró desmantelar a tiempo sus operaciones. De la misma manera en el Corán nos podemos instruir en técnicas sobre cómo encontrar impostores entre nuestras filas utilizando recursos inteligentes[189]. Así aprendimos desde temprano la importancia de la contrainteligencia y que lo que es cotidiano en nuestras vidas, también lo es en historia y religión.

También existen en la Biblia episodios de operaciones de inteligencia que fracasaron, donde luego de extraer información no fue útil para conquistar la ciudad. Valiosa sin duda esa lección de que los medios de tortura o de violencia sin sentido conducen a una calle ciega, que termina por destruirlo todo. Inconscientemente nos dejan claro que Dios, no solo permite las operaciones de inteligencia, sino que las alienta como si de mandamientos se tratara, pero también le pone cotos al espionaje, a la tortura y busca darle proporcionalidad a su actuar.

No en balde el famoso cazador de nazis Simón Wiesenthal dijo sobre los servicios de inteligencia de la iglesia católica que: "son los mejores del mundo". De hecho, es muy posible que hubiera hasta leído uno de los cientos de libros sobre los servicios secretos del Vaticano, la también desmentida "Santa Alianza", su secretísimo órgano de contrainteligencia *Sodalitium Pianum* y los círculos secretos del poder de los papas.

---

[188] Nuevo Testamento, Evangelio según san Lucas 20:20 "Entonces acechándole, enviaron espías que simulasen ser justos a fin de sorprenderle en sus palabras y así entregarle al poder y autoridad del procurador"

[189] El episodio de la Camella hembra por ejemplo es un proceso de mucha inteligencia para descubrir mentirosos o traidores, es tan importante que la ensenanza ha sido utilizada repetidamente en 7 suras del Coran (Suras 7, 11, 17,26,54,81,91). Sura 7 (parte 2ª): Al-Aaraf (La Facultad del Discernimiento), Sura 11 (parte 2ª): Hud, Sura 17 (parte 2ª): Al-Isra' (El Viaje Nocturno), Sura 26 (parte 2ª): Ash-Shuaara' (Los Poetas), Sura 54: Al-Qamar (La Luna) , Sura 81: At-Takwir (El Oscurecimiento), Sura 91: Ash-Shams (El Sol)

## Pues la aprendimos de Asia

Si existen dos estadounidenses que conocen en profundidad el sistema de espionaje chino son Samuel W. Williams y James Whitney. El primero pasó cuarenta años estudiando sociológicamente a los chinos en Guangdong y décadas más tarde fue nombrado embajador en Beijing. El segundo trabajó durante muchas décadas como abogado en la oficina de patentes de los Estados Unidos y fue uno de los más radicales impulsores de evitar la entrada de los chinos en el sistema estadounidense.

Williams escribió en sus primeros reportes que el gobierno central tenía casi una obsesión sobre seguir y reclutar a los hombres más talentosos en cada comarca y para cumplir sus objetivos eran sumados en todos los departamentos, gobiernos provinciales en un sistema de espionaje: "que es llevado a cabo destructivamente y alejado de todos los principios de honorabilidad" esta "constante política de vigilancia, les permite llevar un catálogo de méritos y deméritos de cada oficial público" explicando que cada uno de ellos es debidamente catalogado por el gobierno central de acuerdo no solo a su fidelidad al sistema sino a la calidad y cantidad de información que proporcione.

Para ellos, según William, todo el sistema debía proporcionar inteligencia para la industria, el gobierno y la sociedad, creando un aparato de inteligencia global en el que la industria debía tener su lugar preponderante, al que todo chino debe coadyuvar como una virtud, sobre todo para ser superiores a las naciones vecinas.

James Withney, por su parte, se dio cuenta más o menos de lo mismo pues escribió que a través de su sistema de espionaje basado: "en una estricta disciplina, obediencia y alta responsabilidad" crean "un sistema de estricta vigilancia, universal y de responsabilidad mutua" que destruye la moral individual y permite las fundaciones del orden social en una población tan gigante. Ambos autores establecen que el sistema de espionaje interno, de control social y de responsabilidad con el gobierno y la industria china, es mecánico. Lo que significa que es llevado con método y disciplina sin ser considerado un irrespeto a la norma, sino más bien, un deber que permite que China mantenga su orden social y su crecimiento industrial.

La mayoría de los lectores pensarán que, cómo en el caso de los orcos del señor de los anillos, el comunismo y Mao crearon un vasto sistema en el que todos los chinos se espían entre sí o a los demás y que como conocemos, se han refinado a tal nivel que los piratas informáticos chinos están hoy con el gobierno para arrancar los más íntimos secretos de sus pares capitalistas. Pero al leer lo que escribió Williams: "El sistema de espionaje se extiende incluso a las relaciones de negocios y es llevado con una minuciosidad y precisión verdaderamente sorprendentes", es necesario precisar que su libro fue publicado en 1849[190] a partir de sus vivencias previas, antes de que fuera publicado el manifiesto comunista y cien años antes de que Mao Zedong fuera el presidente del Gobierno Central mientras que Whitney alertaba lo mismo diez años antes del nacimiento del líder comunista en 1888[191].

Por su parte, Henry Charles Sirr fue un diplomático que vivió en China en 1842 y describió: "el sistema de espionaje que es conducido en una escala extensiva a través de varias oficinas y cortes por los tow-cha-yun o espías públicos" que "toman nota de todas las transacciones" "y son enviados a todas las provincias en misiones secretas" y las informaciones eran enviadas "secretamente al emperador"[192].

En materia de inteligencia y espionaje doméstico, los asiáticos y especialmente los chinos fueron prácticamente los primeros en perfeccionar y escribir metódicamente sobre el arte del espionaje, por lo que es parte de una cultura ancestral y son aún más profundos, pues su religión, historia, sus ancestros, sus deidades y su mitología hacen del Asia un terreno próspero para la Inteligencia que ha sido prácticamente utilizada durante miles de años, con una añadidura importante, el deber de la persona hacía la sociedad.

---

[190] The Chinese Empire and Its Inhabitants: Being a Survey of the Geography, Government, Education, Social Life, Arts, Religion, &c. of the Middle Kingdom, Volumen 1. Samuel Wells Williams. H. Washbourne, 1849. Pág. 353

[191] The Chinese, and the Chinese Question. James Amaziah Whitney. Tibbals book Company, 1888. Pág. 62

[192] China and the Chinese: Their Religion, Character, Customs, and Manufacturers: the Evils Arising from the Opium Trade: with a Glance at Our Religious, Moral, Political and Commercial Intercourse with the Country, Volumen 2. Henry Charles Sirr.W.S. Orr & Company, 1849- págs.. 363-364

Por lo tanto, los comunistas no crearon el sistema de espionaje y control de diligencia o celo mutuo chino de la actualidad, simplemente lo afinaron a la nueva ideología, pero en esencia es común a la de sus ancestros. El deber de espiarse y acusar a otros oficiales, colegas y familiares entre sí, el de vigilarse un gobernador a otro, entre empleados, el oficial a sus subordinados y viceversa, así como el deber de colaborar con el gobierno regional y central en los objetivos comunes, data -por escrito- al menos de dos mil quinientos años y solo busca el orden y el progreso social del imperio. Por lo que importa poco si la fidelidad es al monarca, al emperador a Mao o a Xin Ping.

Y esta es una forma de vida en Asia. Hoy sabemos que los sumerios en el 4.000 AC ya contaban con redes de información y que el "primer Servicio de espías" de manera formal lo organizó Sagón I, el Grande, en el Imperio Acadio (Mesopotamia) entre el 2.334 y el 2.279 a.c. igualmente podemos encontrar ejemplos de la institución del espionaje como parte de la función corporativa pública en la India con los escritos del Ashtrasastra[193] en el 350-283 antes de Cristo.

El Ashtrasastra estructuró hace más de 2000 años, las bases de la inteligencia moderna puesto que: "Oída la opinión del Consejo de Ministros, el Rey procederá a crear la Institución de Espionaje[194]" lo que sería equivalente a que el Congreso actual autorizara al presidente para la creación de un Servicio de Inteligencia y a partir de allí se establece claramente una institución de espionaje interno organizado en cinco estructuras[195] donde los espías actuarán bajo la disciplina clandestina o fraudulenta (*kápatika-chhatra*) y serán un mecanismo de defensa para el Estado y el Rey, como también establecerá redes de espionaje exterior con espías provenientes de buenas familias, leales y bien entrenados en el arte de la información sobre países y tratados[196]. Estos espías dignos de toda confianza, también colaborarán para vigilar a la estructura del Estado desde los

---

[193] Es un tratado antiguo sobre el Estado, la Economía Política, Relaciones Exteriores y la Estrategia Militar.

[194] El libro de **Arthashastra,** Capítulo XI (De la Institución de Espionaje)

[195] Algunas de ellas las veremos también en Sun Tzu y su arte de la guerra y el espionaje. Por lo que es innegable que estos tratados influyeran abiertamente en el desarrollo de la estructura del espionaje chino y posteriormente el Japonés.

[196] El libro de **Arthashastra,** Capítulo XII(Creación de las redes de Espionaje)

comisionados, hasta los encargados de fortificaciones. Y tendrán oficiales a cargo de instituciones autónomas que recolectarán la información (*samsthánámántevásinah*) quienes utilizarán la escritura para dejar constancia de la "validez de la información" recibida. Y es tan preciso que aquellos espías que fueran capturados por el enemigo, sus hijos y esposas recibirán salarios y beneficios económicos que asegurarán su bienestar.

Por lo tanto, creemos que el férreo sistema de espionaje interior y exterior asiático es más reciente o proviene de la férrea vigilancia comunista, cuando en realidad forma parte de la cultura y es la forma habitual de gobierno en el Asia desde tiempos inmemoriales.

"Las paredes en Rusia, tienen muchos más oídos" explicaba un naturalista británico que estudiaba la fauna local en 1848, "de hecho, el país entero es un oído dionisiaco" "la franqueza y el candor que caracteriza otras naciones ha sido reemplazado en Rusia por una vigilancia enemiga, una malignidad escrutadora, una censura celosa y una reserva sarcástica y sospechosa, que crean aprensión y desconfianza universales"[197].

Un periodista estadounidense escribió: "Los espías rusos están en todas partes incluido el exterior. Todos están pagados por el Zar (..) mientras este sistema de espionaje masivo se mantenga, no hay chance de rebeliones (..) en este curioso país todo hombre es un espía contra otro hombre o mujer y es su negocio saber de que hablan y piensan, incluso si susurran, quienes los visitan, cuando se marchan quienes son sus amigos y todo llega a oídos del zar (..) todos sin excepción son espías y entienden que son espiados"

"Nadie que ingresa a Rusia está exento del espionaje, sea usted estadounidense, británico o de cualquier otra nacionalidad. Usted será observado y seguido desde el momento de su arribo hasta el último segundo de su partida y más aún si es diplomático". A tal nivel que en el futuro se descubrirían libros enteros sobre cada hora, al detalle de cada extranjero. Y esto es importante de explicar porque el escrito data de 1873.

---

[197] Life in Russia; Or, The Discipline of Despotism. Edward Pett Thompson. Smith, 1848 págs. 149, 198-199

En una guía turística de 1839 se podía leer sobre las precauciones para los viajeros ya que: "todas las cartas que pasen por la oficina de correos serán abiertas, leídas y sus destinatarios serán visitados (..) en los botes de vapor especialmente lo estarán vigilando, sentados en silencio y en los rincones, entienden cada palabra pues hablan distintos idiomas (..) todos los guías turísticos, sin excepción son espías y tienen que ir recurrentemente a la estación policial de su distrito a rendir informe pormenorizado de sus hallazgos con los turistas bajo su responsabilidad" y terminaba dando los consejos: en ningún momento emita alguna opinión política, mucho menos liberal" algunos espías son especialistas en "llevarlo a conversaciones con tópicos peligrosos"[198].

Ivan Panin, el matemático que se hizo famoso por haber descubierto patrones numéricos en la Biblia, emigró de Rusia a los Estados Unidos escribió en 1888 que: "el sistema de espionaje ruso paga más por espionaje que por el sistema educativo completo. Algunos de lo mejor de la sociedad que reside fuera de Rusia es pagado para espiar para el gobierno y de las más distinguidas y encantadoras damas de lo mejor de las sociedades europeas están pagadas al menos parcialmente, por el tesoro ruso (..) nada escapa del ojo imperial, que se extiende por todo el continente americano y en América también"[199].

Esto lo reseña el famoso geógrafo y viajero francés Frédéric Lacroix quien, en su libro, los misterios de Rusia de 1848, explicaba que: "existe una multitud de espías bien educados. Los salones de St. Petersburgo están inundados de ellos, son muy peligrosos y es muy difícil saber sus verdaderas intenciones. Pero están también en los altos círculos, los clubs, la industria, las mesas de los ricos, los bailes y las cortes. Conversan con los extranjeros, se ganan su confianza y después venden sus secretos (..) también hay algunos espías elegantes que son enviados al extranjero, hay un gran número de ellos en París (..) el gobierno ruso siempre ha mantenido en Francia a sus espías entre las clases altas (..) y especialmente a sensuales mujeres (..) el propósito de esto es conocer la opinión de los extranjeros sobre Rusia

---

[198] A hand-book for travellers in Denmark, Norway, Sweden and Russia, Volumen 1 John Murray (publishers.). 1839 pág. 4
[199] The Revolutionary Movement in Russia. Ivan Panin. M. King, 1881. Pág. 16

(y) vigilar todas las nuevas invenciones en las ciencias y las artes mecánicas, así como encontrar los secretos de sus inventores para el bien de Rusia"[200]

Esto es interesante por varias razones, la primera es que Stalin o Lenin no habían nacido. Por lo que, como en el caso chino, lo que hicieron los comunistas fue simplemente cambiarle de nombre a los jefes de todo un sistema, pues los padres y abuelos de Lenin y Stalin crecieron y vivieron dentro de ese sistema de espionaje masivo "de vecino contra vecino, amigo contra amigo (..) corrompiendo, comprando, calumniando y practicando actos diabólicos" de acuerdo al modelo de pensamiento occidental.

Pero cuando analizamos desde el punto de vista del pensamiento asiático, nos encontramos con una cultura milenaria donde la vida privada pertenece también al sistema que gobierna y el secreto es algo que no existe. Usar la Inteligencia para vulnerar a los porteros (gatekeepers) y traer secretos económicos, científicos y técnicos, está escrito en los manuales de espías desde hace dos mil años en el caso de China. Por lo que un Pirata informático asiático no hace nada que no hiciera antes su tatarabuelo y ancestros, solo que ahora no tienen que engatusar, sobornar o pagar a quienes poseen las llaves de las cerraduras, sino encontrarlas en el universo de unos y ceros.

Por otra parte, dentro de esa cultura no existe la personalidad individual tal y como se conoce en occidente, toda persona tiene el deber de preservar el sistema y obtener los secretos del otro. Vigila y sabe que es vigilado por lo que no hay secretos individuales, entre sus familiares y amigos y el fundamento cultural es que todo se debe al bien común. Por lo tanto, si no hay secretos que se deben esconder entre sus pares, mucho menos van a importar los de occidente, por lo que no son considerados como robos de información, simplemente son actos mecánicos y naturales para garantizar la continuidad de su sistema.

---

[200] The Mysteries of Russia. Frédéric Lacroix. Coolidge & Wiley, 1848. Pág. 112-116

## En un planeta con estándares dobles

Los nuevos espías nos encantan, un empleado furioso que robe información de su compañía causando un par de cientos de miles de euros de pérdida enfurecerá a la mayoría, pero a estos mismos le parece fenomenal que Edward Snowden haya filtrado la información de la vigilancia del estado norteamericano. En otras palabras, el robo de la información es bueno, mientras no sea a uno al que roben. Si se trata de un joven usando su ingenio con un ordenador y le causa a esa misma compañía pérdidas por 80 millones de euros lo podemos llegar a considerar un héroe, claro esta que si se lo hace a los demás.

De hecho, basta revisar las sentencias de los creadores de los virus Melissa que causó 80 millones en pérdidas o el virus Ana Kournikova y el gusano Blaster para entender cómo funciona el sistema, el primero fue sentenciado a 20 meses[201], el segundo a 150 horas de trabajo comunitario[202] y el tercero a 18 meses[203]. En fin, que si usted rompe los códigos de la NASA y del Pentágono, logra colocar a Estados Unidos en una posición de vergüenza de tal magnitud que hasta el presidente se entere de su hazaña y ordene ensamblar uno de los equipos más grandes de búsqueda y captura, usted recibirá posiblemente una sentencia de 6 meses de servicios comunitarios[204], pero si Usted no solo rompe la seguridad de la Nasa, sino que altera el contenido de la data recibirá una sentencia de doce meses de libertad provisional es decir en la calle[205]. Si Usted logra romper la seguridad de la Casa Blanca y de la Fuerza Aérea Norteamericana, es

---

[201] El Virus Melissa fue creado por David L. Smith, su nombre tiene como origen el de una bailarina exótica que Smith conoció en algún momento, el Virus muy famoso a partir de 1999 en sus cuatro variantes atacaba los correos electrónicos imposibilitando a su propietario acceder a ellos.

[202] El Virus Ana Kournikova del que no pocos fueron víctimas, ingresaba mediante e-mail con una foto prometedora de la famosa tenista, acto seguido se apoderaba de nuestra lista de contactos y la enviaba por la red. Fue creado por Jan De Wit y lo increible de este caso es que el FBI pidio la ayuda del creador del virus de Melissa (Smith) para apresarlo. De Wit fue sentenciado finalmente a 150 días de trabajo comunitario por robarse

[203] Si bien se cree que el Gusano Blaster tiene su origen en China, dos de sus variantes fueron perfeccionadas por un norteamericano llamado Jeffrey lee Parson, este gusano infectaba masivamente los sistemas operativos de los ordenadores. Parson fue arrestado y sentenciado a 18 meses de prisión.

[204] Ehud Tenenbaum de origen israelí ingreso a los 19 años computadoras de la NASA y del Pentágono, se armó tal escándalo que se pensó en un ataque masivo de espionaje que llego hasta los oídos del propio presidente de los Estados Unidos. Así que se ensamblo un equipo multidisciplinario integrado por el FBI, la División de Investigaciones especiales de la Fuerza Aérea, la NASA, el Departamento de Justicia, la Agencia de Sistemas de Información de Defensa, la Agencia Nacional de Seguridad y la CIA.

[205] El caso de Nahshon Even-Chaim, de Australia no solo logro ingresar a la NASA, sino que modifico la data, por lo que fue condenado a 1 año de libertad provisional.

posible que a la primera no lo culpen de nada y a la segunda le den unos 6 meses de castigo[206]. Pero si Usted tiene 15 años y se infiltra en los departamentos de defensa y la NASA y se lleva el software que mantiene la vida en la Estación Espacial Internacional, puede ser que lo condenen a 6 meses[207] en casa de sus padres sin computadora, cosa terrible para cualquier adolescente, aunque sea por poco tiempo. Pero si Usted transmite un gusano capaz de sobrescribir la data de todas las computadoras y que infecte a 80 millones de ordenadores en el planeta, cause un colapso nunca antes visto y pérdidas entre los 5 y los 10 mil millones de dólares, entonces lo más probable es que le den dos palmadas en la mano y lo acusen de ser un niño muy malo[208].

Por eso nos atraen tanto. Apenas 23 jóvenes han sido capaces, con sus recursos hogareños, de ingresar a los sistemas del pentágono, la Nasa, la Fuerza Aérea, los bancos, las tiendas por departamento, a nuestros correos electrónicos, teléfonos móviles, cuentas bancarias y se han llevado la data de los secretos mejor guardados, nuestro dinero, identidades, tarjetas de crédito, los contactos, las fotos y videos de nuestros teléfonos. Nos han paralizado nuestras computadoras, les han sacado copia a nuestros archivos, han mandado nuestros datos particulares a la red oscura. En fin, no hay límites para ellos y apenas cuentan con edades entre los 15 y los 22 años.

Por eso es que todos ellos se salieron con la suya, el 95% de los piratas informáticos y Crackers de virus lo han hecho impunemente y al restante 5% los han condenado a penas ínfimas o les han dado incluso conmutaciones sin contar con libertad bajo fianza o palabra, así como la mayoría han encontrado empleo seguro en grandes firmas y corporaciones. De esta manera

---

[206] Como el caso de Chad Davis, de Estados Unidos quien ingreso y vandalizo el sistema de la Casa Blanca y fue perdonado por eso, para después reincidir violentando y vandalizando el sistema de la Fuerza Aérea

[207] Jonathan Joseph James de Estados Unidos ingreso a la NASA (entre otros) robo la información y nada más ni nada menos que los códigos fuentes de la Estación Espacial Internacional, lo hizo a los 15 años.

[208] En efecto el creador del Virus más letal jamás creado, I LOVE U es un filipino de nombre Reonel Ramones, quien infectó todas esas computadoras pero que finalmente por tecnicismos fue dejado en libertad.

también encontramos que entre los piratas informáticos más famosos del mundo podemos contar con uno o varios de los hombres más ricos y poderosos del planeta, otros son consultores de grandes corporaciones, otros periodistas reconocidos, varios son grandes empresarios en fin que casi todos terminaron besando a la chica. Y como dijo "el más grande criminal cibernético de la historia de los Estados Unidos[209]" en declaraciones al periódico español El Mundo[210], sobre un consejo que le diera a quienes se estaban iniciando en el mundo del espionaje cibernético: "que no les pillen". El famoso décimo mandamiento de la inteligencia moderna. Esa es pues la clave del éxito y una de las principales reglas del juego en el mundo de los Ciber-James-Bonds o cómo hablaremos también en este libro, de Ciber-Jane, porque el futuro corporativo es de ellas.

## El Futuro es de Ciber-Jane Bonds

En 1980 las mujeres estadounidenses, habían logrado ser la misma cantidad de alumnas en las universidades que sus pares, pero aún había mucho camino por recorrer porque escogían carreras no tan competitivas hoy en día. Pero todo eso cambió y hoy la universidad de Oxford logró superar la barrera del 51% de mujeres en su campus, ocurriendo lo mismo que en Stanford o Harvard. Usted podrá decir que aún falta camino por recorrer porque en el MIT o Caltech tienen un promedio del 48% de sus alumnas mujeres, pero yo le responderé que allí el problema no radica en el sexo, sino en la composición étnica de los estudiantes tecnológicos, ya que los alumnos de origen asiático, abrumadoramente varones, son casi la mitad del alumnado de esas universidades. Pero en el mundo y cultura occidental falta poco para lograrlo.

---

[209] Kevin Mistick fue considerado por el FBI como el Criminal Cibernético más grande en la Historia de los estados Unidos" y el más buscado durante años por haber violentado a más de 20 organizaciones entre las que destacan corporaciones y hasta el FBI y el Pentágono. Solo fue posible su captura con la ayuda de otro Pirata informático.

[210] Foro de Kevin Mitnick para el diario El Mundo en http://www.elmundo.es/encuentros/invitados/2008/12/3397/

De acuerdo a la Unesco las mujeres han superado al hombre en calificaciones académicas, y en el famoso examen PISA, supera al hombre en lectura y ciencias, mientras que están ligeramente por debajo en matemáticas. Pero esta confluencia de hechos, ha permitido que en las universidades ingresen más mujeres que hombres y en un futuro serán dos tercios de las egresadas, mientras que los hombres serán apenas el tercio restante.

Por eso hoy si vamos a hablar de igualdad hay que tener mucho cuidado. En la Universidad Complutense española las alumnas de grado son el 61% igual que las de maestría y las de doctorado que representan el 56%. Las mujeres somos mayoría en medicina con el 72%, las biólogas 66%, las de ciencias de la información 61%, las abogadas el 59%, las de ciencias químicas el 54% igual que en ciencias políticas y sociología, además de las carreras donde simplemente tienen el monopolio absoluto de siempre, como la psicología, la farmacia, óptica, la veterinaria y odontología, todas sobre el 70%. Si nos vamos a Barcelona nos encontraremos esa misma tendencia igual que en la Universidad de Navarra.

A donde lo analicemos, sea en la Universidad de Múnich (62%) Sorbona (61,8%) u Oslo (61,2%) las mujeres son la inmensa mayoría y se estima que lleguen a ser el 66% en 2040. Si bien es cierto, que hay camino que recorrer respecto a la paridad en el profesorado, se debe a que las cátedras llevan muchos años ocupadas por varones que han aumentado su expectativa de vida en una carrera docente que tiene un menor grado de rotación, porque sus edades de jubilación son mayores y en algunos casos el promedio es de 72 años, pero en breve con las nuevas legislaciones de retiro obligatorio, serán más del cincuenta por ciento y en unas décadas alcanzarán los dos tercios.

Algunos remitirán las cifras de las mujeres en ingeniería, facultad que arrastra un problema común pues no atrae demasiado a las alumnas. Pero de acuerdo a Eurostat, en España ya casi la mitad (49,3%) de los puestos de trabajo en ciencias e ingeniería están ocupados por mujeres y en cinco regiones, es superior a la mitad más una. Siendo la construcción la que menos gusta a la hora de aplicar. Lo que nos puede dar a entender que se trata de una escogencia en función a lo que gusta o no de esas carreras y ven o no su viabilidad como empleadas futuras. Los empleados públicos en España son ocupados en el 57% por mujeres y como la mujer es la que más abogados ha graduado desde hace veinte años, la carrera judicial está conformada por un 54% de juezas, fiscales y defensoras en general, siendo más de un 60% en el país Vasco o un 58% en Madrid. La rapidez con la que las mujeres están alcanzando el poder en todas las ramas es increíble, en los Estados Unidos en 2008, las jueces mujeres representaban el 22% en las cortes generales, 28% en las intermedias y 29% en las de apelaciones finales[211], para el año 2022 la cifra alcanzó el 33%, 39% y 36% respectivamente[212] y se espera que en apenas un poco más de una década, sean mayoría en las cortes o más del 60%, como en efecto lo son en Holanda, Francia, Dinamarca, Austria y muchos más[213].

En las cortes supremas de justicia ocurre lo mismo que con los profesores universitarios, si el promedio de retiro de los magistrados estadounidenses es de más de 80 años es difícil y lenta la renovación, pero tarde o temprano ocurrirá y más con las nuevas políticas de inclusión.

Lo mismo está ocurriendo en las corporaciones donde los puestos gerenciales medios ya están mayoritariamente ocupados por mujeres y aunque se trate de presentar como un fracaso el número de presidentes mujeres en las compañías de Fortune 500, en 2002 había sólo siete y veinte años más tarde 74. La rapidez es de tal dimensión que en los próximos veinte es factible que Ciber-Jane domine masivamente el mundo corporativo en todas y cada una de sus niveles gerenciales más altas.

De acuerdo al buró de estadísticas laborales de Estados Unidos, para el año 2011 el 51,4% de las ocupaciones gerenciales estaban ocupadas por mujeres incluyendo un 54% en las gerencias financieras y un 55% en el área de negocios[214], cifra que aumenta cada año a tal punto que el 51,8% de todas las ocupaciones gerenciales corporativas son llevadas por mujeres en 2020 habiendo llegado casi al 30% de todas las presidencias de compañías y el 52% de las gerencias

---

211 https://www.nawj.org/statistics/2008-us-state-court-women-judges
212 https://www.nawj.org/statistics/2022-us-state-court-women-judges
213 https://www.oecd.org/gender/data/women-in-the-judiciary-working-towards-a-legal-system-reflective-of-society.htm
214 https://www.bls.gov/opub/reports/womens-databook/archive/womenlaborforce_2012.pdf

financieras, conociendo ya de antemano que el 71% de los puestos administrativos son gobernados por Ciber-Jane[215].

¿Qué existen barreras aún por romper? Es obvio. Pero el futuro es de ella. Sin embargo, como lo han demostrado los cientos de estudios de comportamiento, no hay diferencia entre las trampas, engaños y el uso de herramientas de decepción en alguno de los géneros.

[215] https://www.bls.gov/opub/reports/womens-databook/2021/home.htm

### Que protege a los espías

Hasta ahora es natural para nosotros que nuestro mundo se convirtiera en el de la Inteligencia. Lo hemos aprendido desde nuestra niñez y juventud, la iglesia y los templos, lo aprendimos en el colegio y en la universidad, la cultura nos impone el espionaje y la búsqueda de información por cualquier medio posible para triunfar, la aprendemos en libros, en televisión, en el cine y es comúnmente asociada con el éxito. También la mejoramos con la educación y la perfeccionamos en las corporaciones. Hemos visto lo natural de aplicar la inteligencia *Light*, hemos visto cómo las corporaciones acceden a la información a través de sus ex empleados y en algunos casos las hemos visto aplicar el espionaje en todas sus dimensiones.

Los espías modernos ya no son mal vistos, a un espía que usa un computador lo llamamos "Pirata informático" y hay "espías buenos, medios y malos" a los que llamamos errónea e indistintamente Hacker Blanco, Gris y Negro dependiendo siempre de cómo utilizaron la información a la cual "tuvieron acceso sin permiso", a un espía que arrepentido y que ha cambiado de trabajo a la ciberseguridad lo llamamos pirata informático-ético.

A un espía que rompe nuestra seguridad y se apodera de nuestro secreto lo llamamos Cracker. El FBI ha usado a espías buenos o éticos[216], que igualmente rompieron la seguridad de corporaciones, para arrestar a espías malos que irrumpieron en las supercomputadoras de defensa, de la misma manera en las corporaciones utilizamos eufemismos como investigación y desarrollo, investigación de mercados o innovación de producto ingeniería inversa o decodificación para explorar las patentes del adversario y mejorar el producto sin que se note que se trató del viejo arte de la inteligencia[217].

Y los equipos altamente calificados de abogados corporativos ha logrado convencernos de que apoderarnos de información clasificada protegida, para alterarla y sacarle provecho es una "violación a los derechos de autor" o una "infracción a las normas", si se trata de

---

[216] En efecto el FBI utilizo al pirata informático David L. Smith para apresar al Ciber espía (pirata informático malo) De Wit.

[217] Por ejemplo, ingenieros de Atari decodificaron un chip para que los juegos de su rival Nintendo pudieran ser utilizados en su consola, creando una plataforma con ventaja del mercado, lo que fue considerado legal pese a las protestas.

empresas pequeñas contra corporaciones locales compitiendo o de empresas extranjeras. Y de allí el doble estándar, si lo hace una corporación se trata de una infracción y si lo hacen rivales es espionaje industrial.

Y esto hace que los juicios por violación de patentes en los Estados Unidos se cuadruplicaran en los últimos años. Hasta el punto de que, en apenas una década del siglo XXI, los litigios en las cortes de distrito por estas "infracciones" alcanzaron a las de todo el siglo XX sumadas. Pero lo interesante, es la manera en la que encontraron los detalles secretos de las patentes.

### Porque les gustan a nuestras madres.

La gran diferencia entre el espionaje entre los chinos o rusos y los occidentales, es que no tenemos que acudir a la policía para rendir nuestro informe sobre los vecinos, pero al mismo tiempo no paramos de meternos en la vida de los demás. Nos interesa, nos embruja hasta tal punto que organizamos leyes para invadir la vida privada de aquellos que nos fascinan, pero siempre aclarando que la nuestra debe ser protegida como un derecho inalienable. Y allí viene de nuevo el doble estándar, el espionaje de todo tipo estará entonces permitido para quienes nos interesa y terminantemente prohibido si es contra nosotros mismos.

Nos convertimos en directores de los servicios y tenemos a nuestra disposición los artilugios y la estructura de inteligencia humana más poderosa del planeta. Nuestro presupuesto es muy superior que el de la KGB en su momento más glorioso, pues simplemente es ilimitado. Pagamos billones de euros al año (mucho más que el presupuesto de espionaje de toda la Unión Europea) para que hostiguen y sigan a todos los que queremos conocer y lo conviertan en un reality show para nuestro deleite, con el objetivo de conocer a quien queramos. Tenemos lobistas en los congresos y diputados dispuestos a explicar lo necesario del espionaje a gran escala contra un grupo de desafortunados cuya vida nos pertenece por entero, solo por el hecho de que se han convertido en nuestros objetivos.

Hemos convencido a los jueces de todo el mundo que autoricen la persecución y el espionaje de la manera en que lo hacen los servicios. De hecho, hemos llegado a enmarañar los derechos fundamentales para nuestro propio placer, convenciendo a la justicia del planeta que como ciertos "objetivos" trabajan en el cine o en la televisión, son famosos, influenciadores o personajes públicos su vida privada nos pertenece por completo, en aras de una libertad de información que no existiría si fuera contra nosotros mismos. Por eso nos está permitido utilizar helicópteros y teleobjetivos para filmarlos desnudos, en vacaciones, saliendo de fiestas o dentro de ellas. Y ojalá que el viento no le juegue una mala pasada a las mujeres que acosamos y les levante la falda, que ya veremos publicada en todos nuestros medios favoritos, no importa si es político, actriz o princesa. No hay límites para nuestro placer por la información, las queremos ver en la cama, con sus parejas, besándose, haciendo el amor, queremos ver si son fieles o infieles, si están peleados, si se levantaron de buen o mal humor, lo que desayunan y con quien cenan, en fin, somos hasta capaces de destruir sus enlaces y matrimonios, así como también les hemos arruinado sus bodas, fiestas y hasta bautizos.

No importa si están en sus casas en la fiesta de cumpleaños de sus hijos, en un yate prestado en el medio de la nada o en una isla desierta a prueba de nuestra curiosidad, siempre los hemos encontrado utilizado hombres rana, infiltrados, trajes de camuflaje que dejarían en ridículo al mejor francotirador, saltos en paracaídas, motorizados o vehículos disimulados que no tiene ni el FBI. La tecnología a nuestra disposición es infinita, conocemos sus casas casi punto por punto desde satélites, aviones espías o helicópteros, capturamos sus voces con micrófonos láser, con micrófonos ocultos, con especialistas en lectura de labios, con expertos en comportamiento humano, sus imágenes son diseccionadas de tal manera que sabemos que color de ropa interior tienen puesta o si no llevan ninguna.

Hemos visto a nuestros objetivos lamentarse, rogarnos dejar el acoso, agredir o demandar a nuestros agentes y espías, pero nada nos ha detenido porque hemos incluso llegado a sobornar a muchos para que nos den la información, sabemos dónde y cuando viajan, hacia dónde se dirigen, en que hotel se hospedan, en que tienda compran, cuánto dinero gastan, cuánto cargaron a que tarjeta de crédito, que cenaron, cuál platillo o vino es su favorito, cuáles son sus preferencias en la habitación, qué les regalaron y quien lo hizo. Y si eso fallara, también les escuchamos ilegalmente sus conversaciones o contratamos agencias de espionaje para publicar sus aspectos más íntimos[218]. En realidad, somos la envidia de los servicios rusos.

Nuestro acoso a objetivos como políticos, deportistas, actores y famosos es de tal magnitud, que en algunos países han tratado de ponerle coto a nuestra actividad de espionaje, pero la realidad es que no han podido con nosotros. En California, pretendieron colocar normas a una de nuestras centrales de espionaje, pero la multa por espiar a nuestros objetivos fue impuesta entre 5 y 50 mil dólares, lo que es llevadero si nos atrapan. La Ley nos permite utilizar nuestros implementos de espionaje dentro de los "límites de las personas razonables" y nos coloca las reglas del juego, no debemos "Infiltrar tecnológicamente o físicamente dentro de los límites de la racionalidad" como si nuestra racionalidad tuviera límites.

Pero la racionalidad ha dejado a las películas de espías en ridículo con nuestras persecuciones a alta velocidad después de comprar en jugueterías, los hemos puesto en peligro casi chocando sus vehículos cuando había salido de un hospital luego de una cirugía de corazón, hemos estado a punto de estrellar helicópteros en sus patios y hemos impactado sus coches solo con el fin de tomarles fotos, también hemos colaborado en sus suicidios, en su alcoholismo y sí, en nuestra obsesión hemos llegado a matarlos.

Por eso disfrutamos cuando leímos las transcripciones, de las intervenciones telefónicas ilegales al príncipe Carlos con su amante[219], los comentarios más privados en la última boda de la realeza inglesa y sí, vimos en directo la muerte de Lady Di como

---

[218] El País "Detenido un tercer periodista británico por caso de las escuchas ilegales" 14/04/2011, en este caso el tabloide sensacionalista News of the World había contratado a espías que tenían ya en su poder 3.000 números de teléfono y 4.000 objetivos entre celebridades, deportistas y políticos, entre los que destacaban incluso el príncipe Guillermo
[219] The Daily Mail UK 28/02/2008 Charles and Camilla's lovenest was bugged, Diana inquest told

si fuera un *Reality Show*, ¿Mató la inteligencia británica a la princesa Diana? La respuesta es por supuesto que sí, junto con la española, la francesa y la del resto del planeta. Pero no fueron los servicios de Inteligencia del gobierno. Todo lo hicimos nosotros, los que pagamos para que la espiaran.

## En la era de la desinformación

En las guerras de inteligencia otro punto vital es desinformar para ganar, será tan importante como lo ha sido para la joven Ciber-Jane desde que aprendió a socializar. Primero aprendió a comunicarse y junto con esa comunicación, desarrolló mucho el prestarles atención a las personas o a pagar las consecuencias por no prestarla, volviéndonos verdaderos expertos en buscar patrones en rasgos, tonos, señales y gestos, así como cultivó también la herramienta del engaño, del que ya hablamos y de la desinformación.

Desde chicos aprendimos el arte de ocultar nuestras verdaderas emociones para protegernos o que pasaran desapercibidas y nos volvimos maestros en el arte de ocultarnos tras señas, acciones con los brazos y manos, modificamos permanentemente nuestro lenguaje corporal, así como rostros aprendidos que ocultan nuestras verdaderas intenciones. Sabemos que no debemos llevarnos la cara en señal de que estamos sorprendidos o aprendemos a mirar a los ojos lo suficiente para generar empatía, pero no retar o hacer sentirse incómodo a quien miramos y si deseamos con mucha fuerza algo, trataremos de no mostrar tanto interés, para que no nos salga tan caro. Pero sobre todo lo hacemos, para que no nos descifren y ser más empáticos socialmente, así que eso lo llevamos y desarrollamos en las corporaciones, pero ahora lo haremos a propósito y con fines específicos y masivos, es otras palabras, desinformaremos[220].

Y permítanme tocar de nuevo el punto de las ideologías. No importa si usted es liberal o conservador, de izquierdas o derechas, comunista o libertario, las asociaciones harán de Usted un experto en la materia. Y debo decir, más experto si usted es ruso o chino, que son los grandes maestros de la desinformación. Ruego con esto último que no se me malinterprete, o se piense que estoy tratando de demonizarlos para convencerles de que el capitalismo es bueno -como estrategia de desinformación-, me refiero únicamente al grado de experticia rusa o china en el manejo de la

---

[220] El inglés tiene dos palabras distintas, misinformation que es una información errónea, incorrecta o engañosa y disinformation que es el acto de enviar información deliberadamente engañosa con fines de alterar o cambiar la opinión o el comportamiento de un grupo determinado

información y fíjense que use sus nacionalidades y no sus ideologías, porque su arte tiene más que ver con la cultura ancestral que con el comunismo, ya que como reza el dicho, el diablo sabe más por viejo.

Para desinformar, el primer paso consiste en aislar la verdad. El famoso escritor y viajero Charles Augustus Stoddard escribía en 1891 que: "nada impresiona más a los visitantes que la ausencia de libros y publicaciones habituales. Los periódicos son pocos y difíciles de encontrar (..) la vigilancia a la prensa es sumamente estricta. Los internacionales no pueden ser entregados sin haber sido inspeccionados por el censor. Pude ver copias del London News y el Fígaro de París con parágrafos completamente tachados en negro"[221] esa misma práctica se observó en todos los libros extranjeros al menos desde 1830[222]. Al aislamiento informativo y la censura, se le unió entonces la propaganda en favor al régimen absolutista y la desinformación sobre el extranjero, que era incluso caricaturizado permanentemente para que el ruso le tuviera desconfianza y aversión. A esto se le suma, que todos los periódicos eran órganos de la clase regente en St. Petersburgo o Moscú y el monarca tenía su propio órgano de difusión.

Por lo tanto, las cuatro bases más conocidas del modelo de control ruso: aislamiento, desinformación, espionaje y represión, son mucho más antiguas que el comunismo, ya que forman parte de su cultura cientos de años antes de la llegada de Lenin y el Pravda como órgano del partido y los órganos de los partidos rusos en el extranjero, no difieren en lo absoluto de los órganos imperiales existentes en 1850.

Y es interesante, porque la inmensa mayoría de los periódicos rusos de aquella época eran órganos de colegios, asambleas profesionales y gobiernos de los que todos dependían del Zar, mientras que los independientes como el Golos (la voz) era el órgano de los amigos íntimos del mandatario y el Journal de St. Petersburgo lo era de los amigos íntimos del canciller, así como muchos otros que dependían de los oligarcas. Por lo que los comunistas, solo cambiaron el contenido de los periódicos, pero nunca las formas y métodos en la que la sociedad rusa se había formado durante siglos.

---

[221] Across Russia: From the Baltic to the Danube. Charles Augustus Stoddard. C. Scribner's sons, 1891. Pág. 85
[222] Russia and Her Czars: Elizabeth Jane Brabazon. R. Theobald, 1855. Pág. 352

Eso no significa que los capitalistas o liberales desinformen menos, no se trata de eso. Sabemos que es más fácil aislar a una población que solo habla mandarín y están severamente limitadas la enseñanza y difusión de idiomas, de tal manera que entendemos como las aplicaciones de traducción están prohibidas en China[223]. Se puede aislar a una enorme población multilingüe como en Rusia, como se puede aislar a una isla como Cuba donde se limita la libertad de expresión, la comunicación, la asociación y a partir de allí monopolizar los medios de comunicación y su contenido para difundir la misma idea una y otra vez. Pero ¿Dónde está el truco para aislar la información en una sociedad libre? En el capitalismo se aísla la información, inundándola con más información hasta hacerla irrelevante.

Y a partir de allí, se trabaja en el sector que quedó aislado.

*No* hay nada nuevo bajo el sol: *Divide et impera* decían los romanos y eso funciona perfectamente en la información y es algo que todo buen político aprende. De hecho, como son tantos, la tendencia es a desinformar en tal cantidad como existan intereses. El problema es que los liberales, en eso de la desinformación, son más burdos y se les nota más las costuras, que a los comunistas y las tiranías que lo tienen siempre un poco más fácil por no tener competencia y libertad de expresión. Y a eso debe sumarle que si Usted conoce como los capitalistas desinforman, es gracias a los simpatizantes del comunismo que han escrito centenares de libros sobre como los medios imperialistas y capitalistas le ocultan a Usted la verdad. Eso evidentemente siendo tan objetivos como lo puede ser Ted Turner o una editorial de la ABC, NBC o CNN. Porque al final del día, todos quieren vender su información.

Así que si Usted abre un libro sobre cómo los medios de comunicación lo están desinformando, lo más seguro es que también lo estén desinformando porque la idea de demonizar a los medios capitalistas, sin incluir a sus contrapartes socialistas[224], lo que busca evidentemente es apelar a los fundamentos básicos de

---

[223] https://www.washingtonpost.com/news/worldviews/wp/2017/03/29/new-google-translate-app-now-available-in-china-as-company-tries-to-edge-back-in/

[224] Una parte importante de los libros sobre Desinformación en los medios de comunicación, han sido paradójicamente escritos por simpatizantes del comunismo o comunistas confesos en los países no comunistas, para demonizar a los medios de comunicación liberal.

la retórica de desinformación (estereotipo, apelación al miedo a ser engañado y manejado, imprecisiones intencionales etc.) buscando apelar a su conciencia y evidentemente sembrarle la paranoia con simplificaciones exageradas. No dejarán de sugerirle su acercamiento a los nuevos medios "libres" que son los que le informan "verazmente" y que no son otros que los mismos de siempre y que antes llamaban a apoyar a las FARC en Colombia, a Sendero Luminoso en Perú o a Gadafi en Libia.

Los soviéticos llegaron incluso más lejos en sus programas de información, que lograron cambiar estructuralmente la historia de muchos países hasta el punto de que hoy, aún se discuten entre las facciones de naciones enteras, productos que fueron creados en laboratorios de información de forma magistral, hace setenta años. Y cuando hablo de cambiar la historia no lo uso como un eufemismo para decir "cambiar el rumbo", cuando digo que cambiaron la historia, es porque impusieron el estudio de la historia de algunos países. Por eso si hago esta explicación que pudiera rayar en la adulación[225] (una de los cientos de formas de desinformar), no me queda más remedio que emplearla para reconocerles a los soviéticos una estrategia – de la cual hablaremos en este libro- cercana a la perfección, pues lograron demoler la democracia, la libertad de expresión y la política liberal en muchos países, sin disparar una sola bala.

Así que no importa en qué lado se encuentre. Si Usted es liberal será desinformado evidentemente por los intereses liberales, si Usted es comunista pues será igualmente desinformado por esos intereses y sospeche Usted siempre cuando alguien arengue sobre la "veracidad, la libertad de información etc." porque esa es quizás la mejor estrategia de desinformación que existe.

---

[225] En este caso la intención no es adular a los comunistas para buscar la simpatía del lector de izquierdas o demonizarlos para hacer lo propio con el de derechas. Se trata de una aseveración de origen técnico, por cuanto la mayoría de las estrategias de desinformación que reposan en los manuales soviéticos, fueron concebidos con un pensamiento cercano a la filosofía. Y hasta el día de hoy, nadie les discute su actuación desde el punto de vista técnico.

## De la información engañosa

En el mundo moderno y sobre todo el de la comunicación, el recién contratado Ciber-James llegará a todos los extremos para acabar con la reputación de su rival como si se tratase de un competidor por el afecto de la chica o el chico que le gustó en el colegio. Y como en aquella época hará lo que sea para que su posición sea la ganadora utilizando principalmente la herramienta de la desinformación. Pero no piense que es producto de la crueldad capitalista, o la malicia comunista, pues se trata exactamente de lo que la mayoría de sus colegas hará para obtener una promoción, lo harán con sus clientes a la hora de negociar un contrato, a la hora de vender un producto, en el mercadeo de su imagen corporativa y entonces la desinformación será tan parte de su vida que llegará el momento en que Usted no logre separar la información, de la información engañosa.

Allí es que usted, habrá sido aislado.

Y créame porque estamos rodeados de está por todos lados, solo que no son solo los rusos o los chinos quienes la emiten. O es que acaso usted no sabe que estuvo demostrado que fumarse una cajetilla de cigarrillos al día era "beneficioso para su salud" ya que 20.679 doctores decían que el cigarrillo Lucky era menos irritante, aunque la mayoría de los doctores usaran Camel y los dentistas recomendaban mejor Vicerroy. Y no deja de ser interesante que, para las madres embarazadas, el mejor fuera Philip Morris, aunque los bebés felices recomendaban a su madre Marlboro. En fin, ¿cómo no va a ser bueno si lo recomienda el mismísimo Santa Claus?[226]

Y esto, aunque puede ser polémico por tratarse de publicidad, nos puede ilustrar perfectamente en la diferencia entre misinformación o información engañosa y desinformación. Todos sabemos que la publicidad puede ser engañosa como el caso de Kellogg que, a partir de estudios clínicos de uno de sus cereales, trataban de convencer a las madres de que podía aumentar la inmunidad de sus niños y mejorar en un 20% su atención. Al ser demandada, los científicos demostraron que solo la mitad de los

---

[226] https://www.nytimes.com/2008/10/07/business/media/07adco.html

niños mejoraba su atención y solo uno, entre nueve, lo hacía como explicaba la corporación[227].

De allí que fuera cierto que estudios privados demostrarán algún beneficio en los niños, pero era engañosa porque no tenía los beneficios generales que reclamaba el fabricante por lo que sería información engañosa o misinformación.

En el caso de las tabacaleras nos encontramos con un primer período de información falsa. Por supuesto que les preguntaron a todos los médicos fumadores cuál era su cigarrillo favorito y eso llevaba a los consumidores a pensar, por asociación, que el cigarrillo estaba aprobado por el sistema de salud. Pero nunca le preguntaron a los que habían hecho estudios científicos alegando que el cigarrillo era nocivo para la salud desde al menos 1896[228].

Pero la segunda etapa vino después, que era de desinformación y fue verdaderamente sorprendente cuando los fabricantes de cigarrillos cuestionaron la evidencia científica a partir de 1939 cuando se detalló la epidemia de cáncer y la hicieron pasar como una: "conspiración orquestada para salvar las ventas de cigarrillos. La propaganda entre el público resultó exitosa, a juzgar por las medidas secretas de la industria tabacalera sobre el impacto de la propaganda negacionista"[229]. Cuando finalmente el Cirujano General de los Estados Unidos hizo la advertencia que todos conocemos hoy, la campaña arreció encargando y publicando estudios clínicos distintos, así como ocultando aquellos internos que habían obtenido los mismos resultados.

La campaña de desinformación fue tal, que los estados tuvieron que usar un recurso muy ruso o chino. Prohibir en su totalidad la publicidad del producto en las redes masivas de comunicación y progresivamente en los programas de televisión y el cine porque fue tan efectiva la guerra de desinformación, que la mayoría seguía creyendo que no era nociva.

---

227 https://thechart.blogs.cnn.com/2010/06/04/kellogg-settles-rice-krispies-false-ad-case/
228 The Lancet, Volumen 16 Minnesota State Medical Association. 1896
229 The history of the discovery of the cigarette-lung cancer link: evidentiary traditions, corporate denial, global toll. Robert N. Proctor National Center for Biotechnology Information

La credulidad, quiérase o no. Es una de las mayores características de los seres humanos y es precisamente en ese software en el que hay muchas puertas traseras abiertas para hackear al ser humano.

Por eso la joven Ciber-Jane hará lo imposible para convencer a sus aliados y enemigos de que es el mejor en lo que hace. No importa si Usted es Fidel Castro o Donald Trump, el primero murió diciendo que su revolución fue perfecta y que lo único que impidió convertirse en una potencia extraordinaria fue el bloqueo, evidentemente usando las características importadas del modelo ruso, aislamiento y propaganda, ocultándole todas las estadísticas reales a quien quisiera formarse una opinión propia.

Por lo tanto, no difiere en lo absoluto de la gigante campaña de desinformación sobre las trampas electorales que decía haber sufrido Donald Trump ocultando y falseando datos hasta que se declararon en quiebra. El coronel Gadafi intentó también convencer de que su "Revolución Verde" era el camino a la libertad y bienestar de su pueblo, ocultándole claro está, que sus fondos congelados representaban, en la revista Forbes los del segundo hombre más rico del mundo de su época, ocultándole a su pueblo la información de la misma manera que lo hicieron los altos ejecutivos de Enron[230] o de Lehman Brothers[231].

Donald Trump en Washington usará la misma fórmula que Hugo Chávez en Caracas. El asilamiento puede ser tan simple como la premisa de: si usted está conmigo no lea el Washington Post o vea CNN o el Nacional y Radio Caracas televisión en el caso del venezolano. Y allí está circunscrita precisamente la lucha contra la prensa libre. En la medida en que se logre deslegitimarla y atacar su integridad, se logrará mayor control de la desinformación. De allí que apenas un puñado de países como Noruega, Dinamarca o Suecia tengan libertad plena de acuerdo a reporteros sin fronteras y que países como España en el puesto 32

---

[230] Enron llego a ser la 5 compañía de Estados Unidos con una facturación de 138 mil millones de dólares y la quiebra más aparatosa de una corporación que hizo todas las trampas contables conocidas.
[231] Lehman Brothers fue la primera señal de lo mal que estaban las cosas gracias a la desinformación y los trucos contables esta vez en el sector financiero. La carrera meteórica (igual que la de Enron) en el mundo corporativo financiero era una señal de que sus métodos evidentemente no eran demasiado ortodoxos.

y Estados Unidos en el 42, se encuentren entre los mayormente libres, pero con problemas.

Atacar la integridad de los medios, aislando a los seguidores gracias a su credulidad fue básico para entrar en las puertas traseras y hackear la mente crédula de millones y emplear entonces la desinformación y en el caso de los norteamericanos, expertos en estadísticas, encontraron que Trump usó esas puertas traseras para colocar 30.573 ideas falsas o engañosas[232]

La desinformación no es otra cosa que información falsa o engañosa que busca manipular las creencias, emociones y opiniones de todos y los presidentes la usan. A fin de cuentas, Roosevelt dijo a sus votantes en campaña que: "he dicho esto antes, pero lo diré una y otra y otra vez; sus muchachos no van a ser enviados a ninguna guerra extranjera"[233] y al año siguiente comenzó a enviar dieciséis millones de muchachos a la guerra.

Y si este conflicto comenzó con desinformación, terminó también con más, cuando el presidente Truman explicó al mundo en la radio que: "El mundo notará que la primera bomba atómica fue lanzada sobre Hiroshima, una base militar. Eso fue porque deseábamos en el primer ataque evitar, en la medida de lo posible, la matanza de civiles"[234].

El famoso Pointer Institute encargado de encontrar la verdad en las informaciones que emanan de los políticos estadounidenses, encontró por ejemplo que Trump es el que más manipula medias verdades, mentiras y embustes descomunales con más de un 80% de sus comunicaciones relevantes[235], pero Joe Biden no se encontró tan atrás con casi dos tercios de sus informaciones[236] y el promedio de los cuatro presidentes anteriores era de 55%, es decir, más de la mitad de su información fueron medias verdades, mayormente falsas, falsas o embustes descomunales.

---

[232] https://www.washingtonpost.com/politics/2021/01/24/trumps-false-or-misleading-claims-total-30573-over-four-years/

[233] https://www.archives.gov/education/lessons/fdr-churchill

[234] Radio broadcast by Truman on 9 August 1945, referring to the atomic bombing of Japan en https://www.nationalarchives.gov.uk/education/leaders-and-controversies/transcript/g5cs2s1t.htm

[235] https://www.politifact.com/personalities/donald-trump/

[236] https://www.politifact.com/personalities/joe-biden/

Y en la medida en la que se habla de los extranjeros la verdad se va perdiendo aún más, pues todos vimos que Vladimir Putin dijo hasta el cansancio que no pensaba invadir Ucrania y después implementó la mayor escalada de violencia de una nación contra otra en Europa desde la Segunda Guerra Mundial, explicando que lo hacía para acabar con el régimen Nazi, un gobierno repleto de drogadictos y para proteger a los rusos étnicos del genocidio y la hambruna que estaban enfrentando.

Lo hacen los presidentes, los ministros, los empresarios y países enteros como lo hiciera Grecia para poder cumplir con los estándares para ser incluida en la Unión Europea en el 2001 con productos derivados[237] o lo mismo que hiciera el presidente de Fannie Mae escondiendo las pérdidas bajo la alfombra para lograr sus objetivos[238]. La desinformación es tarea cotidiana de quien quiera hacer prevalecer sus intereses sin importar donde se encuentren estos, muy probablemente los medios que apostaban por el revolucionario Teodoro Obiang en Guinea, convencieron a sus seguidores del modelo anticapitalista y anti imperialista necesario para que Guinea pudiera evolucionar. Y llega a ser tan interesante el fenómeno del aislamiento y la desinformación que termina sin importar que Obiang terminó tratando de comprarle a su hijo un yate de 380 millones de dólares[239] y el antiimperialismo solo fue una retórica de desinformación que terminó en una mansión en Malibu, ferraris en París y cuentas gigantes en bancos norteamericanos.

Pero no solo el dictador Obiang desinformó, ya que el banco que manejaba y lavaba los fondos del revolucionario también lo haría a las autoridades norteamericanas[240] porque también los capitalistas que les manejan sus fortunas lo hacen. Por lo tanto, la

---

[237] Der Spiegel 02/08/2010 How Goldman Sachs Helped Greece to Mask its True Debt

[238] BBC de Londres 22/12/2004 Senior Fannie Mae bosses resign

[239] The Daily Mail UK 01/03/2011 Forget health and education... son of African despot splashes out £233m on a yacht

[240] La investigación del Congreso dio como resultado la investigación a cuatro bancos y otras compañías y demostró el destino de 118 millones de dólares manejados privadamente por Obiang y su familia para comprar todo tipo de lujos como un avión Gulfttream por 38 millones de dólares u una mansión en California (Malibu) por otros 30, sus resultados se pueden ver en la investigación del Senado Norteamericano del 04/02/2010 llamada Keeping foreign corruption out of the United States: four case histories en la pagina del Comité permanente de Investigaciones

próxima vez que usted abra un libro sobre desinformación primero ojee el índice y si observa que es solo tendencioso contra los medios de comunicación liberales, sospeche Usted de que el libro tiene un objetivo. Si no tiene las estrategias de las diversas tendencias, es simplemente un libro para desinformarlo.

También debemos entender que los medios de comunicación están llenos de gente como nosotros, y que a su vez somos expertos en inteligencia, solo en Estados Unidos la prensa y las publicaciones periódicas emplean a casi 500 mil personas[241], de los cuales unos 80 mil serán periodistas[242] distribuidos en 1.456 periódicos, miles de estaciones de radio y donde un libro se publica cada 30 segundos. Los expertos en desinformación que adversan usualmente a la prensa libre[243] pretenden establecer que unos pocos nos ocultan la realidad de lo que está pasando, cuando el fenómeno de la desinformación es verdaderamente masivo. No se trata por ende de una conspiración mediática formada en un laboratorio en algún pent-house en Manhattan o en un sótano del Kremlin para tratar de conquistar al mundo o salvarlo de los perniciosos comunistas, o de Fox contra CNN, sino más bien un fenómeno masivo donde usted recibirá una enorme cantidad de estímulos por día, con una carga de desinformación que usualmente equivale a una mayoría de la información que recibimos.

¿Ya se dio cuenta de la magnitud del problema? Si usted necesita la mejor información posible para tomar las mejores decisiones de supervivencia. Solo podrá tomarlas aquella minoría que sea capaz de discriminar lo correcto de lo incorrecto, mientras la inmensa mayoría será guiada hacia un destino, por una información que en realidad es falsa.

El problema radica en que la información tendenciosa es mucho más rica en matices, es decir tiene distintas capas, que como una foto que esconde un virus, es consumida de buena gana, pero como el

---

[241] Departamento del Trabajo de Estados Unidos, Buró de Estadísticas Laborales BLS.gov

[242] Departamento del Trabajo de Estados Unidos, Buró de Estadísticas Laborales BLS.gov Número de Periodistas 2010

[243] Es necesario explicar en aras de ser justos que hay enormes especialistas en el campo de la psicología, la sociología, el mercadeo y el derecho que han establecido estudios muy serios sobre la desinformación, sobre los intereses de la información, los límites legales de la información y hasta de mercadeo engañoso que siempre tienden a la imparcialidad y a demostrar lo que hemos venido diciendo de que el fenómeno es masivo. Sin embargo, no tienen tanto éxito de ventas, paradójicamente como sus pares parcializados.

malware, entra en nuestra puerta trasera y se aloja manipulando parte de nuestro software mental, mientras que muchas veces la verdad es insípida o incomprensible por lo que es enviada de inmediato al basurero o al buzón de e-mail no deseado.

Siendo honestos, que Roosevelt dijera al comienzo de la Segunda Guerra: "en los próximos meses voy a enviar millones de vuestros hijos a luchar" o que Truman dijera en la radio: "hemos lanzado la bomba atómica sobre 140.000 civiles, en su mayoría mujeres y niños y los hemos pulverizado, porque sus esposos están combatiendo en las islas contra los muchachos que no pensaba enviar Roosevelt" luciría incomprensible.

## Y de la reingeniería de su opinión

Pero la desinformación tiene una razón de existir, demoler los fundamentos en los que se basa su opinión y transformarla para que sean orientadas a un objetivo. Cuando hablamos de decepción y engaño en inteligencia, lo primero que nos viene a la mente son las operaciones de inteligencia militar donde los ingleses crearon un batallón de tanques de tela y madera para engañar a los alemanes, o como Saddam Hussein lo hiciera cincuenta años más tarde con falsas plataformas de misiles Scud hechas de madera[244]. Pero la realidad de la vida cotidiana supera por mucho, la realidad de las operaciones de Guerra.

Y hemos llegado quizás al punto más álgido en el uso recurrente de la desinformación. Cuando hablamos de decepción y engaño podemos encontrar infinitos registros históricos de cuán importante es ganar y para ello, inevitablemente debemos recurrir a esas tácticas. A diferencia de la vida real, donde la religión y la ética intentan llevarnos por el buen camino, la guerra permite eliminar toda postura moralista a la hora de explicarnos a través de Sun Tzu que "El Arte de la Guerra se basa en el engaño[245]" y

---

[244] Estos casos y cientos más los podrán encontrar en el libro Un Genio de la decepción, como Cunning ayudo a Gran Bretaña a ganar dos guerras mundiales de Nicholas Rankin Oxford University press 2009

[245] El general Tzu, hace una muy breve explicación sobre la Guerra en un Capítulo de menos de mil caracteres, donde nos introduce sin rodeos a los 5 factores de la guerra (doctrina, tiempo, terreno,

que "El principal engaño que se valora en las operaciones militares no se dirige solo al enemigo, sino que empieza por las propias tropas, para hacer que le sigan sin saber adónde van"[246]. Así pues, la estrategia es sencilla engañe a su enemigo y engañe a los suyos, porque de lo contrario no ganará y debemos volver al hecho de que la verdad, en buena parte de los casos, es incomprensible.

El asunto es que somos homosapiens y a diferencia del resto de los animalitos, nuestra vida no es solo una lucha contra los elementos y los depredadores, sino una guerra diaria por sobrevivir en ambientes complejos. Es pues nuestra naturaleza a la que Thomas Hobbes hace referencia en su Leviatán, cuando nos explica muy bien cómo vive el hombre en guerra permanente consigo mismo y los demás. Y establece claramente que el principal factor de discordia es la competencia, que a su vez es la causa que impulsa a los hombres a atacarse en una guerra de todos contra todos[247]. Nos explica también que en esa guerra "la fuerza y el fraude, son dos virtudes cardinales". Pero lo bueno de eso es que Hobbes no nos está explicando como pelear y ganar guerras, lo que nos está tratando de explicar es nuestra propia "Condición Natural del Género Humano" y además con precisión "en lo que concierne a su felicidad y a su miseria".

Solo así comprenderemos el dilema milenario entre los orcos y los Hobbits o entre los ogros expulsados a tierras oscuras y las gentes que viven en las aldeas o entre aquellos que pueden vivir en un ambiente de toma de decisiones y otros que prefieren la simplicidad de vivir en una tiranía que les evite tomar decisiones complejas. Leviatán fue escrito más de un siglo antes de la Revolución Francesa, mucho antes de que se crearan la izquierda o la derecha y doscientos antes de que se escribiera el Manifiesto Comunista.

Por lo tanto, el conflicto es y será siempre el mismo. La Guerra Social permanente que se esboza en las mitologías, es la misma que da pie a todas las tiranías simplificadoras y las gentes que pueden vivir en la tierra media, siempre estarán en decadencia y con la amenaza de

---

mando y disciplina) para sin tapujos explicar que El Arte de la Guerra se basa en el engaño y el supremo artista de la guerra es el que somete a su enemigo sin luchar.

[246] Sun Tzu, el Arte de la Guerra, Capítulo XI (Sobre las nueve clases de terreno)

[247] Thomas Hobbes LEVIATAN CAPÍTULO xiii de la "condición natural" del género humano, en lo que concierne a su felicidad y a su miseria

quienes quieren arrasar con estos, movilizando ejércitos de quienes no pueden sobrevivir en la tierra media.

Pero de nuevo estamos adelantándonos. Es así como la condición natural del joven Ciber-James, tomando a Hobbes, no es otra que la competencia, que lo impulsará como condición humana natural a competir con los demás y usará por ende la fuerza y la astucia para ello. La decepción y el engaño serán parte de su vida cotidiana y será educado para ello desde su más tierna infancia. Lo aprenderá de la misma manera que la palabra espía, y estará presente en casi todos los libros que leerá mientras dure su proceso educativo, pero, sobre todo, lo aprenderá por ensayo y error, por uso y costumbre.

Como explica el profesor de Psicología Harry C Triandis en el estupendo libro "Engañándonos a nosotros mismos[248]" el mundo está repleto de brujos, astrólogos, médiums, profetas de todas clases, sanadores y cirujanos del alma así como psíquicos de todo tipo y a eso hay que añadir a quienes quieren también nuestro dinero por internet, ya que en el año 2010 fueron engañados, a través de las redes y denunciado al FBI 303.809 estadounidenses[249], pero once años más tarde, con toda la información sobre prevención 847.376 estadounidenses llenaron su denuncia al FBI[250]. Y no solo han más que duplicado el número de víctimas, sino que les estafan más dinero per cápita, pasando de los 4.642 dólares, a 8.142.

De acuerdo al Instituto Nacional de Tecnologías de la Comunicación[251], uno de cada 20 usuarios de Internet[252] españoles ya había sido engañado para el 2010 y el 52% de sus computadoras tenía un programa espía instalado en sus computadores que buscaría engañarlos de alguna manera. Por esa razón España, se encuentra hoy "a la cabeza mundial en engaños, estafas y fraudes

---

[248] Fooling Ourselves: Self-deception in politics, religión and terrorismo, 2009, harry C Triandis Praeger Publishers

[249] Gobierno de Estados Unidos, centro de Reclamos sobre crímenes en Internet, Reporte 2010, lo podran encontrar en la pagina http://www.ic3.gov/media/annualreport/2010_IC3Report.pdf

[250] https://www.ic3.gov/Media/PDF/AnnualReport/2021_IC3Report.pdf

[251] Diario el País 27/02/2010 Más de 900.000 internautas han sufrido un fraude en Internet

[252] Diario ABC 17/05/2010 Esta es la radiografía de internet en España

online, según el estudio de Índice de Civismo Online de Microsoft"[253] y todo esto sin importar el género, pues el 60% de las víctimas fueron mujeres[254]

Es interesante para los efectos de entender nuestra guerra diaria, que internet y las redes sociales no son otra cosa que el espejo en el que nos vemos como sociedad. Es un error decir que "mi país no es Twitter" porque queremos idealizarlo como hacemos con nuestra propia vida en Instagram donde usualmente ponemos, los mejores momentos que vivimos. Pero nuestro país no es nuestro entorno cercano, ni nuestros amigos íntimos, sino una fauna bastante más amplia que nuestra mesa de domingo en Instagram.

Pero las redes sociales son nuestro país y lo que pasa es que como se está detrás de una computadora o teléfono, muy alejados del otro, creemos que estamos a salvo de repercusiones para expresar todo lo que nos pasa por la cabeza y recuerde, nadie quiere saber la verdad. Pongamos un ejemplo. Si usted entra en un bar o una panadería y se encuentra con unos amigos y les expresa una opinión no del todo políticamente correcta, pocos le refutarán cortésmente y otros usarán la burla o el sarcasmo suave para desmeritarla, otros serán condescendientes simplemente porque no quieren repercusiones negativas, otros estarán de acuerdo y otros se reservarán su opinión en contra. Pero ahora imaginemos que nos escucha otra persona que no está con vosotros y le dice en su cara: "usted me parece el ser más estúpido que he podido escuchar y su opinión es una basura".

Eso ocurre poco, porque en este caso todo su grupo como una manada atacaría como una jauría, es decir, en pocas ocasiones la gente se mete en conversaciones ajenas porque hay repercusiones que pueden ser físicas o legales, como tampoco ocurre, salvo en casos graves, que un desconocido aborde a una persona desconocida y le diga: "quiero verte sin ropa".

Por eso es bueno comprender que esta encuesta llevada a cabo por Microsoft todos los años, trata de reflejar cuan civilistas somos en las redes y es increíble observar que cerca del 20% en promedio de los

---

253 https://news.microsoft.com/es-es/2021/02/09/espana-a-la-cabeza-mundial-en-enganos-estafas-y-fraudes-online-segun-el-estudio-de-indice-de-civismo-online-de-microsoft/
254 https://news.microsoft.com/es-es/2022/02/08/las-mujeres-experimentaron-casi-el-60-de-todos-los-riesgos-online-que-se-reportaron-en-2021-segun-el-indice-de-civismo-online-de-microsoft/

usuarios adolescentes sufren la violencia a través del trolling, el acoso y el ciberbullying. Otro 20% sostiene que ha sido víctima del lenguaje de odio y cerca de un 40% ha sido víctima de algún tipo de avance sexual indeseado.

En los adultos cerca de un 30% ha sido atacado sexualmente, un 20% ha sufrido opiniones de odio otra parte importante ha sufrido acoso, daño reputacional directo o en su compañía y más del 40% lo han engañado o estafado alguna vez[255]. Y este es el problema de las ciberidentidades, si en los Estados Unidos hay millones de padres maltratadores o negligentes ¿Cómo se salva usted de su opinión en las redes? ¿Si maltrata a sus hijos como no lo va a maltratar a usted? Es allí donde podemos comenzar a estudiar la pandemia de decepción y engaño masivo a través de cuan civiles somos en las redes, pues si el centro Nacional para las Víctimas del Crimen ha estudiado que "a lo largo de su vida, el 28% de los jóvenes estadounidenses de 14 a 17 años han sido victimizados sexualmente"[256] ¿Cómo puede proteger a sus hijos de las decenas de millones de victimarios que se esconden tras una ciberidentidad y exhiben una ciberpersonalidad distinta?

Por lo tanto, la conducta y las estadísticas de internet no hace más que reflejar la vida real y la interacción entre millones de personas desconocidas que se pueden esconder a través de una nueva identidad y usaran el engaño y la decepción para salirse con la suya. Pero ¿Quiénes se ocultan también detrás de ciberpersonalidades? es cierto que una buena porción somos gente normal como usted y yo, pero también la usan los cientos de miles de racistas, supremacistas, machistas, ofensores religiosos y a los 760 mil agresores sexuales registrados que se encuentran tan cerca de usted, como al alcance de un clic de su ratón.

Por eso es que Twitter, al ser una red abierta a todos, es tan compleja como su país y dar su opinión, puede ser tan perjudicial para su salud, como fumarse una cajetilla de cigarrillos. Usted debe comprender, que el promedio de seguidores por usuario en Twitter es de más de setecientos y que si su opinión es retransmitida por un diez por ciento de sus seguidores, podría

---

[255] https://www.microsoft.com/en-us/online-safety/digital-civility
[256] https://victimsofcrime.org/about/

tener el alcance en personas como para llenar casi el Yankee Stadium. De esta manera si usted da su opinión desde su punto de vista, sobre que hay que ser duro con los delincuentes, debe saber que en los Estados Unidos más de 70 millones de personas tienen un antecedente policial en el FBI[257] y se calcula que un tercio de los norteamericanos habrá sido arrestado antes de cumplir los 23 años[258]. Se lo que estará pensando, la mayoría podría ser por conducir ebrio y es en parte correcto, pero estudios demuestran que cerca de veinte millones de estadounidenses fueron condenados en los tribunales por distintos delitos y al menos nueve millones pasaron tiempo en la prisión[259].

De allí a que si usted da su opinión sobre lo duro que deben ser con estos, enfrentará la opinión descarnada y no en pocas oportunidades de aquellos afectados por un familiar encarcelado. Si usted da su opinión sobre matrimonio o fidelidad, debe conocer que cerca de la mitad de quien le escucha está divorciado y que casi el 60% sufrió o cometió infidelidad[260].

A estos hay que sumar entre nuestros posibles seguidores de Twitter, a los perpetradores de otros 250 mil casos de reportes por fraudes a través de engaños entre las personas y decenas de miles de reportes por engaños por publicidad falsa que son llenados año tras año porque en nuestras guerras de inteligencia, muchos tratan de engañarnos todos los días.

Al mapa del engaño se debe sumar el coste de los seguros, pues todos los asegurados tenemos que pagar un 5% más, porque otros asegurados deciden engañar a las empresas de seguros[261], en gran Bretaña el problema es de tal magnitud que 10% de conductores al año están dispuestos a fingir una colisión en su coche[262] para sacar

---

[257] https://www.wsj.com/articles/as-arrest-records-rise-americans-find-consequences-can-last-a-lifetime-1408415402

[258] https://publications.aap.org/pediatrics/article-abstract/129/1/21/31558/Cumulative-Prevalence-of-Arrest-From-Ages-8-to-23?redirectedFrom=fulltext

[259] The Growth, Scope, and Spatial Distribution of People With Felony Records in the United States, 1948–2010. Sarah K. S. Shannon, Christopher Uggen, Jason Schnittker, Melissa Thompson, Sara Wakefield & Michael Massoglia. https://doi.org/10.1007/s13524-017-0611-1

[260] Scott SB, Rhoades GK, Stanley SM, Allen ES, Markman HJ. Reasons for Divorce and Recollections of Premarital Intervention: Implications for Improving Relationship Education. Couple Family Psychol. 2013;2(2):131-145. doi:10.1037/a0032025

[261] Insurance Fraud Bureau. "Fighting Organized Insurance Fraud." p. 2.

[262] https://insurancefraudbureau.org/media/1036/ifb_crash_for_cash_report_online.pdf

dividendos de las aseguradoras en lo que es conocido como "Cash for Crash".

Si eso es un problema debemos entender que los engaños nos cuestan el 3% de nuestros propios gastos médicos en el sistema de salud.[263], por no hablar del propio engaño al Estado cuando optamos por evadir impuestos, hasta que el presidente, del que decimos muchas veces que nos engaña, reclama a viva voz que por cada euro que se invierte en desarrollo cuatro vuelan ilícitamente a paraísos fiscales[264]. También engañamos con el trabajo donde las cifras son realmente impactantes en materia de empleo negro y los trabajadores formales a su vez engañan a sus patronos constantemente. Y siempre recuerde, todos ellos, así como los millones de ex presidiarios nos dan continuamente su opinión, para hacer de este, un mejor planeta.

De esta manera la inteligencia de los estados y sus corporaciones, buscan influir en la opinión de todos y transformar incluso las sociedades, primero aislando cada sector, luego dividiéndola y a partir de una reingeniería de su pensamiento, tomar el control de sectores hasta transformarlos.


## Que atenta contra nuestros intereses

Pero seamos claros, usted no se pregunta nada sobre sus seguidores de Twitter, ni sobre la cadena de seguidores de quienes lo siguen o cuantos son ofensores sexuales, padres negligentes, ex presidiarios, homicidas, racistas, evasores de impuestos, estafadores de seguros o medicinas y mucho menos comprende por qué de pronto un enorme colectivo lo está ofendiendo por haber dado su opinión sobre algún hecho que sería irrelevante en un entorno sensato.

Y aquí conviene entender algo tan importante como lo anterior, su opinión libre en su casa afecta a su familia, en su entorno a los amigos, pero en las redes puede atentar contra los

---

[263] Estimado del National Health Care Anti-Fraud Association. "The Problem of Health Care Fraud." National Health Care Anti-Fraud Association. 01/122007

[264] Informativo Telecinco 12/11/2010, El presidente exige al G20 ir "más allá" en la lucha contra la evasión fiscal

intereses de millones. Upton Sinclair ganador del premio Pulitzer[265], entre sus muchas obras escribió una frase magistral que posteriormente sufriría varios cambios: "Es difícil hacer que alguien entienda algo, cuando su salario depende de no entenderlo". Esa frase sería utilizada después por diversos autores para explicar desde la psicología social de las organizaciones hasta la psicología infantil pues es difícil hacer que un niño entienda algo, cuando su alegría depende de no entenderlo. Esa frase que por supuesto todo padre ha vivido a la hora de tratar de convencer a su hijo de salir de un parque o en un momento de alegría es vital para sobrevivir en un entorno hostil como las redes sociales. En fin, que es muy difícil convencer a alguien cuando sus intereses dependen de que no lo entienda.

Es aquí donde surge el problema que en realidad no es político o de izquierdas y derechas, sino de intereses individuales reales. Si alguien tiene un empleo político, pero le permite tener influencia y poder por pequeña que sea, en la mayoría de los casos no valorará su información por buena y sensata que esta sea porque simplemente atentará contra sus intereses.

Y estos intereses no necesariamente son políticos o de poder, sino también corporativos e incluso sociales y personales, porque ese concepto de Sinclair también puede tener la variante de que nadie puede convencer a una víctima de que su victimario es bueno. Si usted por ejemplo expresa una opinión tan simple como felicitar a todas las madres o padres en su día, se encontrará en las redes tanto a quienes le acepten la opinión porque tuvieron buenos padres como con los afectados por padres negligentes o abusadores. Pero también sirve en la dirección opuesta, si da una opinión sobre el derecho de la mujer, puede ser acusada de feminazi por los millones de machistas y maltratadores.

Para ello, en la medida en que logramos sobrevivir a las turbas de intereses empezamos a usar una herramienta que hemos venido perfeccionando en nuestra vida cotidiana para convencer en esos momentos en los que los intereses nublan la consciencia: la

---

[265] Upton Sinclair (20/091878 – 25/11/1968) fue un escritor y activista político estadounidense, cuya obra Los dientes del dragón, obtuvo el Premio Pulitzer en 1943. Su obra "La jungla", fue un éxito de ventas de tal magnitud que inspiro una reforma legislativa para asegurar la calidad de los alimentos para el consumo humano.

manipulación. Y aquí la joven Ciber-Jane pronto aprenderá a intercalar todas las herramientas de la decepción, el engaño y la desinformación para intentar ser empática y surfear en las olas de opinión general o utilizar esos sentimientos de los demás para ganar adeptos a determinadas causas y ser más exitosa.

En otras palabras, refinará lo que aprendió desde su niñez y usó mucho en la escuela, pero ahora a nivel profesional, porque dejará de ser cruel, que es como apodamos a la verdad cuando es emitida por un niño que: "dice la verdad". Ya usted no dirá que otra persona está gorda, es fea, tiene una cicatriz en la cara o es tonta de capirote, sino que apelará al uso de las ideas mayoritariamente verdaderas, las medias verdades o las ideas falsas.

Pronto entenderemos que su uso es vital para sobrevivir y ser exitosos en los ambientes hostiles y altamente competitivos y por eso la manipulación está todos los días a nuestro alrededor y no solo los políticos y las corporaciones lo utilizan constantemente para sus fines.

Por eso cuando el joven Ciber-James llega a la corporación, a la asociación o a la política, realizará todo lo humanamente posible para lograr sus fines y entre las herramientas que utilizará se encontrarán las mismas que usaron Churchill y Hitler, Sun Tzu y Napoleón para ganar. En las guerras de inteligencia política, de inteligencia de Estado o de Inteligencia Corporativa, el engaño y la decepción, la desinformación y la manipulación no solo serán dos virtudes cardinales, sino herramientas indispensables para su éxito. Por ello si tratáramos por ende de construir el mapa del engaño nos daríamos cuenta que vivimos en una cultura de la manipulación.

Y aquí es donde está la respuesta a las preguntas que quizás viene haciéndose desde el capítulo anterior. ¿Qué tiene que ver todo esto con la inteligencia? ¿Una campaña de cigarrillos con el futuro? ¿Qué tienen que ver la empatía o los engaños del día a día o los problemas de mis seguidores de Twitter con la inteligencia corporativa? ¿Cómo eso puede ser importante para mi compañía o corporación en el metaverso?

No me voy a adelantar a las respuestas que están contenidas en el siguiente capítulo. Simplemente es necesario que conozcamos de qué van los aspectos básicos desde donde se nutre la inteligencia corporativa, de gobierno o individual -buena o mala-, que no es otra cosa que la ingeniería y la reingeniería social.

## Construyendo toda una nueva cultura

Excusa, subterfugio, trampa, artificio, burlar, treta, ardid o artimaña son palabras y acciones que utilizamos diariamente en nuestra vida cotidiana y las usamos específicamente para manipular a los demás. La realidad es que no nos gusta admitir que engañamos, pero el hecho es que es tan común que hemos creado toda una cultura alrededor de la manipulación.

En 1940 el 92% de los norteamericanos que estudiaban en la Universidad pensaban que la honestidad era siempre la mejor política. Para 1969 había descendido diez puntos, para 1979 el porcentaje de los que seguían pensándolo había descendido al 73% y en 1989 era menor al 60%. Al llegar el siglo XIX menos del 40% cree que la honestidad es el mejor camino para alcanzar el éxito[266]. De hecho, en 1940 tan solo el 20% de los estudiantes admitió haber engañado alguna vez en sus exámenes, mientras que para el año 2009 la cifra fue del 75%. Claro está que estamos hablando solo de los mejores alumnos que participaron en esa encuesta.

Podemos efectuar una media entre seis de las encuestas más difundidas sobre la ética de los estudiantes y tenemos una variación entre el 59% de alumnos que han engañado en sus exámenes durante los 12 meses anteriores[267] y el 70% (Bushweller,1999). El diario Times de Londres hizo por su parte un estudio donde demostró que la mayoría de los dos mil padres encuestados ayudaban regularmente a

---

[266] Tomado del libro Student Cheating and Plagiarism in the Internet Era de Kathleen Foss, Ann Lathro

[267] Tomado del Informe de Ética Juvenil del Instituto Josephson para la Ética en la Juventud. (Surveys were conducted in 2009 and 2010 with a national sample of public and private high schools. For the general questions (over 40,000 responses), the accuracy is well within +/- 0.005 or 0.5%; for breakdowns of 20,000 the accuracy is +/- 0.69%, and for 10,000 the accuracy is +/- 0.98%; and even when there are just 1,000 responses, the accuracy is +/- 3.1%. Almost all standard errors of differences are much less than 1% for even small samples).

sus hijos a "realizar sus tareas[268]" y en los Estados Unidos no solo es la mayoría, sino que un enorme grupo de padres con hijos exitosos contratan regularmente a tutores entre treinta y cincuenta dólares la hora para ayudar a sus hijos a realizar sus tareas diarias[269]. De la misma manera el diario Fígaro de Francia explica el mismo fenómeno donde el 70% de los estudiantes franceses recurrieron al engaño durante 2010 como el resto del planeta[270]

Y esas cifras son exactamente iguales para Canadá, donde el Consejo Educativo Canadiense explicaba que el 75% de sus estudiantes ha engañado en algunas de sus pruebas[271] y que la tendencia es al alza motivado principalmente a las herramientas tecnológicas. Pero diez años más tarde, de acuerdo a un estudio citado por la universidad de Stanford: "Hacer trampa ya no lleva el estigma que solía tener. Menos desaprobación social junto con una mayor competencia para la admisión en universidades y escuelas de posgrado ha hecho que los estudiantes estén más dispuestos a hacer lo que sea necesario para obtener la A" y establece que al menos el 86% de los alumnos de bachillerato habían admitido alguna trampa, pues ellos "están más centrados en sus grados, que en su educación"[272].

Y como explicamos anteriormente olvídese usted de las ideologías porque el problema en China es de tal magnitud que el propio gobierno ha tenido que tomar las riendas y encarcelar a grupos de padres y profesores por estar haciendo trampas con sus hijos y estudiantes en los exámenes, mediante el uso de la tecnología[273]. La pandemia de trampas fue de tal magnitud que obligó al gobierno a crear leyes para detener a los estudiantes y sus padres en caso de ser encontrados haciendo trampas, pero los padres terminaron peleando por su "derecho a hacer trampas"

---

[268] Cheating in School: What We Know and What We Can Do [Paperback] de Stephen F. Davis , Patrick F. Drinan, Tricia Bertram Gallant. Editorial Wiley-Blackwell (2009)

[269] NewYork Times 27/11/2010 Like a Monitor More Than a Tutor

[270] Diario Le Figaro 29/06/2010 70 % des élèves trichent pendant leur scolarité o en su version en Ingles de la misma fecha Study says 70% of French children cheat during their education, Par Michael Cosgrove (Membre Mon Figaro)

[271] Canadian University Press, 12/08/2010 Number of cheating students on the rise: study Internet, technology to blame; proper education the answer.

[272] https://web.stanford.edu/class/engr110/cheating.html

[273] The Guardian Londres 03/04/2009 China jails teachers and parents for hi-tech exam cheating Scanners and wireless earpieces were used in attempt to help pupils pass crucial tests

porque consideraban que era injusto que a las élites se les permitiera hacerlo[274].

De allí a que las escuelas tuvieran que contratar servicios de investigadores, detectores de metales y barredores de señales porque los jóvenes Ciber-James y Ciber-Jane chinos han usado todo tipo de estrategias de espionaje para poder engañar en sus exámenes. Es tan común, que de acuerdo a un estudio difundido en el NewYork Times, el 90% de los estudiantes extranjeros chinos presentaron en sus universidades: "recomendaciones falsas, el 70 por ciento hace que otras personas escriban sus ensayos personales, el 50 por ciento ha falsificado expedientes académicos de la escuela secundaria y el 10 por ciento enumera premios académicos y otros logros que no recibió"[275].

El propio Fidel Castro reflexionaría sobre el tema en al menos veinte discursos desde 1978 cuando ordenó desterrar el fraude escolar, una década más tarde explicaría que: "Aquí se hizo patente la contradicción entre el promocionismo y la calidad de la enseñanza (..) se hacía mucho énfasis en la promoción y no se hacía suficiente énfasis en la calidad (..) por buscar promoción, se hacían determinadas cosas no constructivas, se daban determinadas facilidades, se hacían repasos (..) pero eran muchas veces repasos que prácticamente indicaban al alumno cuáles iban a ser las preguntas del examen; se ayudaba al alumno en el examen (..) no por la vía de la calidad, sino por la vía del facilismo y, en ocasiones, incluso, por la vía del fraude"[276] y poco antes de su retiro explicó que: "El fraude escolar se multiplica y los conocimientos finales del estudiante apenas rebasan el treinta por ciento de los conocimientos establecidos por los textos, que se suponen esmeradamente elaborados"[277].

En Rusia, la encuesta de seguimiento de las características y trayectorias de los estudiantes, que se llevó a cabo en ocho universidades rusas en 2013 reflejaron que en promedio: "el 35 % de los trabajos escritos se descargan de Internet, con una tasa máxima

---

[274] https://qz.com/96793/chinese-students-and-their-parents-fight-for-the-right-to-cheat/

[275] https://www.nytimes.com/2011/11/06/education/edlife/the-china-conundrum.html

[276] Discurso pronunciado por el comandante en jefe Fidel Castro, el 5 de febrero de 1987

[277] Discurso pronunciado por el comandante en Jefe Fidel Castro Ruz, Primer Secretario del Comité Central del Partido Comunista de Cuba y Presidente de los Consejos de Estado y de Ministros, en la clausura del Congreso Pedagogía 2003, en el teatro "Carlos Marx", el 7 de febrero del 2003.

del 52 % en una universidad" mientras que "Los estudiantes parecen ser en gran medida tolerantes con las trampas y el plagio: solo el 12% de los encuestados está de acuerdo en que las trampas deben castigarse con calificaciones bajas, mientras que casi la mitad cree que una reprimenda severa es suficiente"[278].

Y esto ocurre exactamente igual en Japón o en las investigaciones llevadas por distintas universidades en su propio seno que demuestran un promedio de 68% que es más o menos la misma cantidad que en Gran Bretaña según una investigación llevada a cabo por la Universidad de Manchester[279] incluso al punto de que el Servicio de Admisiones para Universidades de Inglaterra (UCAS por sus siglas en Ingles) ha tenido que emplear métodos tecnológicos para descubrir los plagios y depurar cerca de 30.000 casos solo en el ingreso de Estudiantes en 2011[280].

Se trata pues de algo común, pues en las universidades canadienses la cifra oscila entre el 55% y el 70%, cifra similar a la de Australia o Indonesia, los Alemanes fueron los primeros en alertar esta conducta en sus estudiantes cuando a principios de la década de los 90 comenzaron su lucha contra el plagio y el engaño escolar, pero de la misma manera que los Ingleses y Norteamericanos admitieron que el engaño escolar parecía más bien una epidemia, 15 años más tarde las autoridades descubrieron que aun el 30% de los ensayos universitarios germanos contenían algún contenido plagiado[281] . El sistema de educación alemán considera tan serio hoy en día el problema del engaño escolar y el plagio, que es una de las pocas naciones del planeta que tiene decenas de sistemas de detección, software y mediciones bianuales para entender y combatir lo que consideran como "un problema social"[282], seguida por Gran Bretaña y para junio del 2010, cerca

---

[278] Plagiarism and Cheating in Russian Universities: The Role of the Learning Environment and Personal Characteristics of Students, National Research University Higher School of Economics en https://vo.hse.ru/en/2016--1/178825285.html

[279] The Telegraph 20/06/10 Half of university students willing to cheat, study finds

[280] Universities and Colleges Admissions Service (Ucas) citado en el articulo de The Telegraph del 18/02/2011 More students cheating on university applications

[281] Declaraciones del presidente de la Asociación Alemana de Universidades tomadas por el diario The Sunday Times 07/01/2003 Briefing: Plagiarism at universities

[282] Declaraciones de Debora Weber-Wulff de la Universidad de Ciencias Aplicadas de Berlin, sobre la evaluacion de 26 tipos de software utilizadas por las Universidades Alemanas para descubrir el engaño y los plagios, USA TODAY 08/01/2011

de 9.000 colegios de educación secundaria ya contaban con software anti plagio en los Estados Unidos[283] y hoy la cifra es increíblemente alta.

Tenemos entonces que entre las cinco mayores economías del planeta una media del 65% de los alumnos ha admitido haber engañado para pasar un examen o un grado y el 54% ha admitido el plagio como forma regular de tener buenas notas en sus ensayos y trabajos. Repito, que se trata de quienes se han atrevido a admitirlo en países como Alemania, Japón, Bélgica, Holanda, China o Francia, porque en la medida en que descendemos a naciones menos avanzadas o señaladas de tener más corrupción casi nadie admite hacer trampa.

También tenemos los estudios realizados por la UNESCO de países en vías de desarrollo que sostienen que el problema es prácticamente el mismo o mayor. Pero ¿Qué pasa en España e Iberoamérica? En España el Ministerio de Ciencia e Innovación (MCI) en el año 2009 financió un estudio sobre el Plagio escolar[284] y algunas conclusiones vale la pena destacarlas como, por ejemplo: "El fenómeno del plagio académico ha sido escasamente estudiado en los países iberoamericanos", "En el caso de España se cuenta con algunos artículos sin base empírica" y "también con algunos pocos trabajos descriptivos"[285].

Para el año 2022 aún los estudios son verdaderamente escasos y no ha tenido mayor relevancia pese a las acusaciones de plagio de algunas tesis doctorales, pero nos podemos dar una idea con el proyecto de Ley sobre plagio y engaño académico en el que el alumno que haga trampa será castigado con castigo administrativo y no se le retirará su grado si es descubierto[286]. De hecho, no es una falta muy grave si usted se roba los exámenes o si usted decide hackear a la

---

[283] Estudio citado por The Washington Monthly 24/06/2010 Plagiarization and Paranoia

[284] En el marco del proyecto I+D financiado por el Ministerio de Ciencia e Innovación (MCI), «El ciberplagio entre los estudiantes universitarios», con la referencia SEJ2006-10413, por los profesores de Pedagogia Jaume Sureda, Rubén Comas y Mercè More

[285] Tomado del estudio Las causas del plagio académico entre el alumnado universitario según el profesorado publicado en la Revista Iberoamericana de Educación. N50 (2009), pág. 199

[286] https://www.elmundo.es/espana/2021/05/25/60acc291e4d4d8bd078b45ae.html

universidad[287]. Menos mal que no estamos en China, donde hacerlo conduce a siete años de prisión o en Alemania donde se pierde el título si te atrapan.

Y de los mismos autores que admitieron que España desconoce profundamente el flagelo, tenemos el estudio más importante y quizás la mejor referencia que se tiene sobre la materia cuyos resultados salieron a la luz en el año 2008[288], exactamente 15 años más tarde que el primer estudio conocido mundialmente (McCabe y Trevino 1993). Pero como en España e Iberoamérica no somos muy propensos a admitir que hacemos trampas, ese estudio patrocinado por el Ministerio de Educación sostiene que el 90% de los alumnos declaran que sus compañeros son los que han hecho trampa o han sido deshonestos para pasar sus exámenes. Y que el 87% cree que sus compañeros usan "chuletas" para pasar sus exámenes[289].

Eso nos da una impresión del medio en el que se desenvuelve el estudiantado, ya que se trata de una pregunta de control. Por una parte, la mayoría de los estudiantes españoles dicen que jamás han engañado, pero a su vez responden que casi el 90% de los demás lo ha hecho, lo que nos da una idea real del problema. Y es que nuestra cultura tiende a desconfiar de las intenciones del estudio y por tanto se tiende al engaño. De acuerdo a este estudio por ejemplo el estudiante español es completamente distinto al resto del mundo, ya que casi 55% de ellos jamás han copiado y casi el 60% jamás ha usado una chuleta para pasar un examen[290], pero recuerde que sus compañeros, masivamente si lo han hecho.

Todo lo que no tiene que ver con admitir la falta se convierte entonces en una realidad muy parecida a la de los demás estudios mundiales ya que el 75% ha permitido que se copien del encuestado y consideran que casi el 90% de sus compañeros lo

---

[287] En efecto la nueva ley, Ley 3/2022, de 24 de febrero, de convivencia universitaria. Estipula tres tipos de faltas, muy graves, graves y leves, lo que supone que robarse los exámenes y hackear están en el nivel medio. No se pierde la condición de alumno, el título, la beca y en dos años habrá prescrito.

[288] El plagio y otras formas de deshonestidad académica entre el alumnado universitario (abril 2008) Por los profesores Jaume Sureda y Rubén Comas, departamento de Pedagogía Aplicada y Psicología de la Educación de la Universidad de las Islas Baleares

[289] El plagio y otras formas de deshonestidad académica entre el alumnado universitario (abril 2008) pp 7-8

[290] Ibídem.

permiten. De la misma manera se maneja la misma tendencia al plagio que impera en los demás países, admitiendo que el 62% de los compañeros ha recurrido al plagio[291]. Sin embargo, lo increíble es que al igual que lo que explican los estudiantes rusos, el 51% de los estudiantes consideran moralmente irrelevante o no contestaron sobre dejar que sus compañeros se copien de ellos.

No faltará el pelmazo que quiera desinformar explicando que la culpa la tiene el capitalismo salvaje y la intensa búsqueda del pérfido dinero. Porque era un problema igual para Fidel Castro que para la Unión Soviética ayer, como lo es para los chinos hoy, o para el ministro de educación de Vietnam. A fin de cuentas ¿Que pensarían hoy los ancianos de Hanoi? al ver a su ministro de Educación enviar a seis mil inspectores a las escuelas para combatir "la enfermedad" donde el 90% de los estudiantes admite utilizar el engaño y el 36% incluso admite el soborno a los profesores[292].

Tampoco deja de ser noticia que a un padre nepalí hiciera una manifestación con miembros del Partido Comunista, porque su hija fue expulsada por hacer trampa en un examen y la manifestación de los comunistas proclamaba el "derecho" de los estudiantes a engañar y hacer trampa en los exámenes cruciales[293]. Hacer trampa, debe ser un derecho en el comunismo, como también ocurrió en China donde un grupo de padres intentó apedrear a los inspectores que venían a evitar que sus hijos hicieran trampa o verdaderos motines públicos tratando y evitar leyes que impidan que sus hijos cometan fraudes.

El derecho a hacer trampas se ha manifestado también en la India[294]. Sin embargo, usted dirá, bueno nunca falta alguien en el los países menos desarrollados que salga a defender los derechos y los límites de libertad del estudiante, pero igual ha pasado en Alemania, en Estados Unidos o en Inglaterra con asociaciones que tratan de limitar el derecho a las escuelas de requisar celulares[295] o de utilizar

---

[291] El plagio y otras formas de deshonestidad académica entre el alumnado universitario (abril 2008) pag 12

[292] Declaraciones del Ministro de Educación Nguyen Thien Nhan de su programa para erradicar la trampa escolar tomado del Asia Sentinel 21/06/2007 Vietnam Gets Tough on School Cheats

[293] Deustche press- agentour 29/03/2011 Parents, teachers demand right for children to cheat in Nepal exams

[294] The students who feel they have the right to cheat. https://www.bbc.com/news/magazine-29950843

[295] BBC de Londres 26/03/2011 NASUWT teaching union attacks school phone powers

aparatos de Inteligencia Militar e Interferencia Tecnológica para eliminar las señales de teléfonos celulares o aparatos de comunicación en los momentos de exámenes como en Italia[296]. Sí, Usted leyó bien, hay colegios en el mundo que utilizan cámaras de vigilancia, lectores de huellas dactilares, policías como estudiantes encubiertos, requisa de teléfonos móviles, aparatos de monitoreos de señales telefónicas, software de interpretación de textos, software antipiratería, software anti plagio, cámaras tecnológicas para detectar rostros y estrés, así como aparatos de interferencia de señales electrónicas, para evitar el fraude tecnológico y suplantación de identidades en la educación.

De esta manera llegamos entonces a la cultura del engaño, la manipulación y la trampa, para obtener lo que deseamos y son estos Ciber-James y Ciber-Jane, profesionalizados en la inteligencia tecnológica, quienes llegarán a la política y también a las nuevas Enron y Lehman Brothers. Pero cuidado, sus hijos competirán con las empresas japonesas, chinas y alemanas cuyos hijos están en lo mismo.

---

[296] Yahoo news 18/06/2004 taly School Foils Cheats by Blocking Phone Signal http://story.news.yahoo.com/news?tmpl=stor...ly_telephone_dc

## Que puede convertirse en un problema mayor

No se trata pues de ideologías, sino de la naturaleza humana de la que habla Hobbes. Visto incluso desde el punto de vista médico, en los estudios sobre el estrés y diversas epidemiologías incluso de enfermedades coronarias se han establecido vínculos evidentes entre la felicidad y la jerarquía, más aún que entre la felicidad y el dinero[297]. Al parecer, el dinero no logra la felicidad, pero si lo logra la jerarquía. Y esta se encuentra presente en todas las ideologías, no importa si Usted es miembro del Politburó o la Duma, en el Bundestag alemán o en el Congreso de Senegal. Tampoco importa si Usted es empleado de la Antonov de la ex unión soviética, de la Boeing norteamericana o de la Airbus Europea, en todas partes va a tener que lidiar con la competencia para ganar jerarquía.

Y en esa cultura donde la inmensa mayoría de los estudiantes planetarios admiten haber hecho trampa, pero a su vez acusan al 90% de sus compañeros de hacerla, surge el modelo de: vale todo. Donde las operaciones de inteligencia y decepción de los padres y hasta herramientas que harían palidecer a los servicios de Inteligencia, hacen su presencia. Desde usos de micrófonos y tecnología para hacer trampa como lo hicieron una decena de alumnos en una escuela de Beijing que fueron capturados junto con sus padres[298], hasta maestros alquilando aparatos electrónicos por 400 euros y vendiendo las respuestas de los exámenes[299].

Pero ese es uno de los miles de casos que se consiguieron en apenas un mes de investigaciones en la provincia de Jilin donde 16 personas fueron detenidas y se confiscaron 600 aparatos de espionaje para ayudar a los alumnos a pasar los exámenes[300] razón por la cual tuvieron que efectuar operaciones encubiertas y utilizar 10.000 policías en las pruebas y exámenes igualmente en miles de escuelas. Pero nada supera la prueba para entrar a las Universidades chinas, donde decenas de miles de policías, voluntarios junto con

---

[297] Tomado del libro "La Cultura del Engaño: Porque más norteamericanos están haciendo lo incorrecto para salir adelante" por David Callahan Harcourt Books 2004

[298] The Guardian Londres 03/04/2009 China jails teachers and parents for hi-tech exam cheating Scanners and wireless earpieces were used in attempt to help pupils pass crucial tests

[299] The Epoch Times 06/10/2010 Fraud Goes to School in China: High-tech devices, mass marketing, and official compliance lead to extensive cheating on exams

[300] Asia Times 11/06/2009 China's exam cheats go high-tech

mecanismos de contraespionaje estarán a la caza de los vendedores de aparatos tecnológicos para engañar a los examinadores.

El lector podrá decir, bueno es que los asiáticos siendo siempre tan tecnológicos, pues es lógico que recurran a esos artilugios. De no ser porque en Inglaterra descubrieron que cerca de 4.000 alumnos estaban utilizando esos aparatos tecnológicos para engañar en sus exámenes y buena parte de las escuelas estaban comprando mecanismos de contraespionaje para intervenir y prevenir esa conducta.[301] Cada vez más universidades y colegios se están sumando a la compra de "analizadores de espectro" y "neutralizadores de señales" para interferir o conocer cuando los alumnos están usando la tecnología. Así los centros de educación se están convirtiendo en lugares de batalla en las guerras de inteligencia y contrainteligencia. Donde la lucha por la jerarquía será buscada por los padres y por los hijos "más exitosos".

En todas partes se está discutiendo este problema, y en otros como España, México, Brasil y Chile comienzan a tener sus primeros estudios luego de 20 años y buena parte de Iberoamérica[302] que aun simplemente no ha entendido de que trata la cosa. Aun así, lo que sí es importante es que todos los países, incluidos España y Brasil el tema no ha entrado a un debate como problema social, ni se han tomado los mecanismos para corregir ese enorme flagelo. Con lo cual se entiende tácitamente como comportamiento válido para todos aquellos que llegarán a las jerarquías políticas, corporativas y de la banca de esas naciones.

---

[301] BBC de Londres 03/02/2010 Hi-tech exam cheating increases says Ofqual

[302] Durante el desarrollo de este Capítulo busque toda referencia bibliográfica en Internet, prensa y en libros sobre posibles estudios en otros lugares de Iberoamérica, sin encontrar mucho material a disposición. De igual manera en ninguno de estos países incluidos los que tienen los incipientes estudios se trata el tema desde el punto de vista del debate social o es considerado un problema para las sociedades iberoamericanas.

## Y salirse de control

Pero las operaciones de inteligencia llevadas a cabo por algunos padres para que sus hijos alcancen esas jerarquías, se pueden salir de control si los estados no acuden a corregir estos problemas. Si bien en nuestro mundo se desconocen los casos (porque no es una preocupación) o son pocas las noticias sobre los sobornos a profesores, salvo uno que otro juicio en Nueva York, Dallas u Orlando, o algunos blogs que dan cuenta del problema desde Estados Unidos, hasta Cuba. E incluso algunas noticias inquietantes sobre cómo la fiscalía alemana lleva una investigación sobre cien profesores de una misma universidad que presuntamente aceptaron sobornos[303], el escándalo surgió porque alumnos de doctorado habían presuntamente pagado hasta 30.000 dólares cada uno por su título de PHD[304].

En Asia el problema es de tal magnitud que el gobierno surcoreano ha llevado a cabos acciones masivas contra el soborno de los padres a los profesores[305] y es tan común que los padres admiten que es necesario para que sus hijos puedan pasar a estar entre los mejores que el Gobierno de Bangkok lleva a cabo visitas sorpresas y chequeos aleatorios en las escuelas[306] para eliminar el "dinero del té", una fórmula de soborno muy conocida en Tailandia. Y de la misma manera ocurre radicalmente en Vietnam donde el ministro de Educación ha explicado mediante estudios que el 36% de los alumnos ha recurrido al soborno[307] para alcanzar las mejores jerarquías.

En Rusia de acuerdo a las cortes, las tres profesiones que más aceptan sobornos, son los policías, los doctores y los profesores[308], de la misma manera de acuerdo a un estudio encargado por la UNESCO, cerca de la mitad de los estudiantes universitarios sobornan regularmente a sus profesores[309] y de acuerdo a otro informe de la misma UNESCO sobre la materia, en 2007 se pagaron

---


[303] AP Berlin 26/08/2009 Profesores alemanes aceptaron sobornos

[304] Revista TIME 28/08/2009 Germany's Ph.D. Scandal: Were Degrees Bought

[305] Los Angeles Times 13/05/2009 South Korea cracks down on bribery of teachers

[306] The Bangkok Post 04/02/2011 Schools face random checks for bribery, Ministry aims to stop admission 'tea money'

[307] Asia Sentinel 21/06/2007 Vietnam Gets Tough on School Cheats

[308] Television Rusa RT sobre la nueva Ley anti sobornos propuesta por la Duma 16/03/2009 Moscow's intellectual elite – most corrupted social class

[309] Diario de Moldovia Half of Russian University Students 'Regularly' Bribe Instructors 17/06/2009

530 millones de dólares en sobornos en las diferentes escuelas rusas[310] junto a otro problema que son los impostores que presentan exámenes por otros estudiantes[311] Y ese es un problema común en todos los países del mundo en los que el joven Ciber-James aprenderá a usar el suplantador, el impostor, surrogate o suplente.

Pero pronto encontrará otra herramienta de la inteligencia, los sobornos.

En la India ONG independientes de derechos en la educación alertan que la mayoría de los profesores solicitan sobornos a sus estudiantes[312]. Y en México estudios independientes establecen que el 40% de los nacionales entre los 15 y los 25 años ya han pagado sus primeros sobornos, dejando claro que la edad promedio para la primera "mordida" es de 12 años con los sobornos a sus profesores[313]. Y es que no es fácil tampoco, trate de meterse en su buscador favorito y coloque la frase "soborno profesores" en cualquier buscador de Internet, lo primero que le saldrá es una guía sobre "como sobornar a un profesor"[314], pero no ocurrirá lo propio en ingles con "Teacher Bribery" y sus variantes, porque lo primero que le saldrá es que Usted terminará preso si lo hace[315] o si sus padres lo intentan podrá enfrentar penas criminales[316], paradójicamente ocurrirá lo mismo en alemán.

---

[310] SRAS 02/04/2008 BRIBERY AT RUSSIAN UNIVERSITIES

[311] The Guardian 10/08/2005 Impostors prosper in Russian exam scam

[312] RTE INDIA (2009) Right To Education in India. Pay Bribe, Take Education

[313] Diario Es Mas 10/08/2005 Fraude y soborno flagelo de la sociedad tomando declaraciones de Arturo del Castillo. En algunas publicaciones es consultor de la Práctica Forense de KPMG (Diario El Universal de México 28/07/2010) , en otras gerente y en otras represéntate de la misma en la República Mexicana su e-mail es adelcastillo@kpmg.com.mx

[314] En efecto, las palabras "soborno profesor" "sobornar profesor" o "profesor soborno" traen como primeras respuestas en la red las preguntas "Como soborno a mi profesor XD? - Yahoo! Respuestas http://es.answers.yahoo.com/question/ index? qid=20071122164704AA3USKo o una segunda ¿cuál es la forma más correcta de sobornar a un profesor?? por favor decidme me urge saber?

[315] Así son las cosas de diferentes en la Red, si Usted hace lo mismo que lo descrito arriba lo primero que aparecerá es una noticia donde todos terminaron en la cárcel, aunque la noticia sea un poco vieja del New York Times 20/06/1996 Teacher Is Sentenced For Taking a Bribe. Si Usted es explicito en Ingles y coloca exactamente lo que quiere para que le salga la respuesta "How to Bribe a teacher" le aparecerá curiosamente una pregunta "Usted ha sobornado o intentado sobornar a un profesor?" y todas las respuestas le diran a Usted lo malo, lo inútil y lo peligroso que es hacerlo,http://answers.yahoo.com/question/index?qid=20100419173001AAWlHsU

[316] En efecto la primera noticia en Ingles es que si lo intenta Usted ira preso, la segunda es un caso en el que termino preso quien lo solicito y la tercera es que los padres también irán presos I andan buscando

Habría que preguntar porque existe semejante discriminación ética entre lo que un alumno o padre puede encontrar en la red en inglés y lo que le sale de primero en español, pero la realidad es que a nadie le importa.

---

como sobornar a los profesores. Sidney Morning Herald del 13/02/2009 Parents may face criminal charges for trying to bribe teacher
Read more: http://www.smh.com.au/national/parents-may-face-criminal-charges-for-trying-to-bribe-teacher-20090212-85zh.html#ixzz1Mf7Z0XSX

## En la lucha por lograr jerarquía

Al parecer la mejor educación para la mayoría, se ha convertido en educarlos para el Todo Vale. Los padres vivimos obsesionados para que nuestros hijos alcancen la mejor jerarquía en los deportes, en las actividades sociales, pero sobre todo sabemos que deben lograrlo académicamente no importa a costa de qué sacrificio. Y dejémonos de tonterías –recordemos que no es un libro políticamente correcto- nuestros hijos deben contar con la mayor cantidad de oportunidades que nos sean posibles conseguirles.

Pero ¿A qué precio?

Lo vemos todos los días e incluso lo percibimos. Un padre estadounidense sabe muy bien que si su hijo no va a una de las diez mejores universidades no tendrá mucho chance de ser presidente de ese país. Les machacaran con los hechos de que tres fueron a las academias militares y quedaron entre los mejores en los estudios y el deporte, así como 18 se graduaron en Harvard, Yale, Princeton o Williams & Mary. Veremos como en la revista Forbes de los mil billonarios (que no heredaron su fortuna) el 97% proviene de las mejores universidades del mundo, sin importar si es Rusia, la India o Suramérica. Aunque no falte quien diga que hay millonarios que abandonaron la Universidad como Bill Gates o Larry Ellison, pero es importante recordar que estos, abandonaron Harvard y Chicago que están entre las 10 primeras universidades de su país. Y si del mundo se trata, igualmente el brasilero Eike Batista y el indio Mukesh Ambani (octava y novena fortuna mundial en 2010) también renunciaron a la Universidad, pero estas fueron Stanford y la alemana RWTH Aachen University.

Para el 2022 Larry Ellison se suma a la lista de los más ricos habiéndose marchado de la Universidad de Chicago, Jeff Bezos se graduó en Princeton, todos sabemos que Mark Zuckerberg fue a Harvard y que Elon Musk y Warren Buffet acudieron a la de Pensilvania. Pero una vez descartado que su hijo tiene menos posibilidades de ser billonario a menos que construya un nuevo artefacto y se asocie con personas altamente calificadas como lo hizo Steve Jobs.

Los padres sabemos perfectamente que las posibilidades para nuestros hijos no están únicamente en la mejor educación, de hecho, eso no nos preocupa menos que situar a nuestros hijos entre las mejores jerarquías y por eso no buscamos la mejor sino el mejor entorno que es muy diferente.

Los estudios médicos sobre el estrés han demostrado que nuestra tendencia a la búsqueda de una alta jerarquía hace que nos sintamos mejor si ganamos cien mil euros en un lugar donde la mayoría de nuestros competidores gana noventa mil a ganar ciento veinte en un lugar donde a nuestros colegas le pagan más[317]. Es sumamente interesante pues no se trata en realidad de ganar 30 mil euros más, sino de estar mejor situado que el resto de la jerarquía.

El mejor colegio no será entonces el que de la mejor educación, sin en la que las condiciones de jerarquía y competencia se asemejen a lo que los padres pretenden para sus hijos y en ese vale todo, el fraude estará presente. Algunas investigaciones han demostrado que en España hasta un 30% de las solicitudes para ingresar a los hijos al colegio fueron hechas de forma fraudulenta[318] llegando incluso los padres a divorciarse, a falsificar actas de divorcio, a mentir sobre su trabajo o su vivienda dándose casos en que hasta que cuarenta personas vivan en una misma casa[319] solo con la finalidad de obtener el cupo para su hijo en el colegio que le proporcionara el mejor entorno, para alcanzar la mejor jerarquía.

Así que el 30% de los padres que han realizado engaños como empadronamiento falso, falsedad en la declaración de la renta o informes médicos falsificados, le quita el cupo al 30% de los padres que no lo tuvieron que hacer y entonces comienzan las batallas de inteligencia, con seguimientos, informantes y hasta detectives contratados para demostrar que los otros hicieron trampa[320]. Todo valdrá entonces en las guerras de inteligencia para obtener un cupo de colegio. Y es que vamos a estar claros, si bien es muy bonito todo

---

[317] Tomado del libro "La Cultura del Engaño: Porque más norteamericanos están haciendo lo incorrecto para salir adelante" por David Callahan Harcourt Books 2004

[318] Tomado de las declaraciones de la Plataforma de Padres para la Escolarización Justa (20 minutos.es 19/04/2010)

[319] Diario El País de España 30/04/2007 Fraude Escolar por FERNANDO SANTIAGO

[320] Diario La Hora 13/04/2010 La sombra del fraude escolar amenaza de nuevo a Los Salesianos "Un detective privado contratado por una madre descubre hasta veinte casos de falsificación de documentos"

aquello de que la escuela pública tiene la misma calidad, buena o mala según se mire, que la privada (lo que estadísticamente es así en España[321]) los estudios parecen demostrar también cuando se comunican, que determinadas zonas educativas son dónde están los mejores colegios, que, a su vez son donde los padres cometen esos fraudes.

De hecho, en 2005 de acuerdo a esos únicos estudios se determinó que menos del 10% de los colegios proveen una educación de excelencia y el 29% de ellos eran públicos[322]. Pero la realidad de la excelencia es que todos ellos están en zonas específicas que les permitirá a los niños tener un mejor entorno futuro.

Lo importante es que no nos importa mucho que la mayoría de nuestros hijos emplea todo tipo de trampas en su lucha para alcanzar las jerarquías y que el 30% de los padres la hagan para que su hijo pueda situarse allí, esas son las reglas del juego que hemos impuesto para educar a nuestras élites políticas, corporativas y a nuestros banqueros. Hasta el punto que muy pocos de ellos, alcanzarían esos niveles sin contar con el direccionamiento jerárquico para triunfar.


### Al profesionalizar la inteligencia

Hasta este momento la joven Ciber-Jane ha logrado no solo sobrevivir sino estar a la cabeza de su jerarquía y ha logrado estar entre los primeros. Así que ya es hora de jugar el juego con más seriedad. Así que terminó en la mejor universidad que su jerarquía pudo darle y entre las maestrías que nos ofrecen encontramos inteligencia de negocios, en inteligencia corporativa y empresarial, en análisis de inteligencia, en estratégica, en inteligencia aplicada y un sin fin de materias que nos hacen comprender que las herramientas que usamos para llegar allí, serán mucho más

---

[321] Tomado de las declaraciones de la consejera de Educación, Lucía Figar, sobre un estudio de 1.208 centros y 53.072 alumnos, donde sólo en un colegio público y en otro privado aprobaron todos los niños de 6º de Primaria EFE 11/12/08

[322] Diario El País 09/10/2005 Sólo 29 colegios públicos están entre los 100 mejores en la prueba de primaria

importantes de cara al futuro y por ende, habrá que profesionalizarlas para competir y ya no son parte del pensum de las instituciones militares o materias de Política Internacional, sino prioritarias en las escuelas de negocios.

No hay prácticamente un libro de gerencia de los más vendidos que no cite al antiguo general chino Sun Tzu, como guía para lograr la efectividad corporativa y contando traducciones en absolutamente todos los idiomas. Esto sin contar con todas las adaptaciones que han vendido millones de copias alrededor del planeta como el arte de la guerra para ejecutivos, (hay uno especial para mujeres ejecutivas), otro para vendedores y hasta los artistas necesitan uno. El arte de la guerra para lograr el éxito, para los abogados y hasta para conservar un empleo. El arte de la guerra para lograr citas exitosas, adaptaciones para la seducción y puede comprar uno hasta para lograr el amor, o ganar un campeonato. Sin olvidar el arte de la guerra para los gerentes, que además tiene como 20 adaptaciones para los distintos tipos de gerencias desde ventas, mercadeo, hasta para gerentes de seguridad y para traders e inversionistas[323]. Y en todos y cada uno de ellos la inteligencia será vital para triunfar y nunca olvide que el engaño, será su principal herramienta.

Los libros del general Tzu han sido repartidos para su estudio en el fútbol europeo, la NFL, en los equipos de baseball hasta de ligas menores, en la fórmula uno y miles de compañías lo han colocado como lectura obligatoria para sus ejecutivos, como de hecho ocurre hoy en China y en su momento en el gran pionero que fue Japón[324].

Solo en las páginas de venta de libros por Internet en los Estados Unidos, podemos encontrar cerca de 23 mil títulos sobre inteligencia corporativa y de negocios. Cuyos temas van desde cómo efectuar operaciones de recolección de información hasta cómo efectuar operaciones de contrainteligencia y seguridad de las comunicaciones. Hoy en día la inteligencia de negocios es tan avanzada, que comprende básicamente (aunque lo quieran vender como una herramienta tecnológica) las estrategias comunes de los servicios de

---

[323] Solo en Amazon.com se pueden encontrar 28 adaptaciones de todo tipo sobre la obra del general o basadas en ella, en idioma ingles

[324] Tomado de diversas fuentes entre ellas del libro Japanese Business Culture and Practices: A Guide to Twenty-First Century deJon P. Alston e Isao Takei (Iuniverse 2005)

inteligencia mundiales. Así es que desde ese momento todo proyecto gerencial deberá cumplir con las mismas normas que aplicaban desde los 70's en la Central Intelligence Agency o en la KGB.

Llegado este punto ya el joven Ciber James, habrá conseguido ingresar a la corporación. Su paso por la Universidad le permitió entender los fundamentos teóricos del uso de la información e ingresará finalmente a una organización basada primordialmente en Inteligencia y recuérdenlo bien, inteligencia no es la herramienta de espionaje, que es una entre tantas, sino la recolección, el procesamiento y uso de la información.

De allí que la primera regla de la inteligencia corporativa es la misma que la militar expuesta por Sun Tzu: "Conócete a ti mismo". De allí a que el control estadístico se haría parte de la vida de la corporación hasta tal punto que terminó convertida en una nueva filosofía de conocimiento interno, que surgiría de la nada para controlar, procesos, producción, errores, metodologías, órdenes, gerentes y todo lo relativo a la vida corporativa. Es un hecho, que mientras más nos conocemos a nosotros, más posibilidades de ganar en el terreno de batalla al que llamamos mercado.

Muchas de las corporaciones famosas desaparecieron por volar a ciegas, simplemente porque no usaban la data para conocerse, no se consideraba importante o era de mala calidad.

En un estudio llevado por Oracle, entre más de 300 altos ejecutivos, cuando se les pidió que se autocalificaran en el manejo de la información corporativa, cerca de un tercio se calificó como reprobado o insuficiente (D o F) un 31% se autocalificó como suficiente y apenas un 8% como sobresaliente[325] y esto es interesante si más de la mitad confiesa no saber usar la información en toda su plenitud, razón por la que de acuerdo a la forma KPMG en 2016 el 84% de los presidentes corporativos

---

[325] https://www.forbes.com/sites/oracle/2012/09/20/the-deadly-cost-of-ignoring-big-data-71-2-million-per-year/?sh=2ef3eb867a3f

estaba preocupados por la calidad de la data que los hacía tomar decisiones[326].

Por eso aprendemos a que el que mejor use las herramientas de inteligencia artificial y análisis para la toma de decisiones, inteligencia de negocios y competitiva, alcanzará la jerarquía por la que compite y convertirá a nuestra corporación en una máquina nunca antes vista, para volcase, una vez que ya se conoce a sí mismo a la segunda regla de la Inteligencia Corporativa que es "Conoce tu mercado" lo que no es más que una variante del conocimiento sobre el campo de batalla y que es el paso previo a la tercera llamada "conoce a tu adversario". De esta forma la corporación terminaría cumpliendo con las reglas del juego expuestas por los maestros de inteligencia orientales hace ya más de 3 mil años.

Muy bien dirá Usted, la información y el conocimiento corporativo es necesario y vital para triunfar en los negocios. Por eso es perfectamente legal la aplicación de la inteligencia estratégica, de negocios o corporativa. Eso es perfectamente legal como aplicar la estadística de mercado, de productos y conocer las fallas, vulnerabilidades y deficiencias de sus adversarios para aprovecharse de ellas.

Y es precisamente en este entorno en el que el Ciber-Jane llegará a su primer trabajo como novata, pero sabiendo por uso y estudio que ha llegado allí gracias a la Inteligencia. Sus ídolos, sus mejores lecturas desde niña, todas las asociaciones en las que ha participado le han reafirmado la necesidad del trabajo de Inteligencia y sólo a través de ella se llega a la excelencia. Ahora habrá sido buscado entre los más destacados, inducido, capacitado y entrenado para sobrevivir en la Corporación, donde solo las inteligencias de negocios, corporativa, tecnológica y competitiva lo ayudarán a ganarle a sus rivales internos y externos.

Y sabe que sus posibilidades de éxito son realmente escasas si no usa todos sus recursos mejor que los demás. Para ello ya no bastará con conocer y aplicar las herramientas y mecanismos de inteligencia, sino constituirse en el mejor experto para sobrevivir las guerras de Inteligencia corporativa. Estará solo por cuanto estas batallas serán

---

[326] https://www.forbes.com/sites/forbespr/2017/05/31/poor-quality-data-imposes-costs-and-risks-on-businesses-says-new-forbes-insights-report/?sh=47e3acf1452b

contra los más capacitados que pretenden llegar a lo más alto de la jerarquía.

Para darnos una idea, en los Estados Unidos solo uno de cada 982 empleados tendrá la oportunidad de optar por un cargo de gerente, pero solo uno entre 5.218 llegará a tenerlo, apenas uno entre 21.402 logrará llegar a la cumbre más alta y uno entre 52.620 será un rainmaker o hacedor de lluvia, un verdadero maestro de la Inteligencia al presidir una corporación.

Para llegar allí, el Joven James habrá sido capaz de construir el mejor equipo de inteligencia jamás ensamblado, habrá creado equipos de élite y alto desempeño que dejaría a las unidades de fuerzas especiales en ridículo y estará en la mira de 57 naciones, que efectuaran operaciones para conocer sus secretos y robarle sus ideas[327]. Muy posible será seguido por los rusos y los chinos con mayor ahínco que a un agente secreto en la guerra fría, pero también por los alemanes y franceses. Deberá por ende cuidarse de amigos o enemigos y llevará a cabo operaciones en ultramar con más eficacia que cualquier servicio secreto jamás creado.

El presidente de la Corporación (el maestro de maestros) tendrá a su lado a los mayores expertos en Inteligencia financiera, operativa y de negocios y todas sus estructuras de control serán establecidas de acuerdo a las guerras de inteligencia. Actuará con la eficacia de un equipo de fuerzas especiales y con la precisión de un equipo de extracción. Pero, sobre todo, vivirá con la propia paranoia de quien conoce el fracaso si sus secretos son robados.


## Porque vienen a por usted

Es muy posible que para Ciber-Jane fuera posible llegar allí sin hacer una sola trampa, pero no sin haber desarrollado el arte de la inteligencia, la desinformación y todo el resto de las herramientas más que los demás. Pero, ¿se acuerda usted del 90% de sus amigos y amigas que se copiaban, de los dos tercios que admitieron robarle las ideas de los demás para presentarlas como suyas?

---

[327] De acuerdo a un Estudio llevado a cabo por el FBI, 57 naciones llevan a cabo anualmente operaciones encubiertas para hacerse de los secretos de las corporaciones.

¿recuerda a la cantidad de padres que mintieron, falsearon documentos para que sus hijos alcanzaran su nivel? Pues buena parte de ellos también llegó y ahora compiten a muerte por un puesto en esa difícil pirámide.

¿Recuerda aquellos extranjeros que consideraban que hacer trampa no era algo malo, a los locales que sostienen que robar información y usarla en su beneficio no debería ser castigado? ¿A los hijos de los padres que apedrearon a los maestros o saltaron enfurecidos a quemar locales para protestar porque impedían a sus hijos hacer trampas? ¿A los dos tercios de sus compañeros universitarios que intentaron de todo para alcanzar el primer lugar? Muchos también llegaron a las distintas corporaciones.

Todos ellos se unen con el diez por ciento de los que admitieron sobornar a los profesores en los Estados Unidos[328], aunque la mayoría sospeche que son muchos más y solo unos pocos escándalos salieron a la luz pública incluidas las mejores universidades de ese país y también podemos intuir el problema en Gran Bretaña con la alerta Ámbar y una línea de denuncias dedicada exclusivamente al problema[329].

¿Se acuerda usted de las noticias que rodearon al planeta sobre los alumnos que usaron artificios tecnológicos, computadores y teléfonos para lograr hacerse de la información de los exámenes? ¿De sus compañeros que lo hicieron? ¿los que buscaron los exámenes en las páginas especializadas que recopilan y venden la información de las pruebas de admisión?

De allí a que Ciber-James tenga rápidamente que aprender las palabras contrainteligencia y ciberseguridad, porque todos ellos vienen juntos a por la corporación y su información. Ahora bien, se ha preguntado Usted alguna vez ¿Por qué hay leyes que impiden el espionaje industrial y económico? La respuesta es muy sencilla, es tan común que necesita una ley que lo prohíba. Por eso no son legales determinadas operaciones de inteligencia en todas las organizaciones, en la industria, en la economía, en los mercados de capitales, en el

---

[328] Informe de Corrupción Educativa, Transparencia Internacional, 2013 en
https://images.transparencycdn.org/images/2013_GCR_Education_EN.pdf
[329] https://www.nationalcrimeagency.gov.uk/who-we-are/publications/486-necc-bribery-corruption-risks-to-uk-independent-schools-alert/file

deporte, en la banca y finanzas en fin deben existir leyes para tratar de evitar que las operaciones de los demás controlen nuestra vida cotidiana si y sólo si se pasan de la raya.

¿Qué quiere decir esto de pasarse de la raya? Que hay operaciones de Inteligencia que están permitidas y hay otras que no lo están, pero la línea que las divide es muy tenue, pues solo son limitadas por la propia "ética corporativa". Entonces no hay en el mundo protección alguna, a menos que conviertas parte de tu organización, como en efecto todos hacen, en órganos de contrainteligencia para evitar que te eliminen.

Un ejemplo lo podemos encontrar en los miles de juicios al año porque un ejecutivo corporativo pasó a trabajar para su rival. Es tan común el robo de talentos entre corporaciones, que han motivado a los acuerdos de no competencia entre algunas compañías y las célebres cláusulas de no-competencia en los contratos de los jóvenes talentos corporativos.

Pero en la práctica llevarse el talento, es también llevarse la información interna de la compañía por lo que todo vale. Los acuerdos de no competitividad y de no aportar información interna son el centro de miles de demandas en los tribunales anualmente y la mayoría de los casos de espionaje que se ventilan en las cortes son motivados a ex ejecutivos que se llevan los secretos a corporaciones rivales, hasta el punto que de acuerdo a la Asociación Americana de Seguridad Industrial las compañías de Fortune 1000 pierden anualmente 45 billones de dólares en robo de información, una parte de ésta se debe a piratas informáticos, otra a empleados disconformes que la venden a brokers de datos y también a los talentos que se llevan su información.

De allí a que la línea divisoria entre el robo y el uso de la información sea tan tenue. Si una compañía rival adquiere los servicios de un director de operaciones o financiero de su competencia ¿hasta qué punto no está aprovechándose de sus secretos? Y de estos, pues ya lo tiene muy claro, vendrán a por esos secretos.

Pero antes de que piense en los chinos o los rusos hoy, recuerde que los japoneses fueron los grandes precursores del espionaje industrial y comercial moderno, los primeros en formar escuelas profesionales de espionaje industrial en los años 50's, hasta el punto que ya para 1962 los expertos calculaban en unos diez mil el número de espías comerciales profesionales y solo en Tokio existían 380 empresas cuyo talento consistía en el "robo de información y espionaje corporativo"[330]. Para la década de los 80's Japón tendría más agentes de espionaje en el mundo, que la suma de todos los servicios de inteligencia de los aliados.

Cuando hablo de inteligencia moderna, no trato de decir décadas. La inteligencia como política interna al estilo chino o ruso se remonta a muchos siglos y se estableció como un sistema perfeccionado ya con los shogunes, pero la moderna nace en Japón a finales del siglo XIX y través del mandato del último emperador Meiji cuando se inició la apertura a occidente, como el espionaje industrial moderno, patrocinado y apoyado por el estado legalmente tiene su origen en Francia en 1791. Pero la búsqueda y el análisis de la información de los extranjeros para modernizar a Japón, fue una orden de quien, para la época, se llamaba soberano celestial o tennō, una especie de sumo sacerdote que mediaba entre los hombres y la divinidad por lo que la orden de buscar la información para modernizar la nación, no fue dado por otros que por los mismos dioses.

Y esto es lo que debemos comprender, para un chino, un japonés o un coreano obtener la información para el bien de su país, no es un robo. En muchas ocasiones es parte de una cultura ancestral en la que la información simplemente se obtiene mecánicamente como lo hicieron sus ancestros y sin que esto signifique dilema ético alguno. Pero la misma orden la dio en mayor o menor medida el emperador ruso, el alemán y no pocos monarcas europeos casi al mismo tiempo y en algunos casos como el francés, estaba legalizado.

Y a partir de allí, todos estamos, contra todos.

---

[330] Time magazine, Japan: School for Spies, Friday, Dec. 14, 1962

## Sin importar donde se encuentre

Volviendo a la delgada línea que separa al bueno del malo, podemos encontrar ejemplos en todos los entrenadores de deportes a los que se les permite el espionaje limitado, es decir pueden ver como entrena el otro equipo, como juegan, sus alineaciones etc. Se permite también grabar por televisión y ver sus tácticas, así como tomar nota de sus signos y señales, se permite conocer incluso su cultura y hacer dossier personalizados jugador por jugador de su vida, sus costumbres, puntos fuertes y débiles, así como su forma de jugar para utilizarlas en su contra[331] . Y ese dossier es utilizado en los juegos.

En general los insultos y las provocaciones en el fútbol son asunto diario, también el racismo y la xenofobia son utilizados hasta el punto que grandes jugadores han incluso salido de los partidos en señal de protesta[332] y los jugadores tienen el cuero duro, pero ahora con el "dossier" del jugador y el conocimiento "inteligente" las provocaciones llevan una carga de intimidad[333] en contra de las severas leyes contra el lenguaje racista de la FIFA[334]. Un insulto correcto conociendo la vida de la familia y la debilidad de otro jugador puede lograr que lo saquen de sus casillas y limitar la habilidad de jugar o incluso, propiciar su expulsión.

Ahora bien, si Usted utiliza una cámara para grabar las señales y lo capturan, allí es donde se habrá pasado de la raya. Si Usted contrata un espía que se vista de obrero y se cuele en una obra para tomar fotos de los entrenamientos en el campo vecino se habrá pasado de la raya. Porque lo mismo ocurre en las cadenas

---

[331] La Nacion de Argentina 06/06/2006 Alemania hizo un trabajo de espionaje

[332] El Mundo 28/02/2006 El fútbol español contra el racismo: una historia de fracasos

[333] Tanto los hinchas, como los jugadores usualmente recurren a tacticas para sacar de concentración a los rivales y se dan casos de racismo, sexismos generalizados. Si un jugador es negro por ejemplo utilizarán todo tipo de calificativos relativos al color de su piel. Pero hay casos en que los insultos llevan una carga clara de conocimiento y de intimidad que solo pueden haber emanado de un conocimiento profundo sobre las debilidades del adversario.

[334] El Reglamento de la Fifa establece en su artículo 58 que está prohibido el lenguaje racista o que "humille, discrimine o ultraje a otras personas de forma que suponga un atentado a la dignidad humana, por razón de raza, color, idioma, religión u origen étnico" El insulto de Matterazi violo todas las normas que son inculcadas a los jugadores siendo opinion de este analista que fue concebido a proposito y con la misma intensidad que una "Falta intencional"

de tiendas desde que estas existen, nada impide que la competencia entre y copie los precios de algunos artículos, pero si lo hace con scanner y tecnología de punta se habrá pasado también. Esas son las reglas de juego en un mundo lleno de intereses.

También hemos visto cómo se han pagado ingentes sumas de dinero en espiar con fines de destruir la reputación de presidentes y familias de clubes de fútbol españoles de la talla del Real Madrid[335], como también hemos leído las noticias de como funcionó el espionaje para averiguar las alineaciones del otro equipo en un clásico, también hemos visto como los propios clubes pagan para espiar a sus propios jugadores[336] o a sus propios vicepresidentes[337] y como lo hacen con más fuerza a través de interceptación de comunicaciones en Italia[338] con la finalidad de ver si están rompiendo sus cláusulas contractuales y de negociación o incluso, para evitar la contratación de otros jugadores.

Así nuestros ídolos como Totti, Del Piero, Vieri, Deco, Eto'o, Ronaldinho, Piqué o Wayne Rooney por nombrar unos pocos, han acusado el espionaje por diversas razones y no precisamente de los medios. Pero también le ha ocurrido al fútbol inglés donde grabaron horas de conversaciones entre los jugadores y los equipos técnicos[339], o en Australia donde la propia federación ya harta de los casos de espionaje envió una circular[340]. Pasa igualmente en la Liga de Fútbol Americano[341] o en la de Rugby en Nueva Zelanda[342] y la de Baseball en los Estados Unidos, ocurre en Inglaterra, Alemania y en Francia, en equipos de vela de la Copa América[343] o en la copa Louis

---


[335] Revista Interviu 22/03/2010 Detectives españoles e italianos cobraron un millón de euros por seguir, investigar y destruir a Ramón Calderón y su directiva

[336] Espionaje a E'to Ronaldhiño y Pieque, Diario el Mundo 25/10/2010

[337] Espionaje Electoral en el Barça, diario el País de Madrid 25/09/2009

[338] Vieri pide que se revoque el titulo del Inter del 2005 por espionaje 02/04/2010

[339] Diario El Mundo 09/03/2010 ¿Espionaje en Inglaterra?

[340] Tha Australian 07/06/2008 AFL orders club spies off Waverley

[341] Podemos encontrar decenas de casos de espionaje en la Liga Profesional de Fútbol americano, como por ejemplo la acusación al Quaterback de la década de los 60's Karl Sweetan por haberse robado un libro de jugadas, o los alegatos de los Gigantes de Nueva York quienes sostuvieron que sus rivales los espiaban desde un hotel frente a donde hacían sus prácticas defensivas en los 90's, o los Eagles de Filadelfia acusando a estos últimos de grabar sus modelos de defensa.

[342] También encontramos varios casos en el Rugby, como por ejemplo el equipo de All Blacks de nueva Zelanda acusando a los Wallabies de espiar sus jugadas.

[343] Suspect held over espionage against Alinghi by Matt Scott, The Guardian, 13 May 2009

Vuitton[344], se han descubierto casos de espionaje en el Cricket o como especialistas con camuflaje de francotirador, filmaban remotamente entrenamientos, en fin, pasa en todos lados y en todas las organizaciones.

Hemos visto lo común y difundido que está en los deportes, así como en casos como el espionaje y la infiltración en la Fórmula Uno, entre la McLaren y la Ferrari[345], pero tambíén entre McLaren contra Renault[346] a Ferrari demandando a Toyota[347] por hacer exactamente lo mismo y a esta última demandando a la Hyundai[348]. De la misma manera no nos sorprende que la Mercedes demandara a Lotus[349] pero esto no se limita a la Fórmula 1 ya que nos hemos enterado como han espiado a la Renault[350] y les han robado sus secretos, tanto como la Citroën y la Peugeot que han acusado a la Renault[351]. También se lo han hecho varias veces a la Ford Motors[352], a la Ducatti[353], a la Hyundai[354] o a la Fiat[355], de la misma manera que esta última ha sido acusada por los chinos de espionaje[356] o como General Motors acusó a Volkswagen[357], mientras esta descubría que sus expertos se apoderaban de información secreta para dársela también a otros competidores. Por eso no nos asombró tampoco que el presidente de Volkswagen encontrara micrófonos en su propia casa o como el de Porsche los encontrara en un hotel[358].

---

[344] Espionaje en Altamar, Diario ABC de España 28 11 2002

[345] Diario ABC McLaren deberá dar explicaciones por las acusaciones de espionaje a Ferrari 12/07/2007

[346] Diario ABC La FIA cita a Renault por presunto espionaje a McLaren-Mercedes 11/2007

[347] Global Auto Systems: The Spy Who Came in from Maranello: Charges Filed in Formula 1 Flap with Ferrari (2007)

[348] Hyundai vs. Toyota, complete with espionage; Engineer spilled quality secrets. Autonation.com 2007

[349] Force India (Mercedes) Confirms Legal Actions Against Lotus F1, Autonation.com 02/06/2010

[350] Renault se cree víctima de una "red organizada" de espionaje Edición impresa EL PAÍS París - 09-01-2011

[351] Espionaje sobre ruedas en PSA-Vigo, el faro de Vigo, 08/01/2011 La fábrica despidió en 1996 a tres empleados por pasar información confidencial a la competencia

[352] Ford Hit by International Espionage Published Oct 16, 2009 Edmudson News

[353] Spionaggio industriale alla Ducati, indagato l'ad della Mv Agusta, Corriere della Sera 19/05/2009

[354] International herald Tribune 04/10/2005 Hyundai mails victim to industrial espionage.

[355] Lo spionaggio interno alla Fiat / Great Wall accusa Fiat: "Ci ha sottrato segreti commerciali" 22 ottobre 2009

[356] Great Wall accusa Fiat: "Ci ha sottrato segreti commerciali" 22 ottobre 2009 autoblog.it

[357] The New York Times, VW agrees to pay GM. $100 million in espionage suit by Robyn Meredith Jan 10, 1997

[358] Porsche Espionage Case Highlights Corporate Security Importance ASIS Group April 27, 2007

Y es que es tan dura la competencia, que desciende incluso a los concesionarios de venta de coches donde hemos visto casos de representantes de Aston Martin/ Bentley, infiltrando los ordenadores del concesionario rival Ferrari[359] y hasta las piezas de motores o autopartes pues hemos descubierto cómo los rivales de Goodyear han tratado de robarse los secretos de cómo hacen sus neumáticos[360] como  hemos visto también a líneas aéreas espiar a otras, tanto como algunas utilizar la información de clientes y precios robadas.

De esta manera no nos ha sido difícil encontrar que Air Canadá demandó a su archirrival WestJets y ésta última hacer lo propio posteriormente con la primera. De la misma manera que hemos presenciado a líneas aéreas noruegas contra escandinavas. Y hasta las compañías de cerveza han sido demandadas por espionaje como el caso de Alhambra española con la Heineken Alemana[361]

Tampoco hemos quedado abrumados al ver a la Boeing espiar a Lockheed Martín, a Airbus denunciando haber encontrado un anillo de espías entre su personal y demandar al servicio de inteligencia alemán por robo de secretos[362] mientras se descubre que los chinos espían a la Boeing o cómo personal de la Northrop Grumman vendió tecnología militar secreta a China y a Israel, mientras agentes franceses llevaron a cabo operaciones contra British Aerospace, casi al mismo tiempo que lo hicieran los agentes del Servicios ruso de inteligencia.

Como verán, es todos contra todos y es tan común como lo era en los tiempos en que hacían trampas en la escuela.

Por lo tanto, hablamos de la amenaza china que están en lo suyo, pero no consideramos una amenaza que compañías belgas espiaran a la fábrica de motores aeroespaciales Pratt & Whitney, mientras la surcoreana LG nos explicaba que perdió 1.4 billones de dólares por espionaje o Samsung en Corea acusaba a ejecutivos norteamericanos porque sus diseños fueron exitosamente espiados por competidores.

---

[359] NY Aston Martin dealer facing corporate espionage charges against rival Ferrari dealer, Motor Authority Mag Apr 09

[360] Jury gets espionage case: Greenback pair accused of stealing Goodyear secrets. By Ed Marcum Dec 9, 2010 Knoxville

[361] Diario el Pais 12/07/2001 Cervezas Alhambra acusa a Heineken de supuesto espionaje industrial y de obstruir la libre competencia

[362] https://www.bbc.com/news/world-europe-32542140

Los rusos siempre estarán de moda porque siempre serán sospechosos habituales, pero no nos parece del todo escandaloso que Dassault (aviones de guerra) encontrara que listas de sus clientes estaban en propiedad de la Siemens Alemana, tanto como la Saab de Suecia descubrió que le estaban robando sus secretos, mientras los coreanos acusaban a la misma Saab de espiar su programa de aviones de guerra. Así pudimos enterarnos que un empresario chino se declaró culpable de haberse robado los secretos del F-22 Raptor y del F-35 de Estados Unidos[363] y ver que los aviones más avanzados del planeta, terminaron copiados como cualquier marca de carteras famosas en China.

Mientras esto pasaba, algunos ejecutivos de Procter & Gamble contrataron espías que terminaron hurgando hasta en la basura de los ejecutivos de Unilever su rival. De la misma manera que SAP AG contrató a terceros para robar información de Oracle, mientras que esta última hizo lo mismo hurgando en la basura de los ejecutivos de Microsoft. En este mundo IBM ha sufrido el espionaje de Hitachi o Lenovo, con la misma eficacia que 19 ejecutivos de Appplied Technologies lo hicieran con Samsung o Nextel lo hiciera contra Verizon. Qué mejor ejemplo podemos tener con las famosas tablets donde Samsung acusa en los tribunales a Apple de copiar parte de su software[364] y esta le corresponde igualmente con una demanda por haber copiado su modelo del IPhone y el IPad[365] El fenómeno es simplemente masivo en materia de tecnología, si observamos que no tienen reparo en cargar masivamente incluso contra nueva tecnología de construcción en Caterpillar o como Hitachi, Mitsubishi Heavy Industries y Toyota fueron acusados de espiar y conocer los productos y la estrategia de negocios de su rival Komatsu[366].

Es en este mundo en el que sobrevivirá Ciber-Jane. Quien deberá resistir operaciones de inteligencia desarrolladas por corporaciones, usualmente con la ayuda de expertos y ex agentes

---

[363] https://www.defensenews.com/breaking-news/2016/03/24/chinese-businessman-pleads-guilty-of-spying-on-f-35-and-f-22/
[364] Reuters: "Samsung asks U.S. to ban iPad, iPhone imports" 30/05/2011
[365] Reuters: "Apple seeks injunction in Samsung patent case" 01/07/2011
[366] New York Times, Hot New Scandal in Tokyo: A Case of Industrial Spying By DAVID E. SANGER July 1991

de los "otros servicios" y todo tipo de técnicas, agentes de infiltración, terceros contratados, mercenarios entrenados, han llevado operaciones especiales de escuchas en campos de golf en yates, taxis, aviones privados e incluso en asientos de primera clase en líneas aéreas.

Si esto no les funciona usaran operaciones fantasmas, sobornos, extorsiones, uso de medios de comunicación e infiltración que harían sonrojar a la KGB y otros que siempre consideramos omnipotentes y omnipresentes y que en algunos de los casos gozan de una reputación que no merecen. Por estas operaciones de la competencia Ciber-James tratará de evitar ser despedido o enjuiciado como los ejecutivos de la Apple, de la SAP, de la Ferrari, de la Toyota en fin de buena parte de las corporaciones desde la industria farmacéutica o las líneas aéreas hasta las cadenas de hoteles[367] y más aún si es contratado en el mundo de la investigación médica y científica[368].

Que no te atrapen, será uno de los principales objetivos de unos y evitar que se lleven la información, lo será de otros.

### Y deberá protegerse contra todos.

A estas alturas Ciber-James ha recibido su bautizo de oro en la corporación. Pero lo ha visto casi todo. Si en 1995 sus abuelos o padres se enteraron que el gobierno español tenía diez años espiando a todo el mundo, pero eso no debió pasar a mayores porque al propio Felipe González explicaba que a él también lo espiaban ya que: "Nos controlaban la torre de comunicaciones de Moncloa"[369]. La siguiente generación tampoco saltó a las calles cuando en 2009 la presidenta de Madrid denunciaba que el partido PSOE había espiado: "del Rey abajo a todo el mundo" y negaba que ella misma tenía una red dedicada a estas tareas en su gobierno[370].

---

[367] Hilton and Starwood settle corporate espionage case By Jeri Clausing, Nov 27, 2010 Travel Weekly
[368] Tokyo Rejects Extradition of Alleged Spy By NATALIE OBIKO PEARSON Associated Press 2004
[369] https://www.lasexta.com/noticias/nacional/felipe-gonzalez-revela-que-mismo-fue-espiado-nos-controlaban-torre-comunicaciones-moncloa_2022050462723f08193cce0001d70ab4.html
[370] https://www.rtve.es/play/audios/programa/aguirre-atribuye-larga-historia-espionaje-psoe-radio-nacional/400321/

Diez años más tarde el caso de la red de espionaje con dineros públicos del Partido Popular llegaría a tribunales[371] pero no pasaría a mayores en la sociedad, porque, al fin y al cabo, todos estaban en lo suyo y no tardaría un par de años para que nuevamente se descubriera un nuevo caso de espionaje contra la nueva presidenta de Madrid. Así que, como los competidores y rivales, también los encargados de legislar y controlar a Ciber-Jane están en lo propio, pero de eso hablaremos más adelante.

A estas alturas usted ya sabe que, si hubiéramos evitado que los niños hicieran trampas, que los más jóvenes plagiaran y se salieran con la suya, que no usaran los artilugios y aparatos tecnológicos, que no contrataran a quienes tenían las respuestas de su examen o las buscaran en páginas ocultas de internet, no habrían llegado a la política ni a las corporaciones muchos de ellos. Pero ahora sabe también que, si no cuentan con los más astutos y aventajados, aquellos de las naciones que menos les importa el asunto nos borrarán del mapa. Y así comprenderemos que la corporación es como un equipo de fútbol que debe tener a los mejores en ofensiva y también contratar a los mejores en defensiva.

Por eso en todas las corporaciones encontraremos acrónimos para defenderse con ciberseguridad, seguridad de redes, de información, infraestructura, contrainteligencia e inteligencia operativa así como los mejores expertos en inteligencia de negocios e incluso cuentan con expertos en inteligencia, usualmente líderes de la CIA, el FBI y de los servicios mundiales, políticas corporativas de grabación de teléfonos, eufemismos utilizados para grabar conversaciones entre el cliente y el operario, cláusulas de secreto, pólizas de seguros por "infidelidad", contratación de empresas de Inteligencia, uso de barridos electrónicos para detectar micrófonos, polígrafos, elaborados métodos para decepcionar espías, en fin enormes organizaciones de contra inteligencia.

En este momento Ciber-James como empleado corporativo ya sabe que el 84% de sus jefes son recelosos por la calidad de la información que reciben y solo el 8% de sus colegas son expertos

---

[371] El espionaje en el PP con dinero público llega a juicio 10 años después. https://elpais.com/ccaa/2019/02/01/madrid/1549029118_215257.html

en manejar la data correctamente. Pero a eso se le añade la paranoia global y no es para menos, cuando el presidente de T-Mobile, el teléfono que ha usado los últimos diez años explica a 50 millones de clientes que lamenta profundamente que se robaran sus datos: "no cumplimos con las expectativas que tenemos para proteger a nuestros clientes. Saber que no pudimos evitar esta exposición es una de las partes más difíciles de este evento"[372].

Ya era suficiente ver la paranoia de la interceptación telefónica y a sus colegas ejecutivos más altos con teléfonos encriptados, a nombre de otras personas o verlos retirar la batería del teléfono a la hora de hablar de algo confidencial. Pero ahora, recibía ese duro golpe por parte de su operador telefónico, junto con un e-mail de su proveedor de correo electrónico donde no solo se disculpan por lo mismo, sino que le recomendaban cambiar la contraseña.

Siempre se preguntó por qué era legal caminar en centros comerciales o ir de cibershoping en la red y adquirir diminutas cámaras colocadas en un tornillo, o en un bolígrafo, en relojes o en juguetes. Le parecía increíble que vendieran calculadoras con micrófonos y cámaras para espiar, GPS para colocarlos en carteras y autos para seguir satelitalmente a quien queramos, aparatos para ocultar nuestra identidad a la hora de llamar y equipos interferencia de señales, o de grabación que no hubieran soñado nunca los soviéticos en la plenitud de la Guerra Fría.

Pero ahora había aprendido por las malas que aquellos que habían usado la pequeña cámara en el bolígrafo o botón y el auricular para hacer trampas en el examen y tener sus mismas notas sin estudiar, no solo habían llegado a la corporación, sino a miles de compañías especializadas en inteligencia corporativa. Sus compañeros y miles como ellos en otros países que habían usado sus computadores para acceder a las pruebas, ahora habían descubierto su vocación como piratas informáticos corporativos, así como los alumnos que buscaban sus exámenes de los traders de data o en páginas secretas, ahora hacen lo propio en la red profunda, pero con su usuario y contraseña, así como sus secretos corporativos.

---

[372] https://abcnews.go.com/Technology/wireStory/mobile-ceo-hack-50m-users-data-79679279

Y era una verdadera pandemia. Porque ahora se enfrentaba el vale todo corporativo y en especial a los educados por sus padres de que había que apedrear o protestar a todo aquel que le impidiera hacer trampas porque era un derecho o a todas las culturas que lo veían como un enemigo o competidor al que bien valía la pena arrebatarle sus conocimientos. ¿Acaso no es exactamente lo mismo que el dilema de tomarse el tiempo de estudiar y tener la disciplina de investigación que hacer trampa a través de la astucia, pero sin mucho esfuerzo?

Básicamente Ciber-Jane, como empleada, ahora enfrentaba a los mismos, pero en el pasado parecían inofensivos.

De allí que las corporaciones comenzaran a defender sus departamentos de diseño e investigaciones vigilados 24 horas y las cláusulas contractuales de sus empleados fueran exorbitantes. Las políticas de muralla china pueden llegar a separar a los diseñadores no solo de oficinas, de edificios o de estados, sino de países. En algunos de los casos, no pueden comunicarse entre sí y está terminantemente prohibido conocerse. Los protocolos de autenticación, encriptación y seguridad de sus comunicaciones llegan a un nivel asombroso y durante las etapas finales del "ensamblaje de diseño" la presión aumenta hasta el punto de colocar en algunos casos vigilancia perimetral, así como sus teléfonos están monitoreados las 24 horas por equipos de contraespionaje que harían palidecer al FBI.

Mientras todo esto sucede hay compañías que manejan doble estándar de diseño para tratar de engañar a sus adversarios, filtraciones de desinformación y políticas de traslado de diseñadores, al mejor estilo hollywoodense.

Las operaciones de contrainteligencia corporativa son tan comunes que solo en el año 2010 pudimos conocer cómo los CEO de Coca-Cola llevaron a cabo operaciones para descubrir "Topos" usando agentes encubiertos[373] donde, a la manera de las películas de espías, un maletín cambió de manos en un aeropuerto internacional con los documentos secretos altamente clasificados de la compañía y los dos agentes operativos marcharon en rutas

---

[373] Tha Washington Post  06/07/2006  3 Accused In Theft Of Coke Secrets Information Offered To Pepsi, FBI Says

distintas como en una película de espías. O cómo los CEO de Sun Microsystems en conjunto con el FBI llevaron operaciones para capturar a ex empleados, en un aeropuerto cuando se dirigían a China con material clasificado como secreto, lo mismo que hicieron posteriormente los chicos de Motorola, Ford o General Motors.

Si se quisiera hacer una película de espías, la historia de Dongfan Chung un espía chino que hasta 2010 robó 250 mil páginas de secretos de Rockwell y Boeing[374] sería increíble para entender cómo opera el sistema de espionaje, pues colaboró voluntariamente con su madre patria. Para él, era simplemente un deber de cierta forma natural y mecánico proporcionar los secretos.

El FBI, que hoy está más activo que en la Guerra Fría, condujo decenas de operaciones encubiertas para descubrir topos corporativos incluyendo el caso de empleados de Disney que trataron de vender información sobre la posible venta de la cadena de medios norteamericana ABC, lo que hubiera influido en el precio de su acción. O como agentes secretos se infiltraron en una red de informantes que cobraban por dar información de sus clientes (grandes corporaciones) a los grandes fondos de inversión. De esta manera terminó de una u otra manera investigando a empleados de casi todas las empresas farmacéuticas y el problema es de tal magnitud que su propio director escribiría al respecto[375] que antes del 11 de septiembre del 2001 el departamento más grande de esa organización, estaba por entero dedicado a esta actividad y que el espionaje podía destruir por entero el presupuesto de investigación y desarrollo de las empresas norteamericanas.

Para el 2015 el asunto era pandémico y lanzaron el programa corporate man y una línea de ayuda directa, junto con un programa de infiltración y agentes encubiertos en las compañías como se hace en los casos de drogas, donde los agentes ofrecían sumas de dinero a cambio de secretos[376].

Pero a partir de allí la guerra corporativa de inteligencia, llevada por la paranoia generalizada, llevó a que Ciber-James, ahora como

---

[374] https://archives.fbi.gov/archives/losangeles/press-releases/2010/la020810.htm
[375] Louis J Freeh, Ex director del Federal Bureau of Investigations My FBI:bringing down the Mafia, Investigating Bill Clinton and fighting the war on terror.
[376] https://www.fbi.gov/news/stories/insider-sentenced-for-economic-espionage

gerente viera como en algunos casos contrataron a agentes encubiertos para infiltrarse en sus competidores y averiguar sus intenciones, que no eran otras que competir deslealmente contra ellos y es uso común contratar servicios de infiltración y de seguridad para protegerse de los adversarios.

Sabemos que compañías alemanas contrataron empresas para espiar: "miles de llamadas de ejecutivos y periodistas", otras acusaciones incluyen además del espionaje a periódicos y revistas, el espionaje a determinados accionistas que pudieran tener vinculaciones con personas *non gratas*. Pero eso es solo anormal si te agarran como en el caso de Hewlett Packard cuya junta directiva contrato espías para seguir a accionistas y conseguir récords telefónicos de periodistas del NewYork Times y del Wall Street Journal para descubrir el origen de las filtraciones[377], mientras acusaba a uno de sus altos ejecutivos de vender secretos a su rival[378].

### Y de nuestras paranoias ancestrales

No son pocos los autores que sugieren que el espionaje es el segundo oficio más antiguo, para dejar claro que el primero es la prostitución. La realidad es que el machismo ancestral sugiere arbitrariamente que sacerdotisas y diferentes mujeres de la historia cobraron por sus servicios, siempre obviando que, de hecho, el mundo antiguo fue eliminado de nuestros registros educativos, porque su libertad y su ambigüedad sexual no era conveniente para su estudio y nuestras imposiciones religiosas en todas las culturas.

Pero la inteligencia y sus innumerables herramientas, no son un oficio sino una necesidad humana de supervivencia, desde que el Homo erectus aprendió a cocinar sus alimentos con fuego y hacer herramientas. Es decir, desde el momento que los vecinos vieron que en aquella cueva habían logrado crear un sistema que les proporcionaba calor y cocción, espiaron y robaron el secreto del fuego, así como lo hicieron las familias de al lado, las aldeas y todos

---

[377] https://www.theguardian.com/business/2006/sep/07/2
[378] https://www.nytimes.com/2007/01/25/technology/25iht-hp.4338313.html

los que lo necesitaban. Así es como la lucha por conseguir los secretos para sobrevivir se convirtió pues en una necesidad expandida y no en un oficio. Muy probablemente gracias a esa necesidad es que unos lograron prevalecer sobre los demás (incluidos otros homínidos[379]) y así hemos continuado hasta nuestros días. Por lo tanto, no se trata de que nuestras generaciones sean peores que las anteriores, de lo que se trata, parafraseando a Alan Greenspan[380], es que las vías que utilizamos para obtener los mismos resultados que nuestros ancestros, son cada día más masivas, así como nuestra codicia o simplemente para sobrevivir en ambientes cada vez más complejos.

Y allí radica el secreto a voces, es cierto que los países más industrializados son los más espiados pero cierto también es que son los que más espían ya que buena parte de sus avances los lograron paradójicamente gracias a dicha actividad. Si bien los norteamericanos, acusaron hoy a los franceses de que son los mayores espías de Europa superando a los chinos y rusos[381] esta ha sido una tendencia desde que Francia promulgó su primera Ley de patentes 7 de enero de 1791 donde se reconocía "al primero que trajere a Francia una industria extranjera los mismos derechos que si fuere su inventor[382]", así pues, que la carrera de espionaje francés había comenzado con el beneplácito del Estado (como de hecho hizo todo el mundo)

Pero los franceses tampoco han sido idiotas nunca, pues se dieron cuenta que buena parte de sus secretos fueron robados, sustraídos o comprados, por ser sutiles con el tema del soborno, por el resto de las potencias. Así, es como todos robaron los secretos de otros y es la manera en que todos podamos entender el principio del motor construido por los alemanes, que está hoy presente en todos los coches del planeta.

---

[379] Las paleontólogas Meave y Louise Leakey (madre e hija) de la famosa familia de paleontólogos kenianos Leakey, han hecho diversos descubrimientos que sugieren que tanto el Homo Habilis como el Homo Sapiens compartieron un mismo territorio durante al menos cientos de miles de años. http://leakeyfoundation.org/about-us/leakey-family/

[380] Alan Greenspan (Nueva York el 6 de marzo de 1926) economista estadounidense, ex presidente de la Reserva Federal de EE.UU. entre 1987 y 2006. Fue nominado al puesto por los presidentes Ronald Reagan, George H. W. Bush, Bill Clinton y George W. Bush y uno de los más importantes e influyentes actores en el panorama económico global.

[381] Wikileaks: Francia es el principal espía industrial en Europa, por encima de Rusia y China, Europa-press 05-01-2011

[382] El espionaje en la Industria, Jaques Bergier  Editorial Plaza & James 1971 pag. 55

Así que no es algo nuevo. Nuestros padres y abuelos como nosotros aprendieron rápidamente a no ser idiotas y quienes necesitaban conocer sus secretos se dieron cuenta de que no lo eran, así que comenzó en serio y masivamente la construcción de modelos de inteligencia sofisticados. Por ejemplo, en 1969 dos presidentes escoceses que pretendían efectuar una fusión corporativa, acordaron en lo alto de una montaña, ante una torrencial lluvia los términos de la fusión. De nada sirvió porque en los vehículos había micrófonos con radios y cada uno habrá conversado con sus asistentes los detalles del plan[383].

De allí a que la paranoia se extendiera desde mucho antes que nuestro operador telefónico nos explicara que lo espiaron y se llevaron sus secretos. De allí que pudiéramos ver como desde hace muchas décadas alertaban sobre cómo debían protegerse en las fusiones, adquisiciones, concentraciones, los planes de publicidad y lanzamiento de productos, en fin, los educaron muy bien.

Hoy un libro como el de Paul Ignatius Slee Smith[384] convertido en una especie de biblia corporativa en Gran Bretaña, Estados Unidos y Japón en aquella época, entraría sin duda en conflicto ético con el buen gobierno corporativo, pero es extraordinario ver como nuestros abuelos y padres se educaron al respecto de lo que ya, sin equívocos se llamaba Inteligencia Industrial en la década de los 60´s y es probablemente ideal para comprender por qué todo está tan desquiciado hoy en día. Slee Smith, no era un espía del gobierno, nunca trabajó en la CIA ni en el MI6, sino que se trataba de uno de los mayores exponentes de la literatura de negocios británico. Comenzó su vida en la industria del plástico y se dedicó al mundo de los negocios siendo un gran exponente del mundo gerencial. Pero lo interesante de él, es que después de publicar más de una decena de libros y cientos de artículos sobre gerencia, fue uno de los primeros que escribió descarnadamente sobre lo que ocurría en las empresas.

Sin saberlo, porque nunca fue su intención, Slee Smith contribuyó a uno de los mayores avances en la cultura del espionaje industrial, en especial la japonesa y hoy la china. Sus

---

[383] El espionaje en la Industria, Jaques Bergier  Editorial Plaza & James 1971 pág. 21
[384] Industrial Intelligence and Espionage 1970, Business Books Limited, Londres

ideas revolucionarían sin él saberlo, la industria corporativa, pero sus anotaciones no fueron su invento, el asunto es que él solo anotó sus experiencias y lo que había visto durante treinta años como consultor e investigador industrial.

Así el planeta corporativo leyó como la Industria Británica se había adaptado gerencialmente al uso de la inteligencia, con ejemplos sobre como recoger y seleccionar la data de los competidores incluido como "recoger material de fuentes menos sospechosas" o cuando hará falta "imprimir a la indagación un todo más agresivo, acaso sea preciso contratar los servicios de agentes"[385]. Si bien el libro se trata de contraespionaje, nos da a entender clara y determinadamente como actuaba la industria británica desde adentro en 1960. Cómo contrataban agentes externos, outsourcing de inteligencia, servicios de espionaje que deben reportar al presidente, cómo infiltrar agentes en otras compañías, qué tipo de personal debe ser infiltrado y por qué, cómo efectuar un espionaje efectivo en los sindicatos y desmantelar su poder, los sobornos a los empleados, o hasta buscar a los empleados descontentos y militantes extremistas entre los empleados.

Hoy es impensable que un libro tenga éxito mundial por explicar cómo: "planear una operación de espionaje industrial"[386] así como infiltrar, sobornar, desinformar dando ejemplos de distintas operaciones. El libro tiene prácticamente 228 páginas sobre como la industria efectúa el espionaje o como hacerlas y 32 sobre cómo "contrarrestar el espionaje industrial" siempre dejándole claro al lector que la "la legislación británica" no impedía el espionaje. Así es como nuestros abuelos y padres, se educaron desde el punto de vista gerencias, en aquello de la "Inteligencia". Por no hablarles del libro de Espionaje y Subversión en la Sociedad Industrial de Peter Hamilton[387] el que en conjunción con el primero, los japoneses entendieron y desarrollaron el arte de la Inteligencia corporativa que lleva dominando el planeta más de dos centurias y que, sin importar que pensamiento político tenga Usted, lo seguirá dominando.

---

[385] Industrial Intelligence and Espionage 1970, Business Books Limited, Londres pág. 110

[386] Industrial Intelligence and Espionage 1970, Business Books Limited, Londres pág. 216

[387] Espionage and Subversion in an Industrial Society: An Examination and Philosophy of Defence for Management, Hutchinson, London 1967 by Peter Hamilton

## Debiendo refinar sus herramientas continuamente

Nunca pensó Ciber-Jane como gerente que sería tan ardua la tarea en un mundo altamente competitivo donde las barreras de la propiedad intelectual comenzarán también a borrarse y entrarán en conflictos éticos y en no pocos casos, no lo habrá.

Cuando hablamos de los padres asiáticos apedreando o golpeando a maestros que tratan de evitar que sus hijos hagan trampa, obviamos ese problema porque en buena parte de occidente simplemente lo ocultamos. En el extraordinario libro "la cultura del Engaño: Por qué más americanos están haciendo lo incorrecto para salir adelante" el autor David Callahan sostiene, al explicar una historia sobre los engaños incluso de gente con humildes ambiciones, que: "La gente está dispuesta a inventar su propia moralidad, cuando las reglas no parecen ser justas para ellas. Esta tendencia explica un montón de engaños en la América de hoy"

Por lo tanto, no es un asunto de India o China, no importa tampoco si está en Japón, en Francia o Gran Bretaña llegaremos hasta inventarnos nuestros propios códigos morales con tal de salirnos con la nuestra. Si Usted es comunista los dilemas morales serán enterrados en aras de la competencia contra el enemigo y será premiado por el estado para que robe, manipule, altere o forje la información a sus anchas, y si es capitalista lo será por el entorno competitivo y como mecanismo de supervivencia, para ambos se convertirá en un deber operar al máximo de las posibilidades de Inteligencia para conseguir el éxito, o simplemente sobrevivir.

Y entonces comenzaran las guerras de información, donde lo tratarán de convencer que los operativos chinos no tendrán compasión de Usted, no importa donde se encuentre. La paranoia china y rusa serán sus némesis y hará que los consideremos los mejores a vencer. Tampoco importara si usted está en la política o en la empresa pues los asiáticos no tendrán clemencia a la hora de desbastar sus tácticas y productos para aniquilarlo en el mercado.

Así que puede Usted ser un funcionario o gerente chileno[388] o brasileño[389], si usted es el Dalai Lama[390], jefe de un gobierno o de empresa, le empezará a coger idea hasta los restaurantes chinos y preparará a los suyos para el combate, como los generales lo hacen con sus ejércitos.

Y eso es lo que ya está ocurriendo. Hoy existen más de 26 millones de desarrolladores en el mundo, en los Estados Unidos se calculan sobre los cuatro millones, mientras están empleados formalmente 1,6 millones de estos[391]. Solo los empleados representan cuatro tres o cuatro veces el tamaño de su ejército, mientras que el total, representa la suma de los ejércitos de las potencias.

Pero la realidad es que los expertos chinos están, como todos, en lo suyo y no son solo el reto a vencer, pues deberán hacerlo también contra sus  compañeros de clase, y sus pares franceses, rusos y de decenas de otros países, pues según la Inteligencia Europea, los norteamericanos poseen un vasto sistema de espionaje en Europa[392] el cual según el ex director de la CIA James Woolsey en su artículo "Porque espiamos a nuestros aliados" nos explicó que solo espían a las corporaciones europeas en busca de hechos de corrupción transnacional, dejando claro dos situaciones, la primera que la gran mayoría no se trata de secretos (no explica qué hacen con la minoría) y que no sería correcto utilizar esa información para beneficio de las corporaciones norteamericanas[393].

Si creemos o no, que los estadounidenses en caso de encontrarse con la cura de una enfermedad o el secreto de un cohete hipersónico, la vacuna contra el COVID-19 o cualquier cosa útil para su seguridad nacional no lo va a usar en su favor, es asunto de cada quien. Pero lo que tenemos claro, es que espían a sus aliados con la misma frecuencia que a sus adversarios, como lo hicieron con Ángela Merkel.

---

[388] World News 20/04/2011 China's espionage in Chile raised U.S. worry

[389] El Gobierno de Brasil ha demostrado su inmenso temor a las politicas de competencia chinas, tomado de la BBC de Londres  11/04/2011: "Brazil wary of Chinese trade hitting domestic industry

[390] Diario El pais 04/12/2010  Espionaje chino al Dalai Lama, Gobiernos y empresas

[391] https://www.bls.gov/ooh/computer-and-information-technology/software-developers.htm

[392] CBS news 26/04/2001 Industrial Espionage By U.S.?

[393] The Wall Street Journal, 17/03/2000 Why We Spy on Our Allies por R. James Woolsey

Pero gracias a ese espionaje, los servicios de ese país han descubierto que el líder en espionaje corporativo es Francia seguido de Rusia[394]. Pero, vamos a estar claros también que los franceses descubrieron también a los servicios norteamericanos espiando a sus corporaciones[395] mientras los alemanes descubren lo propio con los británicos[396] y los italianos se enojan porque les ocurrió lo mismo[397]. Así pues, los chinos y los rusos no estarán solos en la tarea de engañarlo y deberá defenderse lo mejor que pueda en la guerra hobbesiana de todos contra todos, para sobrevivir, sin dejar de recordar la máxima del uso de las "virtudes cardinales[398]".

De allí a que si usted vive en la corporación entenderá rápidamente el principio de fuego cruzado, como por ejemplo cuando la inteligencia China atacó los servidores de Google[399] para limitar sus operaciones, mientras que Twitter, donde no hay chinos trataba de quitarle ejecutivos clave[400] Microsoft, como en el colegio le copiaba los resultados de su motor de búsqueda[401] y Facebook donde tampoco hay rusos contrataba equipos de medios para estructurar campañas que infligieran daños reputacionales mediante la publicación de malas noticias[402]. Así que la próxima vez que Usted vea a alguien gritando "¡Allí vienen los chinos!" sepa que es muy cierto, pero no deje de ver hacia todas direcciones lo que están haciendo sus colegas, amigos y aliados y tenga siempre a la mano los consejos de Sun Tzu.

---

[394] CBS news 04/01/2011 France Leads Russia, China in Industrial Spying in Europe

[395] The NewYork Times C.I.A. Confirms Blunders During Economic Spying on France por Tim Weiner 13/03/1996

[396] GCHQ and NSA Targeted Private German Companies and Merkel
https://www.spiegel.de/international/germany/gchq-and-nsa-targeted-private-german-companies-a-961444.html

[397] Italy data 'targeted in UK-US spy operation'. https://www.bbc.com/news/world-europe-24670642

[398] "Fuerza y Fraude (Engaño)" serán las dos virtudes cardinales, Thomas Hobbes Leviatán

[399] The New York Times 12/01/2010 Google, Citing Attack, Threatens to Exit China

[400] The Business Insider 07/04/2011 Google Paid Two Employees Tens Of Millions Dollars Not To Take Jobs At Twitter

[401] The NewYork Times 02/02 2011 On Google's Bing Sting

[402] El Mundo 12/05/2011 Facebook paga para que se publiquen noticias negativas sobre Google

## En la era de la ceguera moral

Evidentemente el éxito dependerá no solo de tener las mejores ideas, de que su rival tenga mejores ideas que Usted, sino también en las malas ideas de los demás contra Usted, por lo tanto, solo tendrá éxito en la medida que logre protegerse del todos contra todos en la guerra por copiarse de su examen. Deberá tener en cuenta siempre que ese 75% que hacía trampa en el pasado (aunque Usted dijo que era el 90%) seguirá haciendo trampas y entenderá por qué Grecia hizo lo que hizo con sus finanzas para ingresar a la Unión Europea[403] y también por qué grandes bancos de inversión vieron aquello de generar una crisis de proporciones históricas, como algo moralmente irrelevante.

Tan irrelevante como lo ocurrido en Enron. En los emails del ejecutivo informante (whistleblowing) en el escándalo, explicaba a los senadores y la prensa que: "tengo evidencias de fraude y espionaje por parte de Enron, ¿Qué debo hacer?" y en su libro explicaba como la compañía tenía dos equipos uno de inteligencia de negocios -donde estaba el informante- llamado investigación de mercado y otro llamado inteligencia competitiva encargado de vigilar a la competencia para saber todo lo que hicieran, antes de que ocurriera[404].

Pero uno de los puntos más importantes del libro del informante del caso Enron, no es solo conocer como espiaban, robaban secretos, cometían fraudes bancarios y manipulaban precios de la energía, desinformaban a sus accionistas o mentían descaradamente[405], sino lo que recoge del ambiente de la alta gerencia corporativa donde todos sospechaban de todos, se espiaban entre sí, e infiltraban a los grupos rivales emulando- y guardando las distancias- en lo que ocurre en China y los países comunistas.

Y ese es el problema de lo moralmente irrelevante. De la misma manera que muchos lo hicieron en la escuela, y refinaron en la universidad, trasladarán sus engaños a la corporación, considerando como irrelevante engañar a los accionistas, a los clientes e incluso

---

[403] The New York Times, 15/02/2010 Wall Street ayudó a Grecia a hacer trampa
[404] Confessions of an Enron Executive: A Whistleblower's Story. Lynn Brewer, Matthew Scott Hansen. AuthorHouse, 2004. Pág. 282
[405] Ibidem. Pag. 322

hasta los órganos de control del estado. Si Usted por ejemplo medita sobre comprar productos ecológicos o verdes, deberá considerar que estudios han demostrado que de los más de 2.000 productos que claman ser verdes, el 98% de ellos tienen algún pecado e incluso casi el 30% ha inventado una etiqueta que lo certifica como verde.[406] Y eso será igual de irrelevante en muchos aspectos de sus alimentos por las guerras de desinformación entre los productos orgánicos y los industriales, que no pocas veces nos engañan hasta el punto que es moralmente irrelevante añadir el 15% del peso a un pollo inyectándolo con líquidos, bajar los estándares o manipularlos, esconderles las verdaderas tarifas o hacer que Usted haga complicadas sumas para entender realmente cuántas calorías tiene por centilitro, la bebida ligera que Usted está consumiendo.

En el estupendo libro sobre psicología de la persuasión engañosa "Engaños en el Mercado[407]" podemos leer apenas lo comenzamos sobre como la habilidad para descubrir los engaños en nuestra vida cotidiana, se ha convertido en una habilidad vital para sobrevivir. Practicar pues la persuasión engañosa y defendernos de la de los demás, es parte siempre de nuestra cotidianidad. Pero lo maravilloso de este libro es la cantidad de estudios efectuados (Capítulo 2) sobre cómo nos hemos venido protegiendo, descubriendo y teniendo noción sobre la publicidad engañosa, o como hemos descubierto las verdaderas intenciones del mercado, incluso desde que somos niños. Después evidentemente descubrimos cómo el mercado se ha profesionalizado hasta hacer de la "percepción engañosa" prácticamente una ciencia.

Vivimos pues en la era de la post súper autopista de la información y el Big Data, que nos están llevando al siguiente destino en el trayecto, donde la gran mayoría de las vías nos desinforman constantemente. Pero como en el colegio, hay otros

---

[406] Los 7 pecados del Greenwashing Environmental Claims in Consumer Markets Summary Report: North America April 2009 por Terra Choice

[407] Deception In The Marketplace: The Psychology of Deceptive Persuasion and Consumer Self-Protection por David M. Boush , Marian Friestad y Peter Wright (Taylor and Francis Group LLC 2009)

que harán lo imposible para pasar los exámenes, y no faltará el que genera decepciones y engaños mayores, hasta el punto en que llegamos a la crisis de ahorro y préstamo de principio de los 90's donde las "fuerzas de choque en 27 ciudades a cargo de mil agentes del FBI, expertos forenses y docenas de fiscales federales lograron más de 600 condenados a prisión[408]" porque el 30% de las instituciones (el mismo número de compañeros del colegio dispuestos a todo, o el número de padres dispuestos a cometer fraudes para que sus hijos entren al colegio, decidieron cometer fraudes masivos con los ahorros y préstamos[409] y esto además del costo brutal a los ahorristas, también hizo que se pagara el equivalente a 290 mil millones de dólares (del 2009) en rescates a los bancos.[410]

Corría el año 1995 fecha en la que un tercio del FBI estaba complicado buscando corporaciones de Ahorro y Préstamo que habían cometido fraude a nivel nacional, cuando un grupo de corporaciones consideraron "moralmente irrelevante" generar una burbuja especulativa con las empresas de Internet, que llevaría a la muy conocida crisis Dot-com, pero a su vez otro grupo consideró moralmente irrelevante colocar los cimientos para generar una burbuja especulativa con el precio de las casas.

Pero a partir de allí y apenas cinco años más tarde, una serie de ideas moralmente irrelevantes llevarían a la segunda crisis corporativa más alarmante, multiplicándose en todo el mundo los estados financieros alterados, falsificando sus resultados con transacciones comerciales ficticias, ventas infladas, ganancias disfrazadas o subestimadas, Round trip trades, pagos ilegales, negocios estructurados para alterar los balances, préstamos ocultos, cuentas

---

[408] Palabras contenidas en la Ley 331 sobre Reforma del Sistema de Ahorro y Préstamo motivado por la crisis financiera de finales de los 80's. Senate Bill 331 dated January 27, 2009, "in the wake of the Savings and Loan crisis of the 1980s, a series of strike forces based in 27 cities was staffed with 1000 FBI agents and forensic experts and dozens of federal prosecutors. That effort yielded more than 600 convictions and $130,000,000 in ordered restitution."

[409] Basado en el Informe del Contralor General sobre la Crisis de 1995, al Congreso de los Estados Unidos (B-262036 July 2, 1996 Report To the President of the Senate and the Speaker of the House of Representatives by Charles A. Bowsher Comptroller General of the United States)

[410] En este mismo Informe sobre la Crisis se calcula en 209 mil millones de dólares (de 1995) el impacto final del daño, contando costes a futuro de las implicaciones de la crisis, pagina 20. (The breakout of estimated Treasury interest between the amount paid through December 31, 1995, and the future amount, was based on the assumption that borrowing generally corresponded with the transfer of appropriated funds to RTC and FRF)

bancarias alteradas y pare Usted de contar y vino, lo que nos llevaría al segundo caso conocido como "la crisis de contabilidad" que cambiaría para siempre nuestra concepción de lo que es una corporación por dentro.

Aquella crisis de contabilidad, no era otra cosa, que la misma estadística de alumnos dispuestos a plagiar y hacer trampas en sus exámenes.

Claro está que la "burbuja Dot-Com" sumada a la "crisis de contabilidad" formadas a partir de la irrelevancia, preocuparían a los inversionistas generando la mayor "crisis del mercado" perdiéndose cinco trillones de dólares para el 2002. Pero ese mismo año, expertos investigadores nos alertaron sobre lo que vendría unos pocos años más adelante. La propia revista Fortune publicaría un célebre artículo que titulaba "si no detenemos ahora (la burbuja inmobiliaria) entonces cuidado"[411] utilizando concretamente la palabra "Watch-out" que es la manera de advertirte de un peligro inminente[412].

Hasta ese momento la inteligencia corporativa había perdido cinco trillones de dólares, miles de corporaciones se habían declarado en bancarrota, varios miles de gerentes corporativos habían terminado presos, la credibilidad estaba por el piso y el valor de las corporaciones había retrocedido a las cifras de cinco años atrás[413]. El mercado simplemente no era atractivo para toda una generación que estaba a punto de la jubilación, así que buena parte de las corporaciones financieras vieron con agrado y "moralmente irrelevante" generar una burbuja especulativa, que en apenas un quinquenio terminaría de acabar con el mercado tal cual lo conocemos y generando la mayor crisis financiera y humanitaria del planeta.

---

[411] Revista Fortune 28/10/2002 Is This House $1.2 Worth Million? No, we don't have a housing bubble yet. But if the frenzy doesn't end soon, we will. Then, watch out. By Shawn Tully Reporter Associates Christopher Tkaczyk, Noshua

[412] Los norteamericanos tienen varias maneras de decir Cuidate, por ejemplo Be Aware que significa que seas precavido, Be Careful que significa que te andes con cuidado, Be wary, o Be Captious,  serian sinónimos parecidos que indican que debes andar prevenido y con cuidado. Pero cuando dicen Watch-out en un contexto preocupante, es mejor preocuparse

[413] Para la fecha de publicación de ese articulo de Fortune, el Dow Jones había bajado a 7.100 puntos desde los 11.497 (casi un 40%) en diciembre de 1999

Mientras el FBI trataba con 500 casos de fraude corporativo anualmente, a partir del 2003 el lobby político de las corporaciones se duplicó alcanzando los 3,4 billones de dólares al año. Y los que triplicaron sus actividades fueron las corporaciones financieras de inversiones y los seguros[414]. Los inversionistas se volcaron hacia el ladrillo como es natural porque este había crecido 51% más, mientras que el Dow Jones había retrocedido un 40%, las posibilidades de que se recuperara al precio de 1999 no se veían en los próximos años[415]. Las ganancias corporativas de las 100 más grandes corporaciones norteamericanas que habían alcanzado los 280 mil millones de dólares en 2001, descendieron casi un 70% a los 96 mil millones en 2003[416] y entonces trillones de dólares se volcarían al desarrollo inmobiliario.

Así que ¿por qué no considerar moralmente irrelevante crear una burbuja inmobiliaria? O ¿Por qué habría de ser moralmente irrelevante empaquetar productos financieros de alta rentabilidad, pero que en realidad eran basura? Así fue como mientras el FBI ya había contabilizado unos dos mil casos de fraude corporativo[417], las empresas de bienes raíces y los bancos de inversión empezaron un agresivo lobby político, así que poco importaba lo que podía decir el FBI año tras año sobre el inmenso problema de corrupción con los miles de corporaciones desbocadas, la Inteligencia de estos últimos, condenó al fracaso cualquier intento de control del FBI.

---

[414] Tomado de la ONG norteamericana Center for Responsive Politics http://www.opensecrets.org/about/index.php

[415] Como en efecto ocurrió, no fue hasta diciembre del 2006 cuando los precios de las acciones recuperaron el valor y el Dow Jones recupero el precio invertido en Diciembre de 1999, cinco años exactamente después

[416] Tomado de la Revista Fortune, Las 500 empresas más grandes de 2001 y del 2003 respectivamente la cual pueden acceder en http://money.cnn.com/magazines/fortune/fortune500_archive/full/2001/ y http://money.cnn.com/magazines/fortune/fortune500_archive/full/2003/

[417] Tomados de la declaración ante el Congreso Norteamericano del Director Asistente del FBI Kevin L. Perkins (Hearing, Assistant Director, Criminal Investigative Division Federal Bureau of Investigation Statement Before the Senate Judiciary Committee) 09/12/2009

## Y evitar que todo se desmadre

¿Se ha preguntado por qué existen leyes contra el soborno y la extorsión económica?, de nuevo la respuesta es la misma, porque es tan natural como lo es el espionaje industrial. Los Estados Unidos y la Unión Europea vienen tratando de prohibir que sus compañías corrompan a funcionarios extranjeros con la finalidad de obtener contratos, pero la realidad es que buena parte del planeta las permite y en algunos casos, las alienta con su inacción.

En la década de los setentas nuestros abuelos y padres en más de 400 corporaciones norteamericanas admitieron, como práctica común el hecho de corromper a funcionarios extranjeros para obtener contratos e invertían unos dos mil millones de dólares al año en tales prácticas[418]. Para el 2006 el Survey de Compañías extranjeras elaborado por el Banco Mundial, explicaba que los sobornos constituyen un impuesto equivalente al 20% del contrato de esas compañías y el 25% de las compañías británicas admitieron algún tipo de pérdida por los efectos de los sobornos y la corrupción de sus empleados[419].

Algunos expertos han determinado que en países como Japón o China existe una filosofía que propende al soborno con fines de acelerar el proceso de desarrollo corporativo y esa conducta está soportada, por acción o inacción- por los gobiernos desde principios del siglo XX. A partir de la década de los 30 del siglo pasado, se descubrió que corporaciones japonesas como Mitsui, ayudaban a fomentar sangrientos golpes de estado[420], mientras pagaban sobornos a grupos de radicales y extremistas como protección[421]. Y lo interesante de esto, es que sobre esa tradición se crearía la cultura corporativa actual.

Así que ¿Para qué invertir diez años y un billón de dólares en investigación y desarrollo si se puede sobornar a un ingeniero competidor por un millón y obtener lo mismo?"[422] esa es la

---

[418] Bribery Abroad: Lessons from the Foreign Corrupt Practices Act por Richard L Cassin 2008
[419] Blackstone's Guide to the Bribery Act 2010, Monty Raphael, Oxford University Press Pág. 9
[420] Revolt in Japan: The Young Officers and the February 26, 1936 Incident. Ben-Ami Shillony. Princeton University Press, 2015. Pág.83
[421] Political Bribery in Japan. Richard H. Mitchell. University of Hawaii Press, 1996. Pág. 68
[422] Economic/Industrial Espionage by Ben N. Venzke 1996 (publisher of the Intelligence Watch Report.)

pregunta que luce moralmente irrelevante para la misma cantidad de alumnos que hacían trampa.

De la misma manera que sostienen que en Corea del Sur es hasta tema de discusión pública en las principales televisoras. Filosofía que en la práctica hemos visto operar tanto en China como en casi todas las corporaciones de occidente. Pero no podemos tampoco echarles la culpa a los asiáticos de lo que es un flagelo universal. En Colombia por ejemplo el 61% de los empresarios del sector privado aseguró que, si no "pagan sobornos, pierden la oportunidad de concretar negocios[423]".

En el primer estudio llevado a cabo entre iniciativas de la ONU y varias de las más prestigiosas universidades iberoamericanas en 2018 que entrevistaron a cerca de tres mil compañías se determinó que: "El 95% de las empresas consideró que en su país se lleva a cabo esta práctica. Sin embargo, el porcentaje disminuye cuando se les cuestionó sobre la existencia de sobornos en su propio sector económico (76%); asimismo, el 47% de la muestra indicó que una de las presiones más fuertes para hacer ofrecer sobornos en el sector privado, es simplemente que la competencia lo hace"[424].

De nuevo como en el colegio, muchos hacen trampas, pero confiesan que el 90% de sus compañeros lo hacen.

No debemos ponernos tampoco demasiado escrupulosos con la historia, pues podríamos encontrar que los egipcios y los babilonios eran expertos en aquello o incluso que encontramos referencias en la Biblia o los antiguos escritos judeocristianos y como la percepción ha sido prácticamente la misma durante miles de años[425]. Por eso no es algo nuevo y en 1995 la Oficina contra el Crimen de las Naciones Unidas alertó sobre los sobornos alrededor del planeta, que representaban unos seiscientos mil millones de dólares anuales. Los gobiernos saltaron a tratar de remediar esa práctica, pero buena parte de las compañías del planeta utilizaron cada vez herramientas más sofisticadas de ingeniería financiera, que serían hoy la envidia de los servicios para llevar sus operaciones secretas y triangular operaciones

---

[423] Segunda Encuesta Nacional sobre Prácticas contra el Soborno ONG Transparencia por Colombia Capítulo de TI

[424] https://www.pactoglobal-colombia.org/images/PDFs/LIBRO_Estudio_Antisoborno_2019.pdf

[425]

de esta naturaleza, hasta el punto que el Banco Mundial en el año 2004[426] expresó que la cifra de sobornos en el extranjero había alcanzado el trillón de dólares.

Dos años más tarde se realizaron reformas importantes porque la cifra seguía inalterada[427] y en 2008 la cifra en los reportes del Banco Mundial continua intacta, aunque algunas fuentes señalan que podría alcanzar los dos trillones de dólares en la tercera década del siglo XXI.

Por otra parte, podríamos afirmar con razón que los sobornos corporativos no son los culpables de esta masiva inversión, pero desde un punto de vista objetivo ¿Cómo puede una compañía competir en un medio donde ya está tasado el 20% en corrupciones como impuesto? De acuerdo a la organización Transparencia Internacional[428] en su informe sobre Pago de Sobornos[429] la mayoría de las corporaciones de los países industrializados dicen haber abandonado esta práctica como forma de ganar contratos. Sin embargo, eso se contrarresta con la encuesta europea sobre fraude llevada a cabo por la firma de auditores Ernst & Young donde solo el 30% de los altos ejecutivos corporativos colocó no estar de acuerdo con los "pagos en efectivo, regalos y entretenimiento especial" para ganar nuevos contratos, o sostener los mismos.[430] Así como el 55% promedio consideraba que los comportamientos poco éticos empeorarían.

Entonces ¿cuál postura es la cierta? La realidad expresada por Transparencia Internacional hace muy difícil que esta percepción sea en la práctica una realidad. En el barómetro[431] publicado por esta misma organización del 2010, un 77% de los españoles

---


[426] The Cost of Corruption, World Bank Study, Apr 2004: Daniel Kaufmann, the World Bank Institute's director for Governance, says this US$1 trillion figure is an estimate of actual bribes paid worldwide in both rich and developing countries.

[427] 3rd ICAC Symposium, Corruption, and on Anti-Corruption, Preliminary Analysis of the Survey of Participants *by ICAC Hong Kong and the World Bank Institute (WBI), Hong Kong, May 11th, 2006*

[428] Transparencia Internacional es una Organización no gubernamental encargada de medir y luchar contra la corrupción Global, tiene capítulos en más de 90 países y sus informes son publicados prácticamente alrededor del planeta y tomados en cuenta por la mayoría de los decisores políticos y empresariales.

[429] Bribe Payers Index 2008 (BDI) evaluates the supply side of corruption - the likelihood of firms from the world's industrialised countries to bribe abroad.

[430] European fraud survey 2009, Ernst & Young pages 5 y 19

[431] Barómetro Global de Corrupción 2010, Transparencia Internacional.

admitieron que la corrupción había aumentado con respecto a los últimos 3 años, lo que fue también expresado por un 77% de los alemanes, un 71% de los norteamericanos, un 68% de los franceses y un 66% de los ingleses, así como en promedio un 72% de los iberoamericanos.

Por esa razón, para 2021 un tercio de los habitantes de la Unión Europea admitieron haber pagado un soborno en los últimos 12 meses antes de la consulta[432] . Por eso en el Índice de Percepción de Corrupción 2010[433], luego de una enorme lucha contra este flagelo, decenas de leyes y disposiciones legales, juicios y cárcel para los culpables, en todos los países lejos de disminuir, aumentó la percepción de corrupción en apenas 5 años. En España la percepción de corrupción aumentó 9 puntos, en Francia 6, en Norteamérica 4 y en Reino Unido 10, por no hablar de los países emergentes (llenos de contratos) donde la percepción aumentó en promedio 20 puntos.

Si tenemos que en los últimos años la cifra de sobornos ha aumentado, que el planeta percibe a sus políticos como más corruptos, que un 60% de los habitantes del mundo cree que la corrupción ha aumentado y que casi un tercio del mismo ha reconocido que ha pagado alguna clase de soborno sin importar si se encuentra en el primer, segundo o tercer mundo. Si añadimos que buena parte de los nuevos contratos están dirigidos a las economías emergentes como China, India e Iberoamérica, suena difícil que el mundo corporativo abandone esa práctica ancestral.

De hecho, si cruzamos todas estas informaciones con la de ONG Global Financial Integrity[434], el flujo financiero ilícito producto de la corrupción corporativa incluyendo el soborno y la evasión fiscal podría representar 1 trillón de dólares en apenas una década para Iberoamérica sin contar con España[435]. Y es que basado en esos cálculos y el tamaño de su mercado Iberoamérica representaría el 12% del mercado de sobornos.

---

[432] https://www.transparency.org/en/gcb/eu/european-union-2021

[433] Índice de Percepción de Corrupción 2010, Transparencia Internacional

[434] Global Financial Integrity es un programa del Centro para las Políticas Internacionales creado en Washington en 1975, y en cuya junta directiva ha contado con miembros de la talla de Robert Morguentau ex fiscal de Manhattan o Moisés Naim. Sus estudios abarcan corrupción y soborno y transito ilícito financiero.

[435] Illicit Financial Flows from developing Countries 2000-2009 Dev Kar y Karly Curcio Global Financial Integrity 2011

Es muy interesante si usted por ejemplo abre el mapa de la percepción de corrupción de transparencia Internacional de 2001 y las compara con la de 2010 y 2021, encontrará que ya ninguna nación del planeta se acerca a la mejor puntuación. Finlandia que tenía 99 puntos en 2001 bajó a 88 así como buena parte de los países considerados como menos corruptos bajaron en promedio nueve puntos en apenas dos décadas.

Pero eso es poco en comparación a los que cayeron por debajo de la línea que define a los países corruptos, pues si 100% es la mejor nota, por debajo de los 50 puntos está ya reprobado en materia de percepción y se trata de dos tercios del planeta.

Y es aquí donde el planeta ha tenido la misma dificultad para sancionar a los que hacen trampas en las escuelas y a los plagiarios universitarios, de quienes efectúan los sobornos transnacionales en un mundo, en el que como en las escuelas, todos hacen lo mismo y donde la realidad del espionaje mundial y el soborno (1 trillón de dólares) hace muy difícil la competencia leal de las empresas.

El mensaje que enviamos constantemente sobre lo irrelevante que es hacer trampas hace que en realidad les importe poco hacerlo. En Francia, por ejemplo, hasta el 2005 y a nueve años de aplicación de la ley contra los sobornos, se investigaron 160 casos de los cuales, 120 fueron condenados. La justicia pareciera eficaz hasta que se conoce que a 56 de estos casos se les revocó la totalidad de la condena, a otros 20 se les revocó parcialmente y el resto fue penado con multas de 1.200 euros (mil doscientos euros)[436].

Las estadísticas, proporcionadas por los alemanes para el mismo período de tiempo, sostienen que, de los 169 casos de delitos corporativos, solo 3 llevaron a penas entre los 2 y los 5 años de las cuales ninguna fue de soborno transnacional[437]. En Japón una escueta nota esgrime que hasta 2006 nunca existieron

---

[436] OECD FRANCE PHASE 2: Report on the application of the convention on combating bribery of foreign public officials in international business transactions and the 1997 recommendation on combating bribery in international business transactions

[437] OECD GERMANY PHASE 2: Report on the application of the convention on combating bribery of foreign public officials in international business transactions and the 1997 recommendation on combating bribery in international business transactions

casos de sobornos corporativo, y se limitaron a explicar casos de corrupción local, cuyas sentencias fueron revocadas en un 98% y en la segunda revisión tres años más tarde, se sostiene que no se ha abierto ninguna investigación al respecto[438]. De hecho, del 2008 a abril de 2011 solo un caso logró ser procesado con éxito en los tribunales japoneses[439] donde el presidente de la una corporación y tres altos ejecutivos les fue suspendida la condena[440]

El caso chino es aún más impresionante, en el año 98 se investigaron cerca de dos mil casos de sobornos, en el 2003 la cifra había subido a nueve mil y para el año 2009 los casos de sobornos conocidos por los tribunales chinos alcanzaron la cifra de 32,436 casos con cerca de 42 mil oficiales chinos involucrados. En apenas una década hablamos de una cifra cercana a los 200 mil oficiales chinos detenidos por dar o aceptar sobornos en una nación que los condena a la pena capital.[441]

A los investigadores en Gran Bretaña[442] les explicaron en 2004 que existían 23 alegatos sobre la materia, de los cuales dos estaban siendo investigados. Cuando preguntaron por todos los casos que se ventilaban en los medios de comunicación y que eran evidentes, les informaron que ninguno de esos casos era investigado. Pero el problema es de tal magnitud que por primera vez en la historia la Reina de Inglaterra lo incluyó en su discurso de fin de año 2009[443].

Solo los Estados Unidos[444] ha demostrado haber acusado penalmente en 12 años a 26 de sus empresas, otras 28 llegaron a acuerdos para no ir a las cortes y 34 pagaron únicamente multas,

---

[438] OECD JAPAN PHASE 2 Bis: Report on the application of the convention on combating bribery of foreign public officials in international business transactions and the 1997 recommendation on combating bribery in international business transactions

[439] Jacobson, William; Kelly Garrett Thorman (November 24, 2008). "Japan Prosecutes First Major Foreign Bribery Case". The International Law Firm of Fulbright & Jaworski. Retrieved 24 October 2010.

[440] 'Help' was last word from Fujita 4 / Message received Tuesday was final contact The Daily Yomiura News 09/2010

[441] OECD CHINA PHASE 2: Report on the application of the convention on combating bribery of foreign public officials in international business transactions and the 1997 recommendation on combating bribery in international business transactions

[442] OECD UNITED KINGDOM PHASE 2: Report on the application of the convention on combating bribery of foreign public officials in international business transactions and the 1997 recommendation on combating bribery in international business transactions

[443] The Telegraph "Queen's Speach likely to target corporate bribery" By Amy Wilson 17/11/2009

[444] OECD U.S.A PHASE 3: Report on the application of the convention on combating bribery of foreign public officials in international business transactions and the 1997 recommendation on combating bribery in international business transactions

Estados Unidos tiene hoy unos 230 casos en investigación y la SEC ha logrado multas hasta el 2010 por 3 mil millones de dólares[445] y a partir de allí las investigaciones de los órganos reguladores han demostrado que los casos siguen desarrollándose con normalidad y que la cultura del engaño está intacta.

Pero, ¿qué pasó con el presidente de Enron? Nunca se sabrá porque pese a ir a juicio en 2004, murió dos años más tarde en libertad mientras vacacionaba en Aspen. Pero su destino pudo ser quizás el mismo que su CEO a quien se le redujo la sentencia a la mitad y fue enviado a una casa para reintegrarse a la sociedad. Mientras que el jefe financiero también se le redujo la sentencia a la mitad y también fue internado como paciente en un *halfway house*, es decir podía vivir en semilibertad o régimen parcial. Pero sus condenas fueron únicamente por fraude de cientos de millones de dólares y el resto de las decenas de implicados jamás fueron enjuiciados o simplemente pagaron una multa.

Y eso es lo que aprende rápidamente Ciber-James ya a punto de escalar a un nivel gerencial medio. Los políticos y jueces locales no van a permitir que sus ejecutivos vayan a prisión o paguen demasiado por sus pecados si tienen que competir contra sus pares sin escrúpulos. Es decir, es lo mismo que hace su competencia y más los enemigos de su país, a menos que el escándalo sea global. Mientras Ciber-Jane asimiló que Odebrecht causó el mayor escándalo en la historia de Iberoamérica, varios políticos fueron a prisión, uno se suicidó y solo el presidente de la compañía, si bien fue condenado a diecinueve años de prisión, apenas sirvió uno porque fue enviado a su mansión, mientras que cerca de ochenta altos ejecutivos llegaron a acuerdos con la fiscalía para no ser procesados[446] así como el presidente de Brasil, que fue acusado y fue a prisión, es nuevamente el favorito para alcanzar la presidencia de Brasil.

---

[445] Securities and Exchange Commission OECD Commends U.S. Regulators for Efforts to Fight Transnational Bribery, Washington, D.C., Oct. 20, 2010. Since the Phase 2 review in 2002, 71 individuals and 88 enterprises have been held accountable in the United States, criminally and civilly, for transnational bribery and related offenses. During this same time period, the United States has secured more than $3 billion in criminal and civil penalties and fines.

[446] https://www.reuters.com/article/us-odebrechtsa-corruption-argentina-idUSKCN1NW2LS

Así que la lección es igual a la ley española sobre plagio universitario, en las faltas muy graves como el hecho de quebrar una mega corporación causando un escándalo mundial como Enron u Odebrecht se castigará a un par de cabezas principales y se perdonará al resto. Pero si solo son graves y los escándalos no tienen escala planetaria como el espionaje de Hewlett Packard, se les perdonará y se levantarán los cargos a cambio de unas pocas horas de servicio comunitario[447].

Pero no solo se trata de sobornos a los oficiales corruptos del tercer mundo[448], hay corporaciones que simplemente sobornan a otras empresas para mejorar sus ventas como por ejemplo Johnson & Johnson que fue acusada por los fiscales de Estados Unidos de "pagar decenas de millones de dólares para que los asilos de ancianos y farmacéuticas prescribieran a más pacientes un medicamento nuevo contra la esquizofrenia, así como otras medicinas, para aumentar las ventas de la compañía"[449], el asunto es de tal magnitud que a 10 años exactos en que la ONU esgrimió su primer informe sobre el soborno a escala mundial sufrió su primer gran escándalo al ser sobornada una de sus oficinas (la de alimentos) para lograr un contrato de 237 millones de dólares como paquete de ayuda alimentaria para Burundi[450]

Por eso una respuesta más cercana a la verdad, sobre si ha aumentado o disminuido la corrupción corporativa, la podemos encontrar en las palabras de Alan Greenspan: "Una avaricia infecciosa parece que se ha esparcido por nuestra comunidad de negocios. Los guardianes históricos de la información han sido sobrepasados", "No se trata de que los humanos nos volviéramos

---

447 https://www.nytimes.com/2007/03/14/business/15dunn.html

448 Lo que debería ser considerado como una circunstancia de causa y efecto circular como la pregunta sobre ¿quien vino primero la Gallina o el Huevo? En este caso ¿quien vino primero el corruptor o el corrompido?, ¿1,36 trillones corrompieron en una primera instancia al planeta o el planeta busco la corrupción creándose los 1,36 trillones en sobornos? Nos podemos quedar con la respuesta de Aristóteles al primer problema, los dos existieron al mismo tiempo porque el uno y el otro están intrínsecamente ligados. Sin embargo, a la hora de la verdad, el corrupto del tercer mundo lleva todas las de perder, pues la corrupción corporativa no es percibida como un problema real para la sociedad.

449 CNN "EEUU demanda a Johnson & Johnson" 15 enero 2010

450 Fox News U.N Procurement Scandal: How Far did the Inside information travel? 10/02/2006 by George Russell

más avariciosos que las generaciones del pasado, sino que las avenidas para expresar esa avaricia, son las que han crecido enormemente[451]"

Es así como, sin demeritar en ningún momento el trabajo casi único de los Estados Unidos y unos pocos países occidentales, las multas aplicadas en todo el mundo corporativo representan el 0,03% del monto en sobornos y el 0,006% de los contratos, desde la aplicación del tratado. De allí que el gran aprendizaje de Ciber-James, es que en la práctica tiene más probabilidades de que lo muerda un tiburón en sus vacaciones, que de ir preso por sobornar a un oficial extranjero.

De hecho, de la misma manera que los padres se hicieron la vista gorda cuando en los colegios y las universidades hacían trampas, los gobiernos repitieron la actitud y todos comprendieron que todo está permitido y lo que se persigue, es que no te descubran.

---

[451] Chairman Alan Greenspan Federal Reserve Board's Before the Committee on Banking, Housing, and Urban Affairs, U.S. Senate July 16, 2002. http://www.federalreserve.gov/boarddocs/hh/2002/july/testimony.htm

## Realizando operaciones de infiltración y filtración

Ahora bien. ¿Y porque estas son operaciones de Inteligencia y Contrainteligencia?, ¿Qué tiene que ver la Inteligencia Corporativa con la corrupción global o la corrupción corporativa e industrial? Pareciera una pregunta difícil de contestar, pero no lo es. La magia del aislamiento informativo se basa primordialmente en la credulidad de las mayorías aisladas que solo consumen la información, sin preguntarse su origen y las razones por las que fue emitida. Es decir, jamás preguntan de dónde llegó la información y las razones de la fuente informativa para dar la información.

La próxima vez que usted vea un escándalo corporativo de soborno en los periódicos o en la televisión, pregúntese dos cosas, la primera: cómo fue que llegó la información al despacho de un senador o de un periodista determinado.

Por ejemplo, Chevron-Texaco en 2009 entregó a los gobiernos de Estados Unidos y Ecuador documentos y videos que comprometían a un juez y a miembros del gobierno que llevaban una causa multimillonaria contra la empresa, en una trama para aceptar sobornos que darían como resultado la culpabilidad de la compañía. Para ello un operador ex-empleado de Chevron logró infiltrar al juez y a los funcionarios con aparatos sofisticados de espionaje entre ellos un reloj espía y efectuar las negociaciones de soborno para repartirse tres millones de dólares con el Juez. El resultado fue expuesto por Chevron Texaco y entregado a los diferentes gobiernos lo que evidentemente dejó claro que Chevron jamás tendría un juicio justo.

La contraparte igualmente realizó otra operación de Inteligencia, infiltrando a su vez al operador de Chevron mediante un amigo de la infancia quien lo grabó utilizando igualmente mecanismos sofisticados, y filtraron las conversaciones en diversas páginas para tratar de demostrar que se trataba de un equipo de delincuentes comunes que habían forjado las pruebas y así desprestigiar al operador y eliminar la posibilidad de un juicio amañado. Esta operación fue de tal magnitud que hizo que el operador se fugara y revirtió los efectos de la primera operación hasta el punto que la compañía terminó siendo declarada culpable.

Por eso siempre hay que cuidarse de sus archirrivales que siempre van a procurar hacerle la vida miserable, por eso la segunda pregunta que Usted siempre debe hacerse es: ¿cómo descubrieron de pronto un soborno?, ¿Cómo llegó la información a los investigadores que están saturados de investigaciones anteriores inconclusas? Y es que, como miembro de una corporación que se dispone a efectuar una negociación en ultramar, Ciber-Jane debió aprender a estar preparada para que la sigan, la graben o la filmen a la hora en la que se disponga a reunirse formal e informalmente como si fuera una embajadora en Corea del Norte. Deberá estar preparada incluso cuando llegue el momento en el que un joven y carismático ejecutivo se aproxime a un bar, mientras le hacen una copia de su disco duro en operaciones que ni a la KGB se le habrían ocurrido o incluso dispuesto a que su ordenador sea robado de la habitación de su hotel, en una conferencia o en sus vehículos, pero que al final dicha información aparecerá publicada inusualmente en periódicos o llegará a oídos de sus clientes.

A todo esto, debe sumarle que tiene que tener mucho cuidado porque centenares de casos que pasan desapercibidos como simples robos pueden causarle mucho daño a su corporación, como por ejemplo el del empleado de Ernst & Young en 2005 que le fue robado de su auto un laptop y su contenido (decenas de miles de documentos privados de empleados, directores de IBM y otras empresas) y estos documentos terminaron expuestos. Pero eso solo ocurrió meses después de que a otro empleado le robaran otra de forma similar con información de Cisco y Sun Microsystems que también fue expuesta[452]. Un tiempo después de este incidente, dos personas extrajeron cuatro computadoras de una conferencia lo que evidentemente la información causó un escándalo que llegó a los medios de comunicación con el posterior impacto en la reputación de la corporación, poco después de que le sucediera al CEO de Qualcomm[453]. Recuerde que como dice el

---

[452] Lost Ernst & Young laptop exposes IBM staff, The Register UK 15/03/2005

[453] https://www.latimes.com/archives/la-xpm-2000-sep-25-me-26438-story.html

famoso adagio: la primera vez es mala suerte, la segunda una casualidad infortunada pero la tercera, es un acto de guerra.

Los casos en los que un gerente (con demasiada información) le es robado de su auto el laptop ha causado severas grietas no solo en compañías de auditoría, sino de cientos de corporaciones, seguros, hospitales, industrias y compañías sino de gobiernos, sistemas de defensa o de fuerzas aéreas en el globo así que no sorprende como le robaron la suya al ministro encargado de los secretos nucleares de Gran Bretaña[454], si hasta el año 2008 se habían robado más de mil laptops del gobierno inglés[455] para 2021 habían desaparecido casi tres laptops, teléfonos o discos duros diariamente[456]

Buena parte de esos robos son producto de la delincuencia común, pero rápidamente Ciber-James comprenderá que su competencia a veces no es tan santa como suponía y entenderá entonces por las malas, cuando un e-mail es enviado a un periodista que descubre decenas de miles de personas expuestas por ese robo y estaban en su computadora. En fin, la delincuencia común, usualmente no hace esas cosas.

Son aspectos que debe recordar, igual que no cometer infidelidades que puedan causarle un problema matrimonial e igualmente deberá estar prevenido cuando grupos ecologistas, organizaciones no gubernamentales y grupos de presión, que nunca habían existido, surjan de todas partes con equipos de abogados.

---

[454] Defence minister's laptop stolen http://news.bbc.co.uk/2/hi/uk_news/776364.stm
[455] More than 1,000 government laptops lost or stolen, new figures show.
https://www.theguardian.com/politics/2008/mar/04/2
[456] https://www.independent.co.uk/news/uk/sarah-olney-cabinet-office-government-ministry-of-defence-liberal-democrat-b1981541.html

## Y hasta otras más agresivas

Posiblemente en occidente somos un poco más estrictos con aquello del uso de gentes del bajo mundo, pero eso no quiere decir que el mundo lo considere igual que nosotros. En algunos países es normal y ha sido práctica común, contratar a la mafia para atacar fuerzas hostiles a nuestros intereses corporativos. Por ejemplo, hay enormes compañías asiáticas que han contratado a mafiosos para evitar que determinado accionista tomara la palabra en las juntas e incluso han llegado a finales un poco violentos con grupos de accionistas negados a cambiar el rumbo de una corporación o asumir una línea de producción nueva.

En Japón llegaron a ser tan comunes, que existe una palabra para definir a estos extorsionadores corporativos: *Sokaiya*, cuya traducción es "el hombre de la reunión" y que en su práctica podría ser traducida como: operador de juntas de accionistas, donde los gánsteres son contratados para evitar que otros influyan en sus reuniones, impidan que los accionistas hablen o disminuyan la exposición de sus problemas. Pero lo que comenzó con el uso de gentes del bajo mundo, se convirtió en una pesadilla para las corporaciones, pues los gánsteres comenzaron a influenciar masivamente y a extorsionar a las corporaciones, así que en 1997 ya hartos buscaron encontrar un acuerdo para eliminar tales prácticas. En 1998 el Gobierno de Japón prohibió por Ley estas operaciones, aunque han continuado y ahora la podemos ver aplicándose en Hong Kong y en Taiwán.

Otras compañías en Asia han hecho lo mismo para evitar por la vía violenta que los bajos fondos arruinaran sus intereses. Si bien occidente también recurrió a veces a sus organizaciones criminales como la mafia para quebrar el espíritu sindicalista, estas prácticas que fueron muy comunes, están hoy en desuso por el advenimiento de las "mejores prácticas" de gobierno corporativo que han evolucionado en cuanto a sus modos y formas, pero no en cuanto a sus objetivos[457]. El Espionaje Laboral, dio paso a la Inteligencia Laboral desde que el Senado norteamericano lo

---

[457] Estas prácticas se describen con profundidad en el Libro 2 sobre Inteligencia Corporativa, Capítulo IV

descubriera en los años treinta regulando y penando a las grandes empresas que utilizaban el espionaje, el chantaje y la coerción.

Ejemplos de esta guerra de alta intensidad, los podemos encontrar en los Estados Unidos cuando Greenpeace acusó en las cortes a varias compañías de "robar miles de documentos, interceptar sus teléfonos, traspasar y robar información referida a sus esfuerzos por el medio ambiente[458]" Pero eso no ocurre solo en Norteamérica ya que por ese mismo motivo han sido demandados por espionaje a ese grupo de ecologistas, otras compañías francesas[459]. En Occidente y al mejor estilo de la CIA las corporaciones contratan en su defecto a otras compañías especializadas llenas de ex agentes del FBI y de la CIA para diversos fines o "grupos de interés" para llevar todo tipo de maniobras de las cuales hablaremos con profusión más adelante.

Pero lo que es necesario comprender, al menos para Ciber-Jane, es que si han sido entrenados durante más de un siglo para llevar a cabo este pensamiento contra los suyos. La ética, en lo que respecta a las compañías extranjeras es mucho, pero mucho peor.

Usted dirá con cierta razón que estas prácticas ya no son tan comunes hoy en día. Pero esto se debe a que el bajo mundo ya no es lo que solía ser. De la misma manera que el dinero físico ha desaparecido y se ha transformado en electrónico, la mayoría del bajo mundo especializado en corporaciones ha migrado igualmente al medio cibernético y ya no se llama bajo mundo, sino darkweb.

---

[458] United States District Court for the District Court of Columbia, Greenpeace vs various, plaintiff 29/11/2011

[459] La empresa EDF de Francia fue acusada de espiar a Green Peace, En 2009, se acusó a Pedro François y Pascal Durieux dos responsables de la seguridad corporative bajo investigacion de la corte por "complicidad y ocultación de intrusión fraudulenta informática". Se le les acusa de haber pedido en 2006 a una sociedad de inteligencia económica, Kargus Asesores, de obtener de manera ilegal la información relativa al funcionamiento del movimiento ecologista y de sus posibles acciones en los centros nucleares de EDF...

## Junto a otras mucho más peligrosas

Usted estará de acuerdo con una verdad absoluta: "Las armas de destrucción masiva fueron el pretexto usado por George W. Bush y Tony Blair para invadir Irak"[460], todos los años nos lo recuerdan para que la desinformación no cambie la idea de que nunca hubo causa justa a la hora de sacar a patadas a Saddam Hussein.

Pero ¿Se ha preguntado Usted porque existen leyes que prohíben las exportaciones sin licencia de material sensible? Por lo mismo que las demás, es tan común violar los regímenes de sanciones que es necesaria una Ley. Tomemos el caso de Irán cuyo régimen está sancionado, pero ha recibido material industrial sensible de corporaciones de Norteamérica, Reino Unido, Holanda, Bélgica, Alemania, Singapur, Taiwán o Suiza. De acuerdo al FBI solo en el año 2008 fueron acusados en territorio norteamericano 145 empresarios por violar los embargos de los cuales Irán, es el destino que lideraba sus exportaciones con sistemas guías de misiles, componentes explosivos, partes de aviones de combate o lentes de visión nocturna[461]. El asunto es de tal magnitud que en ese mismo año el Departamento de Justicia admitió, luego de fortalecer las sanciones, que las exportaciones ilegales de material a Irán y China habían aumentado un 30%, hasta el punto que 97 corporaciones habían sido encontradas culpables en apenas 24 meses[462].

Irán es un buen negocio y por ello, había hasta 2014 cerca de trescientas empresas occidentales haciendo negocios con ellos a pesar de las sanciones[463] y todos los años diversas compañías prefieren llegar a acuerdos con la OFAC pagando multas, que abandonar sus mercados.

En el caso de China hasta la tecnología del transbordador espacial había sido exportada junto con la de los vehículos aéreos no tripulados. Pero al final, las armas terminan siendo las que más

---

[460] https://www.bbc.com/mundo/noticias-internacional-36729843

[461] FBI Press release 2008 More Than 145 Defendants Charged in National Export Enforcement Initiative During Past Fiscal Year

[462] Departamento de Justicia de los Estados Unidos, declaraciones de Dean Boyd sobre el aumento de las exportaciones ilegales a Irán junio 2008.

[463] http://graphics.wsj.com/iran-sanctions/

violan el embargo desde estos países, en gran Bretaña se han detenido a empresarios por exportar desde girocompases para guía de misiles a Irán, ametralladoras a Kuwait o precursores para gas nervioso a Egipto y quien hizo esto último fue condenado a pagar unos mil euros de multa.

En 2003, dieciocho corporaciones norteamericanas fueron investigadas por vender miles de partes de misiles y de aviones de combate a Irán a través de compañías fantasmas. En el 2004 el presidente de una corporación aceptó su culpa por vender secretamente a Irán tecnología para sus aviones F-4 y sus helicópteros de ataque, en el 2005 fueron acusadas tres corporaciones por vender turbinas, misiles y tecnología de esos aviones también a Irán, en el 2006 otra más por vender secretamente componentes igual que en 2007. Pero a partir de allí comenzaron a venderlas a compañías de otras nacionalidades trianguladas a distintos países para los iraníes en lo que el Departamento de Justicia calificó como Red de abastecimiento con 75 personas y empresas[464].

En fin, que hasta el día de hoy los aviones iraníes continúan armados hasta los dientes, gracias a empresarios como Omid Khalili que en el 2010 se declaró culpable de suministrar partes de aviones F-14, algo que ya había ocurrido varias veces en el pasado o en enero de 2011 con plena crisis nuclear en Irán, un empresario norteamericano fue acusado de vender un avión caza F-5, manuales de aviones caza F-14 junto con componentes y trajes antigravedad de este tipo de avión de combate.

Es así como donde la ética pareciera bailar al son del dinero, pues en 2014 hasta un israelí fue acusado de hacer lo propio para armar los aviones iraníes que pudieran atacar su propio país[465] de la misma manera que una pareja de empresarios británicos lo hiciera en 2018[466].

Y es igual con el tema nuclear y sus misiles. En plena crisis un empresario de Maryland fue acusado de vender tecnología nuclear a Irán desde el 2005, en 2006 un equipo de más de 250 agentes policiales encontró que cerca de cuarenta compañías alemanas habían colaborado con el desarrollo nuclear de ese país, mientras que en

---

[464] https://www.justice.gov/archive/opa/pr/2008/October/08-nsd-959.html
[465] https://www.timesofisrael.com/israeli-arrested-for-allegedly-selling-arms-to-iran/
[466] https://sofrep.com/news/how-iran-tries-to-keep-its-f-14s-flying/

Toronto (Canadá) otro ha sido acusado por lo mismo y los holandeses comenzaron una investigación en relación con equipos de desarrollo nuclear que desaparecieron y terminaron en Irán como por arte de magia. Mientras tanto, Japón condenaba a una de sus corporaciones por vender secretamente material nuclear a Irán, Libia y Corea del Norte de la misma manera que lo hicieran posteriormente compañías belgas.

Si tomamos en cuenta que algunos países africanos son quienes le entregaron metales para uso nuclear pues ya tenemos el panorama completo del desarrollo nuclear iraní. Pero el asunto puede empeorar más, si tomamos en cuenta que en agosto de 2010 dos empresarios alemanes fueron acusados de vender tecnología de misiles a Irán y tres meses más tarde un empresario de Taiwán exactamente por lo mismo.

Muy bien dirá Usted, eso trata sobre la corrupción corporativa pues estas les venden a exportadores sabiendo que el único que utiliza ese tipo de avión es Irán. Pero el asunto no es tan fácil, es cierto que el entramado utiliza la avaricia corporativa, pero nadie puede colocar un anuncio en la prensa que diga: "Se vende material para centrifugadora de enriquecimiento de uranio", como tampoco el interesado puede anunciar: "Se solicita dióxido de uranio como combustible, favor abstenerse intermediarios". Todo comienza con una operación de Inteligencia del solicitante, usualmente un gobierno o corporación extranjera, quienes utilizan una compleja red corporativa y financiera que procura ser indetectable en un tercer país.

Por eso las operaciones para dar con estos agentes ilegales dejarían en ridículo a la ficción, donde la infiltración en un bar de Bucarest, o las conversaciones en un funicular francés por agentes de un tercer país, son parte del día a día de la contrainteligencia nuclear, que puede tardar años en desmantelar una red corporativa dedicada y especializada en inteligencia nuclear. Es aquí donde si usted tiene una compañía que construya componentes duales, vitales o necesarios, debe saber que estará bajo ataque de estos sistemas altamente especializados y basados en la ingeniería social, lo harán de una manera u otra, colaborar en la venta de ese material.

Así que no se trata únicamente de ética y de corrupción, pues Ciber-James aprenderá rápidamente y en carne propia que toda posible vulnerabilidad que tenga él o su equipo, es la puerta trasera en la que se colarán los agentes altamente especializados y lo obligarán a aportar sus secretos, porque de hecho ya tienen la mayoría de los suyos.

El robo de información nuclear es tan recurrente, que hasta tenemos un término aplicado especialmente para esto, "Espionaje nuclear" y "Espía nuclear", que es la manera en la que Rusia o China consiguieron la información necesaria para construir su bomba atómica, de la misma manera que lo hiciera Israel en su momento o Pakistán y es tan fácil conseguir la información, que el FBI hizo una investigación encubierta en el año 2010 donde convenció a un científico nuclear que trabajó en el conocido laboratorio nuclear de los Álamos, para revelar información que ayudara a Venezuela a conseguir una bomba atómica y este comenzó a entregar la documentación sin miramientos por apenas 20 mil dólares[467]. Por ese pequeño monto, Venezuela pudo haber comenzado su carrera nuclear si esta nación hubiera decidido ingresar en la carrera de Inteligencia Nuclear.

Y esto nos debería hacer sospechar entonces, que la frase que encabeza este Capítulo debería ser contrastada con otra realidad. En el discurso del Estado de la Unión del 2003, el presidente George Bush explicó a los norteamericanos que: "Las Naciones Unidas concluyeron que en 1999 Saddam Hussein tenía suficiente material biológico para producir 25 mil litros de Ántrax, capaces de matar a varios millones de personas". De la misma manera explicó en un párrafo más adelante, que podía "producir 38.000 litros de toxina de botulismo, además de "500 toneladas de Gas Sarín"[468].

Y esa es la magia de la desinformación y la propaganda, pues todo el planeta se centra hoy en la frase: "Las armas de destrucción masiva fueron el pretexto usado por George W. Bush para invadir" pero se

---

[467] FBI press release "Former Workers at Los Alamos Charged with Transmitting Classified Nuclear Weapons Data to Injure the United States" Sep 17, 2010.

[468] https://www.infoplease.com/primary-sources/government/presidential-speeches/state-union-address-george-w-bush-january-28th-2003

omite claramente la discusión real y necesaria, sobre ¿Cómo fue que Saddam Hussein consiguió tales toneladas de material?

Y esa es la realidad de la desinformación. Termina sin importarnos que nuestras compañías hubieran dado suficiente material a los dictadores más salvajes para que pudieran desarrollar 19 mil litros de toxina de botulismo u 8 mil litros de Ántrax, o que quienes amenazan con acabarnos desde las cruzadas terminen con imponentes complejos para desarrollar bombas nucleares. Todos vimos cómo Saddam Hussein gaseó a los kurdos en 1988, todos hemos visto cómo se desarrolló la industria de armas químicas en Siria[469] y la investigación llevada a cabo, veinte años más tarde de ese ataque, por un organismo independiente de la ONU llegó a la conclusión de que la evidencia apuntaba a que habían usado guerra química.

Todos hemos visto los intentos de la ONU para que el gobierno de Libia en la era post Gadafi se deshiciera de las 22 toneladas de armas químicas acumuladas en sus arsenales[470] y no fue sino hasta el 2018 que se logró convencer a los libios de que deshacerse del gas mostaza[471]. Y es lógico no querer deshacerse de estos, si los egipcios tienen gran cantidad de toneladas de armas químicas y misiles de largo alcance.

El problema, es que no importa que corporaciones alemanas les construyeran a Saddam los laboratorios y bunkers aportando más de mil toneladas de precursores de gas mostaza y sarín, cosa que fue cuadruplicado por los holandeses, o que las compañías francesas aportaran el 21% de las armas químicas y que las italianas les proporcionaran 75.000 municiones con capacidades de guerra química o los británicos les hicieron una planta de hipoclorito de sodio no precisamente para limpiarle las piscinas a Saddam.

Y sí, también las compañías de China, Egipto, Luxemburgo, Austria, Singapur y pare Usted de contar, se esforzaron en proporcionar centenares de toneladas de precursores para la guerra bacteriológica y química al mismo hombre que era

---

469 https://www.armscontrol.org/factsheets/Timeline-of-Syrian-Chemical-Weapons-Activity
470 https://www.armscontrol.org/factsheets/LibyaChronology
471 https://www.opcw.org/media-centre/news/2018/01/opcw-director-general-praises-complete-destruction-libyas-chemical-weapon

catalogado como loco. Así que ¿por qué las compañías españolas no habrían de darle más de 57.000 municiones o las brasileñas 100 toneladas de gas mostaza?

¿Tenía Saddam Hussein armas de destrucción masiva? Por supuesto que sí, se las proporcionamos nosotros[472] cuando nos convino, no en balde las propias corporaciones norteamericanos e inglesas fueron a juicio por haberles proporcionado más de 400 toneladas de componentes para ello y lo que enardeció a muchos en su momento, fue que Saddam en un célebre documento le entregara a la Comisión Especial de las Naciones Unidas todo lo que las corporaciones habían entregado especificando tonelada por tonelada, país, compañía, cada precursor, componente, munición y cada arma de destrucción masiva que le suministraron durante décadas.

Así que usted puede escoger la versión de la información que más le guste de la guerra, la teoría de que fue producto de las petroleras y los tejanos o las conspiraciones de los perros de la guerra, la necesidad de que los arsenales se renovaran y yo le añado otra más, quizás fueron a la guerra porque los abogados corporativos explicaron a Ciber-Jane el lío en el que estaba metida y por orden de tonelada suministrada integraron la coalición para invadir y quemar los documentos así como es la misma razón, por la cual nunca encontramos ninguna de las 17,6 toneladas de gas nervioso producidas por día gracias a las compañías alemanas como lo señaló Der Spiegel[473], mismo señalamiento por cierto, que el que señalaba que las mismas habían colaborado con la guerra química en Siria[474] o las toneladas de bacterias para uso militar como los virus del ántrax, fiebre tifoidea o cólera que nosotros mismos suministramos como lo reportó la NBC o a donde fueron a parar los embarques del virus de la Fiebre del Nilo, o la Micotoxinas TH-2 que le mandamos a Saddam de regalo de cumpleaños.

---

[472] En el reporte The Simon Wiesenthal Center, The Poison Gas Conection 1990 Middle East Defense News. Se establece que 207 corporaciones de 21 paises Occidentales (18 norteamericanas) contribuyeron al arsenal de Saddam

[473] https://www.latimes.com/archives/la-xpm-1990-11-25-mn-7482-story.html

[474] https://www.spiegel.de/international/germany/german-companies-suspected-of-aiding-syrian-chemical-weapons-program-a-1014722.html

## Usando operadores especializados

Llegando a este momento Ciber-James ya habrá entendido que el juego es más difícil de lo que pensaba y que hay que buscar las mejores herramientas para influir en su entorno. De hecho, se encuentra sitiado por la competencia desleal local, la extranjera, equipos especializados para extraer secretos, agentes de desinformación, expertos en reingeniería social de su compañía, agentes de cambio y presión, así como equipos altamente especializados que le escrutarán su vida y la de su equipo en busca de puertas traseras que le permitan obtener sus productos, prototipos e información sobre lo que hace o piensa hacer.

Pero, se ha preguntado Usted ¿porque nuestros políticos más importantes terminan trabajando para las corporaciones? Simple, porque las mismas necesitan usualmente las mejores herramientas de influencia y contra influencia. Es así como podremos ver como el vicepresidente de Clinton, Al Gore quien había sido, además, miembro del Congreso y servido principalmente en el Comité Energía, así como presidió durante cuatro años el Comité de Ciencia y Tecnología, no es extraño que también estuviera en la junta directiva de Apple[475] y fuera asesor de Google[476]. De la misma manera que en el gigante Wal-Mart (la corporación más grande del planeta) estuvo durante 6 años Hillary Clinton como la primera mujer en su junta directiva[477] mientras Bill Clinton era gobernador y justo hasta el momento en que lo nombraron presidente, aunque según medios especializados nunca abandonó los contactos de largo aliento de dicha empresa y posteriormente se asoció en proyectos de venta con la misma[478].

Esta práctica no solo es importante, sino vital para la supervivencia de las corporaciones por lo que es de uso común, hasta el punto que si Hilary estuvo en Wal-Mart, su mayor suplidor de alimentos tenía a Michelle Obama como miembro de su junta. George Bush y su secretario de Estado James Baker fueron

---

[475] Former Vicepresident Al Gore Joins Apple's Board of Directors. Apple News Cupertino, California—March 19, 2003.

[476] shttp://www.reuters.com/article/2009/10/12/us-google-idUSTRE59B2R120091012

[477] As a Director, Clinton Moved Wal-Mart Board, but Only So Far. http://www.nytimes.com/2007/05/20/us/politics/20walmart.html

[478] Fox News 02/11/2007 Former President Bill Clinton Partners With Wal-Mart to Help

asesores de la compañía contratista de defensa Carlyle[479]. Y si de contratistas de defensa hablamos las principales han contado, cuentan y contaran siempre con extraordinarios ex-senadores en su nómina directiva[480], de la misma manera que podrán contar con senadores en ejercicio para que hagan lobby directamente por ellas[481].

De hecho, es tan común que existe una norma del Comité de Ética del Congreso de los Estados Unidos que especifica claramente que un Senador deberá esperar al menos dos años para hacer Lobby a favor de las corporaciones. Situación que es comúnmente flanqueada al abrir compañías de asesoría[482] como por ejemplo el ex Líder de la Mayoría del Senado Trent Lott (republicano) abrió una firma de consultoría (bipartidista) con el Sen. John Breaux (demócrata) y de esta manera no sólo gana haciendo cabildeo indirecto, sino que también pertenece a juntas directivas corporativas[483] y es usual incluso hasta romper la promesa electoral de no hacer nunca cabildeo[484]. Por eso se les permite tener a sus esposas e hijos con empresas de lobby hasta el punto que hasta el 2008, 24 congresistas y 32 senadores los tenían durante su período[485]

Y es que la inteligencia corporativa en los Estados Unidos invierte 3,77 billones de dólares anuales en los 12.198 lobistas registrados en 2021[486] para influir en congresistas, algo así como 35 millones de dólares por miembro del Congreso durante el tiempo que dura en su

---

[479] shttp://www.globalsecurity.org/military/industry/carlyle.htm

[480] Al momento de escribir este artículo Honeywell también contratista de Defensa se prepara para contratar entre sus filas al Ex senador Judd Gregg 03/10/2011 con más de 30 años de extraordinaria carrera, fue entre otras cosas el redactor del programa de ayuda bancaria TARP y posee vasta experiencia en casi todas las grandes comisiones del Capitolio, además de haber sido secretario de comercio de Obama. Honeywell.com/ Press release: "Honeywell Board of Directors Nominates Former U.S. Senator Judd Gregg To Stand For Election As A Director At 2011 Annual Meeting 3/10/2011"

[481] Como es el caso del Senador Alfonso Amato quien fue sancionado por el Comité de Ética del Congreso Americano por permitir que su hermano utilizara los recursos de su oficina del Congreso para solicitar fondos a nombre de Unisys.

[482] Buena parte de los Senadores terminan creando sus firmas de consultaría para actuar a nombre de las corporaciones. La Norma indica que lo hagan directamente, pero es laxa con los mecanismos alternativos.

[483] Desde que ambos se marcharon en 2008 hasta la fecha la firma Breaux Lott Leadership Group ha tenido 902 clientes corporativos y ha ganado 30.800.000 dólares. Además, forman parte de las Juntas directivas de varias corporaciones.

[484] Former Senator Chris Dodd breaks promise not to become a lobbyist, 02/03/2011 Examiner.com

[485] De acuerdo al centro para una Política Responsable, ONG que investiga las actividades de cabildeo

[486] https://www.opensecrets.org/federal-lobbying/summary

escaño y solo el senado durante los últimos 12 años ha tenido que rellenar 101 reportes diarios de acciones con los lobistas. Esa, es solo parte de las estrategias legales para lograr influencias porque después contamos con la política de puerta giratoria donde el Staff de un congresista pasa a una corporación, grupo de lobby o terceros, o el Staff corporativo pasa a integrar las filas del congresista o del gobierno, donde se encontraron 3.678 casos solo en el año 2009[487] y para para abril de 2011 existían 5.746 miembros del personal del Congreso sirviendo a las corporaciones norteamericanas.[488]

Pero eso no es sólo el Staff, sino también congresistas, secretarios del gabinete, gobernadores y alcaldes, como por ejemplo quien fue uno de los miembros en el equipo de transición de Obama y gobernadora de Michigan hasta Enero 2011 que pasó a las filas de la mega empresa química Dow Chemicals[489] y a partir de ese año, la única hija de los Clinton, Chelsea fue contratada para la junta directiva de Expedia y de acuerdo a los medios ingresó nueve millones de dólares hasta 2020, es decir un millón al año para un puesto que usualmente pagaba 250 mil[490] o casos como la directora de Seguridad nacional del presidente Obama que fue presionada a renunciar a un puesto en la junta directiva de Netflix[491].

Y debemos recalcar una vez más que esto no es sólo un problema norteamericano, el asunto que se conozca y esté regulado habla de nuevo bien de una nación sin complejos de ninguna naturaleza. La primera discusión sobre lobistas en el siglo XX fue voluntaria en 1860[492] y la primera ley que obligaba a registrarse ocurrió en 1946, con reformas en los 50 y 60's, hasta

---

[487] Revolving Door Policy Report de la ONG http://www.opensecrets.org/industries/index.php

[488] Center for responsive Politics, Washington, http://www.opensecrets.org/revolving/index.php

[489] Former Gov. Granholm appointed to Dow Chemical Board of Directors 24/03/2011 Connectmichigan.com

[490] https://thehill.com/homenews/senate/476894-chelsea-clinton-reaps-9-million-from-corporate-board-position/

[491] https://www.hollywoodreporter.com/business/business-news/susan-rice-to-step-down-from-netflix-board-and-join-biden-administration-4103023/

[492] El lector debe tomar en cuenta que ocurrieron discusiones sobre como los grupos de presión afectan la labor de los diputados desde 1860 y la primera regulación sobre la materia fue en 1876, cuando el Senado Norteamericano regulo tal conducta teniendo que "voluntariamente" registrarse en la Oficina del Clerk del Congreso. Pero la primera regulación moderna realmente data del año 1946

llegar a la del 95 reformada a su vez tres veces. Pero el problema era global y en Europa no fue sino hasta el año 2006, unos sesenta años después de la primera ley norteamericana, que comenzaron a legislar sobre el pequeño problema existente e impusieron el segundo censo voluntario de lobistas del planeta 132 años después del primero y que llegó a 3.000 grupos de presión en apenas año y medio[493] y llegaron a ser 10.940 a mediados del 2021[494].

En la Unión Europea dejó de ser voluntario en el año 2011 debido a los casos de corrupción encontrados donde eurodiputados fueron señalados de haber recibido sobornos para alterar las propuestas a favor de grupos determinados[495] para al final efectuar propuestas más firmes sobre la actuación de esos grupos de presión, donde ya en 2011 cada eurodiputado debería llenar la misma forma[496], que todo diputado norteamericano lleva haciéndolo desde 1946.

Pero aún los grupos de presión no tienen nada que temer, pues en España se seguía discutiendo su necesidad en 2021[497] y faltan unos veinte años para que se llegue al consenso real europeo y unos cincuenta para que se popularice en los parlamentos de cada estado.

Mientras eso existe en Estados Unidos y comienza a ser importante para la Unión Europea, en Japón existe una palabra para definir este proceso masivo de altos cargos de gobierno pasando a las corporaciones, la palabra *amakudari* tomada de la mitología japonesa y que se refiere al descenso de los dioses a la tierra[498], donde los políticos y gobernantes de altos niveles pasan a engrosar las filas corporativas hasta el punto que algunos son llamados *wataridori* o "ave migratoria" por cuanto pasan de un puesto público a uno privado varias veces. Esto evidentemente forma parte de una política estructurada de los japoneses y que les ha dado más de un dolor de cabeza por la cantidad de escándalos de corrupción en la década de los 90 que llevó a que en 2007 trataran de eliminar estas prácticas por

---

[493] El Mundo de España: El registro europeo de grupos de presión alcanza las 3.000 inscripciones 06/09/2010

[494] https://lobbyfacts.eu/reports/lobby-costs/all/0/2/2/2/0/0/

[495] AFP EU parliament probes MEP corruption claims 20/03/2011

[496] El Mundo 11/05/2011 Los eurodiputados tendrán obligación de informar de sus contactos con 'lobbies'

[497] https://cincodias.elpais.com/cincodias/2021/06/18/legal/1624003803_856699.html

[498] Tomado del libro Amakudari: The Hidden Fabric of Japan's Economy, by Richard A. Colignon, Chikako Usui

ley[499], al parecer sin mucho éxito ya que desde la fecha de su promulgación hasta el 2009 "1.757 cargos corporativos fueron llenados por burócratas"[500] en clara demostración de que ha sido imposible su erradicación, pues sigue vigente al menos hasta 2022[501]

De la misma manera en España e Iberoamérica el concepto de puerta giratoria de alto performance es un hecho en las principales corporaciones con casos como el expresidente Aznar de España quien ha asesorado a varias corporaciones como fondos de inversión y recientemente Endesa[502] "cuyo objetivo es el "interés por el mercado iberoamericano" pero en países cuyas regiones son muy autónomas las herramientas deben ser más plurales por lo que esa compañía también contó entre sus filas con el ex portavoz de Convergencia y Unión Miguel Roca y para el 2014 cuarenta y tres políticos de alto nivel "estaban enchufados en las eléctricas"[503]

De la misma manera el ex presidente Felipe González lo ha hecho para Gas Natural FENOSA también para "fortalecer los vínculos con Iberoamérica[504]" y el Grupo Acciona (también de Energía) fichó al responsable de la Política Exterior de la Unión Europea Javier Solana[505]. Si tomamos en cuenta que la ex directora general de Energía y Minas en el Gobierno de Aznar Carmen Becerril es la actual presidente de Acciona Energía, o el expresidente del Partido Nacionalista Vasco Javier Imaz como presidente de Petronor (Filial de Repsol) por lo que las condiciones para las "guerras de inteligencia energética" de España se acaban de cumplir y será extraordinario verlas en combate contra sus pares chinos y rusos, en los que corporación y gobierno, es literalmente la misma cosa.

---

[499] The Japan Times "Amakudari bill reddy. Kiodo News June 7, 2007

[500] The Japan Times "1.757 got Jobs via 'amakudari' from 07 to 09, Kiodo News

[501] https://www.japantimes.co.jp/news/2022/04/25/business/activist-shareholder-japan-revolving-door/

[502] Endesa ficha al ex presidente Aznar como asesor externo, Recibirá una retribución de unos 200.000 euros anuales, EL PAÍS - Madrid - 12/01/2011

[503] https://www.elmundo.es/cronica/2014/02/23/530881d922601da2168b456c.html

[504] Felipe González cobrará 126.500 euros anuales como consejero de Gas Natural Fenosa El Mundo 17/12/2010

[505] Acciona ficha a Javier Solana Diario el Mundo 06/11/2009

## Para que no destruyan a nuestras compañías.

¿Cómo puede competir su empresa en igualdad de condiciones contra todos estos modelos? ¿Cómo superar el *megalobismo* estadounidense, el *amakudari* japonés, la *nomenklatura corporativa* rusa, o el *state-back-intelligence* chino? Si tomamos en cuenta que las compañías españolas por ejemplo se proponen invertir 10.000 millones de euros en Iberoamérica[506], esta se va a enfrentar no solo a sus rivales extranjeros, sino a la guerra en todos los frentes, lo podría hacer contra otra americana que gasta 40 millones anuales de Lobby[507] con más de 600 lobistas a su disposición y quien cuenta con el ex senadores en la Junta Directiva[508] congresistas que son inversionistas, Así como en las filas directivas de sus subsidiarias. Pero además de cabilderos y un batallón de políticos en sus filas, pagó multas por decenas de millones de dólares por sobornar, para obtener contratos del programa de petróleo por comida de Irak[509], fue sido acusada en Israel por uso de sobornos[510] solo un año después de haber sido acusada por el gobierno federal de cocinar sus libros[511].

¿Qué posibilidades tiene su compañía contra una corporación que no solo cuenta con lobistas sino con uno de los mejores y más expertos equipos de directores jamás ensamblados, como una que tenía a un exsecretario de Energía y Tesoro de George Bush y al exdirector de presupuesto y el ex jefe de gabinete de Bill Clinton[512]. Pero eso puede llegar a ser irrelevante pues pelearán también con los supergigantes de Japón con todas las armas a su disposición para alterar el entorno y ganar la mayor parte del pastel. Las japonesas no solo cuentan con uno de los mejores equipos directivos del planeta, los mejores expertos de cabildeo de Tokio, sino que los reproduce en todas sus zonas de influencia, de la misma manera que ha sido

---

[506] Endesa buscara nuevas oportunidades de negocios en México, Americaeconomia 13 de Marzo de 2008

[507] De acuerdo al centro para una Política Responsable, ONG que investiga las actividades de Cabildeo

[508] General Electric Board of Directors http://www.ge.com/company/leadership/bios_bod/sam_nunn.html

[509] https://www.sec.gov/news/press/2010/2010-133.htm

[510] GE in bribery case talks by LARRY BLACK in New York , The Independent 02/07/92

[511] " SEC charges General Electric with accounting fraud. U.S. Securities and Exchange Commission litigation release no. 21166 / august 4, 2009

[512] En Efecto AES cuenta entre su junta directiva con Samuel W Bodman exsecretario de Energia y Tesoro de Bush, con Josh Koshinen ex director de la Oficina de Presupuesto y con Philipe Ladder ex Jefe de Gabinete

investigada varias veces porque sus oficiales fueron descubiertos haciendo  sobornos a sus propios políticos[513] o funcionarios públicos, tanto como a políticos extranjeros en China[514], Malasia[515] o Mongolia[516] , que en conjunto con sus pares hacen un equipo imbatible provenientes de un mundo corporativo que puede cambiar el rumbo de la caza de ballenas[517] o pavimentar la ruta Hoo Chi Minn en Vietnam[518].

Pero el brazo fuerte de las japonesas es su Inteligencia Corporativa, probablemente la mejor, más agresiva y eficaz en el planeta. Finalmente batallaran con las transnacionales francesas y coreanas no menos astutas y hasta las suizas cuya transnacional ABB en 2010 fue exactamente acusada de pagar sobornos en el sector eléctrico mexicano[519], así como en África[520], en el Medio Oriente[521] y en Asia[522] o el caso de Credit Suisse que nos puede dar una idea de lo que ocurre en el mundo corporativo mundial:

| CREDIT SUISSE | | | |
|---|---|---|---|
| AÑO | ESCÁNDALO | AÑO | ESCÁNDALO |
| 2022 | LAVADO DE DINERO | 2015 | MERCADOS OSCUROS |
| 2021 | SOBORNO O CORRUPCION | 2014 | EVASION DE IMPUESTOS |
| 2021 | COLAPSO DE FONDOS | 2012 | CRISIS HIPOTECAS |
| 2019 | ESCÁNDALO DE ESPIONAJE | 2009 | EVASION DE SANCIONES |
| 2018 | SOBORNO O CORRUPCION | 2009 | SOBORNO O CORRUPCION |
| 2018 | FRAUDE CONTABLE | 2007 | ENRON |
| 2018 | LAVADO DE DINERO | 2004 | PARMALAT |
| 2017 | EVASION DE IMPUESTOS | 2003 | ESCANDALO DE ANALISTAS |
| 2017 | LAVADO DE DINERO | 2001 | ESCANDALO JAPÓN |
| 2016 | LAVADO DE DINERO | 2000 | LAVADO DE DINERO |
| 2016 | EVASION DE IMPUESTOS | | |

¿Se acuerda usted que hemos hablado de la cultura del engaño en las escuelas y universidades? Pues aquellos vientos trajeron estas tempestades. Si Ciber-Jane hubiera trabajado para Credit Suisse durante los últimos veinte años, habría vivido en una cultura permanente de escándalos y multas por varios miles de millones de dólares, pues no habría vivido un año en el que no estallara un escándalo en la prensa. Esto sin contar los acuerdos fuera de tribunales o

---

[513] JAPAN MAYOR ACCUSED OF TAKING BRIBES United Press June 29, 1993

[514] Saturday, March 2, 2002 The Japan Times "Mitsui staffer found guilty of bribery by China court" BEIJING (Kyodo)

[515] Moggie, release details on Mitsui scandal, Malasyakini.com

[516] Mitsui bribes Mongolian official to win aid contract, Japan Weekly Monitor Sep 02-02

[517] The Sunday Times June 13, 2010 Revealed: Japan's bribes on whaling

[518] "Japan Prosecutes First Major Foreign Bribery Case" Fulbright Briefing William Jacobson and Kelly Garrett Thorman

[519] ABB resolves Foreign Corrupt Practices Act issues and will pay a total of $58.3 million, ABB press release sep 30/10

[520] ABB admits to bribing African officials, swissinfo.com 02/07/2003

[521] ABB discloses possible bribery to U.S., The Newyork Times 08/02/2006

[522] ABB pays SFr20 million to settle bribery cases, swissinfo.com 04/07/2004

negociaciones con los reguladores para evitar los enjuiciamientos. Pero esta cultura corporativa del engaño no significa que estalle un escándalo puntual, sino que forma parte de una cultura de hacer negocios, porque si usted toma por ejemplo cualquiera de estos casos reseñados en la prensa y va a las investigaciones, encontraría que la mayoría tardó años en descubrirse y duraron años ejecutando las operaciones.

Tomo el ejemplo de Credit Suisse, porque estábamos hablando de los suizos y se supone que se debe tratar de uno de los mejores bancos del planeta, pero probablemente usted podría hacerlo con su banco solo colocando en Google, el año y las palabras: escándalo o fraude o soborno y lo más posible es que encuentre con un panorama similar, así como si lo hace con cualquier corporación del ranking de Forbes, o quizás encuentre que su banco estuvo involucrado con el suizo, en el escándalo de ocultar la quiebra de Enron o de Parmalat.

Y le ruego que no se preocupe en lo absoluto por los escándalos bancarios que de seguro vendrán tras la pandemia, porque a menos que sean de fraudes contables contra sus clientes que es algo impensable en la mentalidad de la mayoría de los banqueros, es una estupenda promoción porque, aunque usted no lo crea, nadie quiere tener su dinero en un banco que no sea capaz de hacer por sus clientes, todo esto que consideramos escandaloso.

Es un hecho que Credit Suisse desde 2010, tras todos esos escándalos duplicara el dinero bajo su custodia, así como tuvo que contratar al doble de personal para poder darse abasto frente a la avalancha de nuevos clientes[523]. Pero, le advierto, detrás de ese crecimiento se encuentran los mismos de siempre y tan rápido como se infló, es muy factible que ocurra lo inverso. Basta con leer sus estados financieros actuales, aunque mucha gente se sorprenderá.

Y no nos permitamos caer en el viejo truco de la desinformación socialista, en la que la culpa de todo esto la tiene el capitalismo, porque a diferencia de este último que procesa y persigue estas prácticas corruptas aplicando multas de billones de dólares a sus bancos, en Rusia, China o Vietnam la situación es exactamente la misma, solo que se conoce poco de las sanciones aplicadas.

---

[523] Los activos bajo custodia pasaron de 932 billones de CHF a 2,36 trillones de CHF y el personal pasó de 25.600 a 50.111 de acuerdo a los informes anuales.

Por eso compañías españolas como Endesa, Iberdrola, Acciona o Fenosa tienen que hacer lo propio para combatir las culturas corporativas extranjeras pues se van a enfrentar en México o Brasil a corporaciones llenas de políticos internacionales y locales, cabilderos profesionales, grupos de influencia, agentes de influencia, espionaje, robo de información y millones de dólares invertidos para construir maquinarias de inteligencia corporativa capaces de cambiar el rumbo político, construir matrices de opinión y así ganar contratos o destruir la competencia.

Y como ya lo hemos visto, se van a enfrentar también a los servicios de inteligencia gubernamentales. Las empresas entrarán a la batalla finalmente en estas guerras de Inteligencia con rivales como las japonesas o las francesas que poseen una ventaja táctica adicional sobre el terreno pues la comunidad de inteligencia nipona y la DGSE francesa estarán allí para respaldar a las suyas cuando sus mecanismos de información propios, no puedan sortear el problema. Y créanme que van a escarbar la basura de su ordenador. De eso, sin lugar a dudas, es de lo que hablaremos más adelante y por eso es necesario que no debemos escandalizarnos cuando los grandes políticos y operadores, una vez salidos de ese mundo pasen a engrosar las líneas para participar en las guerras de inteligencia corporativa.

## Porque son expertos en sobrevivir las guerras de inteligencia

Usted puede estar de acuerdo o en desacuerdo con esta práctica y sobre todo con aquello de que los políticos deben formar parte de este entramado. Pero consulte usted la junta directiva de cualquier corporación rusa o china y encontrará no solo políticos, sino del país en el que operan las subsidiarias. Entonces ¿Cómo puede competir Credit Suisse con el banco ruso Sberbank si este está supervisado por el Banco Central y el ministro de finanzas, el segundo pertenece a tres corporaciones políticas y el único privado grande pertenece a la petrolera Gazprom?

Es aquí donde debemos entender que el dilema corporativo entre el capitalismo y el socialismo es sencillamente una obra de la propaganda y la desinformación. La misma epidemia de engaños escolares que ocurre occidente es la misma que en Rusia[524], las estadísticas de artimañas, la percepción de corrupción escolar o sobornos es proporcional a la de occidente[525] los casos descubiertos de políticos con plagios en sus tesis de grado no difieren en lo absoluto de los encontrados en Alemania o España[526] aunque hay que admitir que los rusos han llegado más allá de los doctorados en sus investigaciones y la persecución de plagio, ya que la Academia Rusa de Ciencias está persiguiendo a los plagiarios ya en su ámbito profesional y solo en 2019 exigió la retractación de 2.528 ensayos científicos dudosos en 263 revistas científicas[527]. Por lo tanto, la acusación de que Vladimir Putin plagió su tesis de doctorado[528], es la misma que la de los tres ministros de Ángela Merkel incluido el de educación, así como los presidentes y primeros ministros de España, Hungría o México y recuerde, todos ellos llegan a las corporaciones y a la política.

Entonces se pueden dar casos en los que el Ciber-James quiera dedicarse a esto último, para lo cual deberá tener en cuenta tres pensamientos básicos célebres de Konrad Adenauer[529] de quien se descubrió en 2022 que había usado los servicios de espionaje gubernamentales para tener a raya a sus adversarios políticos[530] y era él mismo el que daba las órdenes para espiar a sus rivales[531].

Adenauer a diferencia de Richard Nixon y Watergate, es la prueba más palpable del décimo mandamiento de la inteligencia corporativa:

---

[524] https://www.telegraph.co.uk/news/worldnews/europe/russia/10084299/Russia-hit-by-exam-cheating-epidemic.html

[525] Cheating on Russia's Countrywide Exam Has Further Fueled Debates Over Its Objectivity. https://www.hse.ru/en/news/26513889/33651338.html

[526] https://www.insidehighered.com/news/2020/11/20/russian-politics-faces-epidemic-phd-plagiarism

[527] https://kpfran.ru/2020/01/06/soobshhenie-komissii-o-rezultatah-slushanij-1-oktyabrya-2019-g/

[528] https://www.washingtonpost.com/news/answer-sheet/wp/2014/03/18/russias-plagiarism-problem-even-putin-has-done-it/

[529] Konrad Adenauer (Colonia 5/01/1876 Rhondorf 19/04/1967) fue un prominente político alemán y primer canciller de ese país tras su división después de la 2da Guerra Mundial, es considerado un pensador político y uno de los "Padre Precursores de la Unión Europea"

[530] https://www.washingtonpost.com/history/2022/04/08/konrad-adenauer-spying-german-watergate/

[531] (29 April 2017). "Spionage für die CDU". Zeitgeschichte. Der Spiegel.

"que no te pillen". De allí que en su experiencia dio el famoso consejo para meterse a la política: *"Una Piel dura es un regalo de Dios"*[532]. Por eso si Ciber-Jane se propone entrar a la política debe entender que su vida, sus campañas electorales, su trabajo y su vida personal estarán sujetas al escrutinio público y claro está que sus rivales buscarán hacer todo lo posible por destruirla, incluido el espionaje y la revisión de todo su pasado incluyendo sus tesis de todos los grados o si contrató a un escritor fantasma para sus artículos o libros. Así que el espionaje y el contraespionaje será para el político tan o más importante que para cualquiera.

Ahora bien, no nos molesta tanto que ocurra en las corporaciones como con los políticos. La mayoría cuando se descubre por ejemplo un escándalo en los deportes dice: "eso ha pasado siempre" igual que en las corporaciones porque damos por sentado que los robos de patentes son tan comunes como respirar, pero nos da asco que ocurra en la política, aunque sea tan común desde la Grecia antigua.

Por esta razón comenzamos a legalizar el espionaje, llamándolo por muchos seudónimos. En los Estados Unidos es tan común que tienen un nombre para espiar a los políticos y las corporaciones hasta límites insospechados como "Opposition Research" como si se tratase de un departamento de investigación y desarrollo corporativo, pero solo para los efectos de investigar a los rivales, es decir al adversario político. La "Inteligencia Política" es pues una herramienta tan comúnmente usada que ha cambiado incluso el curso del destino de las naciones en las que se ha aplicado y entonces conviene hacerse la siguiente pregunta. ¿Se ha preguntado Usted porque de pronto se ven senadores descubiertos por la policía tras efectuar comportamientos impropios en un baño de aeropuerto?, ¿Por qué el Gobernador más votado en la historia de Nueva York tiene que renunciar porque descubrieron que hacía pagos a círculos de prostitutas? ¿O representantes previos a una campaña aparecen renunciando y pidiendo disculpas a las esposas por haber cometido infidelidades?

---

[532] Entrevista a Konrad Adenauer en el Diario NewYork Times 30 diciembre de 1959

Es así ya usted lo respondió. La noticia y el escándalo opacan la pregunta que también debemos hacernos, ¿cómo se enteraron de esa información? Es cierto que hay casos como el de Alexander Hamilton considerado como el primer escándalo sexual en 1791, descubierto por el marido de su amante y posteriormente extorsionado por éste. Pero lo importante no son los quinientos años reseñados de adulterio en la política, sino el sexo como puerta trasera para cambiar la historia o eliminar a un político incomodo.

Debe recordar que el *Modelo Watergate* es y será como en el deporte, las corporaciones y la vida diaria, parte de las reglas del juego en la política y Ciber-james deberá no solo contar con ese regalo de Dios, sino con todas las habilidades del contraespionaje porque de lo contrario podrá salir bastante herido en las "guerras de Inteligencia Política" o lo que es peor, perderá su elección. Siempre será vital también que no le descubran, porque a diferencia de las corporaciones y el deporte nadie saldrá después diciendo que eso es normal y que ha sucedido siempre.

Usar la inteligencia en política es siempre un arma de doble filo que lo hará perder todo como en el famoso caso Watergate, cuyo escándalo causó la salida de la presidencia a Nixon por espiar a la oposición a través de un entramado de inteligencia propiciado por su Comité de Reelección.

Y hablando de este comité, siempre debe contar con los mejores elementos de inteligencia en su campaña, como por ejemplo William Casey el famoso director de la CIA quien fue el jefe de campaña de Ronald Reagan y por eso es natural que hoy en día no se conozca como fue que robaron en la Casa Blanca, el diario personal con los papeles secretos de la campaña de Jimmy Carter –su opositor- y que este diario llegara a manos del comité de campaña de Reagan, causando lo que se conocería como el *Debatagate*. El resto y quien ganó las elecciones es simple historia.

¿Recuerda Usted de cómo los entrenadores deportivos "estudian" a su oponente? O ¿Cómo los ejecutivos de una corporación escarbaban en la basura de su rival? Pues en política es igual, a Usted lo seguirán 24 horas, los 365 días del año, lo grabarán para estudiar sus movimientos y le sacaran en el discurso del rival todas las fallas y mentiras que Usted dijera, de hecho hay países en los que sus discursos serán procesados, desestructurados y estudiados hasta conocer con precisión y estadísticas cuántas veces utiliza determinadas palabras, psiquiatras y lingüistas las estudiaran para hacer un profile que sería la envidia de los servicios que nunca lograrían alcanzar sobre el enemigo y todo esto, para encontrar puertas traseras para sacarle algún provecho.

A partir de ese momento si Ciber-Jane decide ir en contra de los intereses, será objetivo de la inteligencia corporativa local y extranjera, contratarán expertos para escarbar su basura y de acuerdo a su tendencia sexual explotarán sus debilidades. No importa cuánto tiempo pase irán año tras año, staff por staff, cuenta por cuenta del pasado hasta encontrar lo que buscan. Si tuvo un desliz hace veinte años lo explotarán, le ofrecerán a la chica o el chico -que ni siquiera recuerda lo sucedido- lo inimaginable y los prepararán para los medios de comunicación y el respectivo juicio. Si observan que hay una tendencia en su comportamiento entonces el rival deberá decidir qué hacer y cuando, porque toda tendencia se repite en el futuro y habrán encontrado su puerta trasera.

Y volvamos aquí a repetir que la política de desinformación basada en las ideologías es absurda, porque estas operaciones la harán también los rusos, chinos, vietnamitas y cualquiera que tenga algún interés económico que el político adverse.

Utilizarán las mismas herramientas que aprendimos en el deporte y en las corporaciones para destruir al rival. Usarán jóvenes de ambos sexos prestos para la acción, y si dan con una veta la explotarán al máximo utilizando todo tipo de sofisticados procesos. Lo que nos lleva a la pregunta de rigor ¿sabe Usted porque en todos los países del mundo hay leyes que prohíben la interceptación telefónica? Porque el espionaje político es tan común como la política. De esa manera a la hora de una elección y al igual que en el caso de secretos corporativos, convenientemente desaparecerá el laptop de un candidato con datos secretos[533] o se descubrirá por casualidad una oficina con

---

[533] El Universal de México, Denuncia Diputado posible espionaje Político" 13/03/2011

equipos para interceptar 3.000 llamadas de políticos[534] o redes de 20 oficinas de espionaje político en diferentes regiones en México[535]" con equipos israelíes, por eso es natural ver como las guerras de espionaje entre el PRI y el PAN se develan en los medios de comunicación como si hablarán sobre la pobreza[536]. Y esos mismos equipos y estrategias son al parecer utilizados con los mismos fines en Perú para espiar a corporaciones y opositores[537] así como la contratación de empresas de espionaje[538], o en entidades gubernamentales como en Bolivia[539], o empresas de energía como en Costa Rica[540].

Por eso ese mismo escándalo ocurrirá también en Colombia con redes de espionaje a opositores, miembros del partido y jueces[541], lo que terminaría con el asilo de la directora de inteligencia colombiana en Panamá[542], que a su vez es un País en el que su presidente solicitó la cooperación de los Estados Unidos para "construir infraestructura con el objetivo de espiar a sus opositores[543]". Y tampoco faltarán las increíbles revelaciones del presidente de Ecuador admitiendo que es la oposición quien tiene los sofisticados equipos de interceptación telefónica, que ni el gobierno posee[544], o en Perú el presidente buscando desesperadamente los equipos de interceptación telefónica ilegales también en manos de sus opositores[545].

Así podemos ver infinitos casos en toda Iberoamérica y enormes escándalos de espionaje político desde el Cono Sur donde la comunidad de Buenos Aires[546] y el jefe del Partido de Derecha fue

---

[534] Expresión Campeche: Sin resolverse caso de Espionaje Político 29/03/2011

[535] El Economista de México. "El espionaje Político, recurrente en campañas" 22/06/2010

[536] CNN México 21/06/2010 La Guerra electoral entre el PRI y el PAN crece por espionaje telefónico

[537] El Comercio de Perú: "Buscan equipos de interceptación telefónica ilegales" 27/10/2008

[538] Agencia Peruana de Noticias Velásquez señala que también debe conocerse quién pagó por el espionaje telefónico 13/04/2010

[539] AFP Bolivia 26/01/2008 Escándalo en Bolivia por denuncia de espionaje a políticos y periodistas

[540] El Pregon de Costa Rica 03/09/2010 Fishman denuncia espionaje desde el ICE

[541] El Mundo de España Uribe niega cualquier relación con la Red de Espionaje Político 23/02/2009

[542] El Mundo de España: "Panamá concede asilo a la ex directora del espionaje colombiano" 19/11/2010

[543] El País de España: "Cable del Departamento de Estado sobre la Petición del presidente Martinelli"

[544] Diario el Economista 29/02/2008 presidente de Ecuador denuncia que la oposición posee equipos de espionaje

[545] Diario el Comercio de Perú 27/10/2008 Buscan equipos de interceptación telefónica ilegal en Perú

[546] Diario Mundo 22/07/2010 El jefe de Gobierno de Buenos Aires pide ir a juicio político por caso de espionaje

acusado de espiar a los opositores, hasta la Comunidad de Madrid[547] donde a 10 mil kilómetros de distancia, la jefe del partido de derecha fue acusada exactamente de lo mismo, casi al mismo momento en el que el jefe de la derecha mexicana difundía grabaciones ilegales de sus opositores[548]. Y ruego al lector no confundirse por el tema de las derechas, porque los de las izquierdas son aún más radicales en el asunto del espionaje, como podremos ver en el historial de los partidos Acción Democrática en Venezuela, del PSOE en España[549] o del PRI en México[550]

Y es que es demasiado natural ver las denuncias y los desmentidos en toda la Unión Europea con la misma intensidad en Alemania, Bélgica, Holanda o Francia donde las denuncias de espionaje político, a los medios de comunicación[551] y a los adversarios políticos[552] son el común denominador. Por eso no nos sorprende ver a ex ministros ingleses como Gordon Brown denunciar que su teléfono esta intervenido por sus adversarios políticos[553], de la misma manera que una secretaria de cultura británica denuncia en la policía que al menos "unas 28 veces" le fue intervenido su teléfono por detectives privados[554] situación que es igual en Italia[555] ya que Romano Prodi, o Silvio Berlusconi han sido igualmente víctimas de espionaje[556] y en tiempos de elecciones italianas ningún opositor estará a salvo[557]

Por eso no existe distinción de tendencias en la Argentina de la dictadura[558], como la lluvia de acusaciones entre uno y otro

---

[547] El País de España El Gobierno de Aguirre gasto más de 60.000 euros en los espías 17/04/2011.

[548] CNN México, "El PRI acusa a Navas por difundir la grabación de Herrera al IFE" 22/06/2010

[549] Diarios Libertad Digital 05/02/2009 Aguirre recuerda al PSOE su: larga historia de espionaje Político"

[550] Diario la Provincia asegura César Nava que el PRI sabe de espionaje politico" 22/06/2010

[551] Diario El país de Madrid 13/09/2010 "le Monde acusa al Elíseo de espionaje y planteará demanda judicial"

[552] 20minutos.es 20/01/2007 "Sarkozy niega que exista espionaje político a su rival Royal"

[553] ABC news 24/01/2011 UK police investigate phone tapping

[554] The Daily Telegraph UK 04/09/2010 Phone tapping row: Tessa Jowell claims her mobile was hacked 28 times

[555] AFP 28/10/2006 Escándalo por "espionaje fiscal" a Prodi y Berlusconi, ESCUCHAS ILEGALES A CIENTOS DE PERSONALIDADES DEL MUNDO POLÍTICO Y ECONÓMICO

[556] Agencia ROMA 28/10/2006 Prodi, Berlusconi y Totti, víctimas de la red de espionaje en Italia

[557] Il Corriere della Sera 12/01/2006 D'Alema: «Spionaggio contro l'Unione

[558] Diario El Clarín Hallaron un archivo sobre el espionaje de la Policía de Santa Fe en la repression 12/06/2009

presidente de la democracia [559] porque se sienten espiados sin distinción, desde Raúl Alfonsín hasta Carlos Menem, Duhalde[560] o Fernando De la Rúa, en el caso argentino Cristina Kirchner acusaba que la espiaban ilegalmente[561], mientras se le acusaba de espiar sin orden judicial a una corporación[562] y su sucesor Mauricio Macri, terminó enjuiciado por espionaje ilegal a la oposición[563].

Pero ese es el problema de los políticos latinoamericanos, los descubren relativamente fácil. Es por eso que Ollanta Humala en el Perú denunció a la justicia el espionaje contra su candidatura, cosa que hizo también Alan García[564] en el pasado y Alejandro Toledo antes que él[565]. Algunos apelarán a la famosa desinformación de que eso se acabó con la llegada del socialismo del siglo XXI, de no ser porque Rafael Correa llevó el espionaje ilegal a dimensiones nunca vistas, ampliándolo a la sociedad civil ya sus propios allegados, mientras acusaba a España y a Colombia de espiarlo ilegalmente.

En México ya es tan común que lo llaman campaneo por lo que Felipe Calderón[566] hizo su denuncia al igual que su predecesor Vicente Fox[567] y antes de esto lo haría Ernesto Cedillo[568], mientras que Enrique Peña Nieto llevó al espionaje a su máxima expresión con más de 15 mil objetivos políticos, periodistas y organizaciones no gubernamentales[569] y ya se puede imaginar lo que se dirá tras el gobierno del nuevo socialista en el poder quien denunció que la oposición lo estaba espiando[570] y que habían "comprado un equipo que costó millones de dólares". Le pregunto ¿ésta noticia le ha causado algún efecto que le impida preguntar cómo se enteró el

---

[559] Diario el Clarín 20/07/2000 Guerra del menemismo y la SIDE por las denuncias de espionaje

[560] Diario Criterio 08/10/2009 Duhalde denunció que es víctima de espionaje

[561] https://www.clarin.com/politica/cristina-kirchner-denuncia-afi-espia-auto-puerta-instituto-patria_0_rkxkr78_HX.html

[562] https://www.lanacion.com.ar/politica/avances-en-la-causa-sobre-presunto-espionaje-ilegal-que-involucra-a-cristina-kirchner-nid27062021/

[563] https://www.bbc.com/mundo/noticias-america-latina-59499587

[564] Diario El Informador 06/12/2006 Tribunal 34 descubre pruebas de espionaje contra Alan Garcia

[565] Diario La Tercera 12/12/2010 presidente peruano pide a Toledo pruebas por supuesto espionaje en Perú

[566] Diario Esmas 23/11/2005 Presenta Calderón denuncia por espionaje

[567] Diario El Universal Mexico 21/09/2000 Vicente Fox, candidato del PAN, denuncia que es víctima de espionaje telefónico.

[568] Diario la Prensa 27/06/2010 México, a casi 200 años del espionaje telefónico

[569] https://www.france24.com/es/américa-latina/20210720-pegasus-espionaje-mexico-pena-nieto

[570] https://politica.expansion.mx/presidencia/2022/03/08/amlo-acusa-espionaje-de-opositores

nuevo presidente de esa compra? Eso es lo interesante, pues el mismo presidente explica que se enteró gracias a sus informantes: "los choferes de los fifís (clase acomodada y fatua), los chefs, compañeros, meseros" y que pronto "le entregarían más información" lo que simplemente significa que está espiando masivamente a los fifís.

Pero eso ocurrirá igualmente con Sebastián Piñera en Chile o José Serra en Brasil. No en balde el jefe de la campaña electoral Luiz Lanzetta, de la ex presidenta Dilma Rousseff tuvo que renunciar en plena campaña porque se le vinculó con la contratación de espías para seguir a su oponente e intervenir sus teléfonos[571]. Lula da Silva espiaba y lo espiaban, mientras acusaba de que los estadounidenses hacían lo mismo y se descubrió incluso la Volkswagen alemana lo había espiado durante la dictadura y enviaba informes a los militares[572].

Se que le estoy dando demasiada información y ya usted sabe que una de las mayores tácticas de la desinformación es buscar el aislamiento y sectorizar el ataque basado en ingeniería social. Por lo que posiblemente sospecha que lo que estoy haciendo en este libro no es concientizar sobre un problema, sino normalizarlo y que el lector desprevenido piense que no hay problema porque lo hace todo el mundo. Pero la realidad es que solo busco señalar el problema en toda su escala, porque escriba estas reflexiones nadie va a dejar de hacer lo suyo simplemente porque vivimos en una cultura en la que la inteligencia domina todos los aspectos de nuestra vida y quien no la ejerce, está condenado a desaparecer.

De allí que ¿Cómo va a importar la inteligencia corporativa si la ejercen en el PSOE, PP, CiU[573] o el Partido Nacionalista Vasco?[574] Porque nadie se salva del espionaje político español. ¿Cómo desmantelar estas conductas si la mayoría de los partidos tienen poderosas estructuras de contraespionaje y hasta los que no entendían muy bien las reglas del juego, terminaron construyendo

---

[571] Diario Estado 05/06/2010 "Jornalista Luiz Lanzetta deixa campanha de Dilma Rousseff"
[572] https://www.elmundo.es/internacional/2014/09/05/5409f5e122601d2c1a8b458f.html
[573] Diario el Mundo 13/05/2004 El tripartito acusa a CiU de 'espionaje informático
[574] Diario Mediterráneo 10/01/2011 "El PNV reniega del espionage politico que realizó un alto cargo

las suyas?[575]. Y ese "*todos contra todos*" que pareciera que solo existe en su país, en realidad ocurre en todos los países del planeta en mayor o menor medida, por eso hemos visto al gobierno mexicano disculparse porque un subordinado grabó las conversaciones de los políticos, periodistas y magistrados, de la misma manera que Lula en Brasil haría lo propio con un subordinado por hacer lo mismo contra senadores, legisladores y jueces[576], o Berlusconi[577] en Italia o Francois Miterrand con el célebre episodio del *Affaire des écoutes de l'Élyséey*[578]. Por todo esto es que los presidentes siempre cuentan, además de con una piel dura, con un subordinado, usualmente ministro, que siempre está dispuesto a decir que actuó por su cuenta y que siempre está presto a dimitir cuando lo descubren. Así que estas son pues, las reglas del juego.

Nos guste o no.

Y si la izquierda es así, los revolucionarios son auténticos expertos en donde es común escuchar grabaciones telefónicas ilegales en los programas de televisión o programas donde primero se juzga al individuo, utilizando pruebas aportadas por la fiscalía en clara violación a los derechos del procesado. Sin reparo son capaces de colocar micrófonos en los lugares privados de jefes de Estado visitantes para neutralizar mediáticamente a la oposición o condenarla por traición[579]

Por eso es vital entender la segunda lección de Inteligencia Política de Adenauer: *"El Arte de la política consiste en conocer con precisión cuándo es el momento necesario para golpear al oponente ligeramente debajo de su cinturón:* fíjese la importancia de estas premisas evidentes cuya idea principal

---

[575] Diario El Mundo 27/03/2006 ERC y CDC 'blindan' sus sedes ante el temor a sufrir espionaje político: Los dos partidos nacionalistas contratan servicios privados de seguridad para localizar micrófonos e intervenciones telefónicas en sus oficinas

[576] El Pais 31/08/2008 Lula dice que escuchas son "inaceptables"

[577] AFP Escándalo por "espionaje fiscal" a Prodi y Berlusconi, ESCUCHAS ILEGALES A CIENTOS DE PERSONALIDADES DEL MUNDO POLÍTICO Y ECONÓMICO

[578] El Affaire des écoutes de l'Élyséey o el Escándalo de Escuchas ilegales del Eliseo (Palacio Presidencial Frances) fue motivado a un equipo especial que bajo la plataforma de la lucha contra el terrorismo, la cellule antiterroriste de l'Élysée dirigida por Christian Prouteau y creada por el propio Presidente Frances François Mitterrand, realizo cerca de 3.000 escuchas ilegales a 150 personalidades francesas.

[579] El Pais 22/10/2007 Espionaje fallido a Zapatero en Caracas Agentes de Moncloa hallaron un micro en una reunión con opositores a Chávez

no es que Usted tiene permiso para golpear a su adversario en lugares que el boxeo prohíbe específicamente, sino que el arte de la política consiste en ser precisos en el momento oportuno para ello.

Con esto entenderá claramente que Ciber-James será investigado todos los días del año las 24 horas del día, la información será recolectada, procesada y difundida a los niveles requeridos, pero solo se utilizarán contra él en el momento preciso, que para su rival usualmente coincidirá con sus momentos previos, durante o posteriores a su campaña electoral y para las corporaciones cuando se pretenda incluir alguna proposición que no sea deseable para quienes tengan esa información. Por ejemplo ¿Recuerda Usted que el jefe de campaña de Dilma Rousseff abandonó su cargo por razones de espionaje político? Pues a mitad de la campaña electoral los documentos privados bancarios, obtenidos ilegalmente de familiares y aliados del candidato opositor salieron a la luz pública junto con los escándalos de impuestos, lo que le costaron seis puntos en las encuestas[580]. Pero del otro lado tampoco existen hermanitas de la caridad del cobre ya que Rousseff tuvo que enfrentar diversos escándalos que afectaron también su popularidad y alegatos de corrupción[581] en diversos niveles que evidentemente fueron concebidos por la Inteligencia Política[582] del adversario.

Esto no es un caso aislado ya que podemos encontrar 23 casos en Iberoamérica similares en apenas cinco años, el último el de la esposa del candidato a la presidencia del Perú Ollanta Humala, cuyos documentos bancarios fueron obtenidos ilegalmente y filtrados[583] en el momento preciso a algunos medios de comunicación. O el caso del candidato colombiano Gustavo Petro que fue investigado con fines de buscar su desprestigio[584]

Así entenderá el lector, que la policía reciba una denuncia sobre prostitución con precisión y en el momento necesario del lugar,

---

[580] Reuters 07/09/2010 Brazil's opposition attacks Rousseff over scandal
[581] The Wall Street Journal 30/09/2010 Brazil Corruption Scandal Clouds Presidential Vote
[582] The New York Times, 20/09/2010 Scandal Puts Bumps in Path of Brazil Leader's Protégée
[583] Diario la Primera peru 27/02/2011 responsable de espionaje bancario contra Nadine
[584] Revista Semana Colombia, 16/09/2010 Así espiaban a Gustavo Petro

piso, casa u hotel y justo en el que el político lleva a cabo la acción, que en realidad sería muy difícil de descubrir si no existiera la Inteligencia Política detrás de tan precisa información. Casos por ejemplo como el del senador Larry Craig que salió victorioso en varias campañas electorales en el pasado y que de pronto aparece en un baño público de un aeropuerto como lo ocurrido con el cantante *George Michael*[585] expuesto públicamente por haber tocado el pie de un oficial de policía que estaba llevando a cabo una operación con la misma precisión y en el momento necesario

Y al parecer los baños públicos tienen cierta atracción para los congresistas porque cinco de ellos han caído en redadas de baños públicos en apenas una década haciendo lo mismo con oficiales de policía como el caso de los dos representantes de Hawái: Galen Fox y Brian Blundell o el representante de Florida Bob Allen pidiéndole efectuar sexo oral a un policía en un baño público[586], caso que se repitió con el congresista Hinson exhibiéndose en un baño a otro oficial de policía. Pero si Ciber-Jane aún no quiere renunciar con esos escándalos, cuente con que le sacarán cinco episodios más explicando cuan pervertida es su vida desde que comenzó su carrera hasta el día de su arresto. Paradójicamente lo que no importó durante 35 años de carrera súbitamente emergió en el momento necesario dando al traste con su vida política.

Así es como al final de la campaña electoral y en el momento preciso para la gobernación del estado de Mississippi surge el escándalo de doble vida como homosexual de unos de los candidatos y se ventilan en los medios las confesiones de varios hombres dedicados a la prostitución que fueron pagados por el candidato[587] -y evidentemente por alguien más-. De la misma forma que se descubren en los momentos precisos casos como el del candidato demócrata para la Gobernación de Mississippi Bill Allain fue acusado a una semana de la elección de tener relaciones sexuales una chica de dieciséis años, el del congresista Frederick Robert Bauman presidente

---

[585] Se refiere al cantante de música pop, George Michael (Londres 25 de junio de 1963) ganador del Premio Grammy quien saltó a la fama en la década de 1980 con el dúo Wham y cuya carrera ha logrado vender más de 100 millones de discos. Michael es famoso también por su tendencia sexual y por haber sido arrestado por la policía en un baño público y acusado de comportamiento indecoroso.

[586] Associated Press Florida State Rep. Bob Allen resigns amidst sex conviction , 20/11/2007

[587] El Almanaque de Corrupción Política, escándalos y Política Sucia Random House de Kim Long

de la Unión Conservadora Americana quien fue encontrado teniendo relaciones homosexuales con un chico de dieciséis años en plena campaña electoral para su reelección[588].

Todo esto pareciera demostrar una tendencia de que los chicos y chicas de 16 años terminan siendo las víctimas de los congresistas con tendencia a la pederastia como los casos de Mel Reynolds[589] y del congresista Donald Lukens quien al final de sus 20 años de carrera descubrieron de pronto que había tenido relaciones con una joven de dieciséis[590], el Senador Gerry Studd con un chico de dieciséis[591] al igual que Fred Richmond de New York por lo mismo o del Senador Foley de Florida por intercambiar e-mails de contenido sexual con un chico también de dieciséis[592] lo que causó su renuncia y pronto descubrieron que quien tomó su lugar, había tenido una amante y que le pagó 121 mil dólares por su silencio[593].

Digo pareciera porque a partir de ahora no se sabrá si son simples depredadores sexuales o esa fue la puerta trasera que encontró la inteligencia para quitárselos de encima. Pues la implantación basada en la ingeniería social funciona como una carnada para el objetivo de la inteligencia.

Y un defecto en la conducta o una debilidad sexual, no es solo una puerta, sino un portal. Pues han existido casos donde los congresistas tuvieron relaciones con niñas de 13 años o casos como el del candidato a gobernador de Minnesota quien decidió hacer una fiesta de piscina y bañarse desnudo con jovencitas de 13 años [594] asunto que terminó en un enorme escándalo en plena campaña electoral. Incluso hay aspectos que pueden ser más preocupantes como el de un congresista que después de seis

---

[588] El congresista Frederick Robert Bauman presidente de la Unión Conservadora Americana fue encontrado teniendo relaciones homosexuales con un chico de dieciséis años en plena campaña electoral para su reelección,

[589] Rudin, Ken (2007-06-06). "The Equal-Opportunity Culture of Corruption".

[590] Disgraced former Ohio congressman dies at 79". Houston Chronicle. 2010-05-2

[591] Studds, first openly gay person elected to Congress, dead at 69, CNN, October 14, 2006

[592] ABC news 28/009/2006 Sixteen-Year-Old Who Worked as Capitol Hill Page Concerned About E-mail Exchange with Congressman

[593] ABC news Congressman's $121,000 Payoff to Alleged Mistress".14/10/2008.

[594] Los Angeles Times 29/10/1990 Republican Quits Minnesota Governor's Race

elecciones, una fuente anónima descubrió que había tenido relaciones 30 años antes con una chica de 14[595].

Usted dirá ¿Por qué es más preocupante que alguien sea descubierto tras 25 años con una menor y no por bañarse desnudo con muchas? La respuesta es simple, porque es imposible que no se supiera antes y lo que es posible que ocurriera es que el individuo fuera direccionado, es decir presionado para hacer los cambios necesarios o usado e influenciado por terceros, de forma tal que no solo seguirá cometiendo delitos sexuales, sino que además será usado por la inteligencia nacional o extranjera para sus fines.

La Inteligencia Política es pues la única forma de entender cómo fue que oficiales de policía descubrieron al congresista republicano Jon Clifton Hinson, quien tuvo que renunciar de su escaño parlamentario, por tener relaciones homosexuales en el baño del edificio Longworth House[596] lo que redefine el axioma Adenauer de golpe "bajo el cinturón" ya que dos policías estaban en el momento propicio, vigilando por un agujero de un baño para arrestar a un político[597] una semana antes de la campaña electoral.

Estos, si bien son casos extremos, lo que buscan es apuntar a las grietas del sistema y así los Ciber-James entenderán que no pueden tener debilidades en las guerras, pero también deberán conseguir algo más difícil aún, un equipo sin debilidades para evitar que contraten equipos de espionaje e investigación para escarbar la basura y descubrir cómo unos años atrás un candidato republicano tuvo relaciones sexuales con otra chica de dieciséis años teniendo que retirarse de la contienda para la reelección[598], de la misma manera que sucediera en la reelección del senador por Iowa Roger Jepsen quien tuvo que explicar porque usaba servicios de prostitución perdiendo así sus elecciones[599].

---

[595] La primera vez que Lukens mantuvo relaciones sexuales la chica tenía 13 años y el caso del Gobernador de Oregon, que siendo alcalde mantuvo relaciones con su niñera de 14 durante 3 años y fue revelado mediante una fuente anónima en un pequeño diario el Willamette News "The 30-Year Secret A crime, a cover-up and the way it shaped Oregon". May 12th, 2004 NIGEL JAQUIS

[596] El Almanaque de Corrupción Política, escándalos y Política Sucia Random House de Kim Long

[597] Como el caso de Walter Wilson asesor del presidente Lyndon Johnson quien fue arrestado por tener relaciones homosexuales en un baño, siendo observados por policías a través de un agujero y cuyo escándalo fue precisamente semanas antes de la elección Presidencial.

[598] Como es el caso del Representante por Illinois Daniel Crane.

[599] The Harvard Crisom 03/11/1984 Down and Dirty, Iowa Senate Race

## Y evitar los traders tenebrosos

Todos en Wall Street y en la política conocían a Jeffrey Epstein y a que se dedicaba "nadie parece saber qué diablos está tramando" decía un famoso banquero de inversiones consultado por la revista Newyork veinte años de que muriera en una celda en condiciones misteriosas, tras haber sido descubierto con una red de prostitución de alto nivel para billonarios y príncipes. Un inversionista que no cayó en su trampa explicó que: "Una vez me dijo que tenía 300 personas trabajando para él. Pero uno nunca sabe. Es como el Mago de Oz: puede que haya menos de lo que parece". "todo es raro" señaló otro banquero a la revista. "Conozco a Jeff desde hace quince años. Un tipo fantástico", grita Trump a través del teléfono: "Es muy divertido estar con él. Incluso se dice que le gustan las mujeres hermosas tanto como a mí, y muchas de ellas están del lado más joven. No hay duda al respecto: Jeffrey disfruta de su vida social".

El presidente del famoso banco Bearn Stearns explicó que apenas había durado tres años y medio en su banco y jamás había sido trader, es decir nunca había estado en el sector de cartera de inversiones, sino en el de impuestos y allí, habiendo aprendido como hacer evadir impuestos encontró la puerta trasera para colarse en la vida de algunos billonarios y encontrar su verdadera vocación, convertirse en un trader oscuro.

Por eso la prensa descubrió en el año 2002 que no solo carecía de los 300 empleados, sino que no habían "analistas ni administradores de cartera, solo veinte contadores para mantener las ruedas engrasadas y un grupo de asistentes, muchos de ellos notoriamente atractivos y mujeres jóvenes", se decía que parte de su trabajo era dedicarse a los casinos de los billonarios y sus grandes apuestas, así como de forma segura, cumplirles todas sus fantasías y perversiones.

Epstein no ocultaba que su especialidad era dedicarse al: "alivio de la culpa y las cargas que pueden generar grandes sumas de riqueza heredada"[600] y para comprender esto, hay que volver a la ingeniería social, un billonario usualmente es un hombre o mujer

---

[600] Jeffrey Epstein: International Moneyman of Mystery. 2002 by Landon Thomas Jr. https://nymag.com/nymetro/news/people/n_7912/

de negocios que usualmente está preso en su propio ambiente de negocios, todos lo conocen y su corporación depende, en la mayoría de los casos, de su reputación. Usted no verá a un billonario en un casino de las Vegas, como tampoco lo verá contratando prostitutas y haciendo fiestas salvajes en un hotel al estilo de los grupos de rock.

Y es allí donde entran Epstein y no pocos traders oscuros que existen a nivel mundial. Se encargaba desde llevar musicales de Broadway completos a la casa de los billonarios, como organizar casinos de alto nivel para grandes apuestas entre ellos, así como cumplir fantasías que podían ser desde conocer modelos, actores y actrices, hasta organizar bacanales, orgías y también lo que todos conocieron y que fue lo que causó el escándalo más aberrado de la historia, las perversiones más profundas de políticos y billonarios.

El trabajo de los traders oscuros, no es otro que garantizar a su cliente, que no lo atrapen. Y esto es lo que Epstein comprendió muy bien cuando trabajaba en los impuestos de billonarios como Les Wexner, su primer gran cliente y quien tenía graves problemas con el fisco. Al año siguiente de salir de Bear Stearns, se mudó a trabajar con el billonario en Ohio y ocurrió la muerte del abogado de impuestos de Wexner, que de acuerdo a los periodistas de investigación fue un asesinato tipo mafioso, justo antes de que fuera llamado a declarar ante el gran jurado[601].

Lo que se supo después de que fuera acusado de abusar sexualmente de menores en 2007 es que el propio Wexner diría: "Piensa en lo peor que alguien podría hacer y Epstein lo hizo todo (..) He estado tratando de borrarlo de mi mente desde entonces"[602], claro está que el trader oscuro se había quedado con su mansión de Nueva York y muchos millones de dólares.

Así que un político prominente puede participar en una red de prostitución, puede incluso contratar a una ex miss como secretaria que no tenga ni idea de ese trabajo, para enviarla a sus colegas y ordenarle que le realice favores sexuales a favor de sus votos[603] o

[601] Jeffrey Epstein: There's much more to the story by Bob Fritakis.
https://columbusfreepress.com/article/jeffrey-epstein-there's-much-more-story-2
[602] https://www.businessinsider.in/international/news/insurance-mogul-robert-meister-once-told-jeffrey-epstein-to-get-the-f-out-after-he-brought-5-models-to-his-apartment-as-a-sexual-gift/articleshow/83345721.cms
[603] The Washington Post 23/05/1976 Closed Session Romance on the Hill

incluso permitir que en su casa opere un servicio de prostitución homosexual[604] , pero no será hasta el momento adecuado que eso saldrá a la luz y para evitar esto, existen los traders oscuros.

De esta manera se evitan decenas de casos donde se descubrían sobornos y delitos, pero siempre en el momento adecuado o decenas de casos de acoso sexual o solicitud de favores sexuales a miembros del staff del político desde el congresista demócrata Jim Bates hasta el presidente demócrata Bill Clinton con el mega publicitado *affaire Lewinsky* en 1998. Quien poco después comenzó a viajar con Epstein como explicó el piloto de este: "un total de cuatro viajes en el avión: uno a Europa, uno a Asia y dos a África."[605] Y de acuerdo a los documentos de la corte, publicados por la revista Newsweek también fue a la isla secreta del trader oscuro con dos chicas jóvenes[606]. Aspecto que no solo fue confirmado por las menores que iban a la isla, sino por los empleados y asistentes[607], más tarde se descubriría que fueron unos doce vuelos o más de acuerdo a los registros[608] y el resto de los pasajeros eran simples iniciales[609].

Pero antes de hablar de los peligros de los traders oscuros, también es necesario explicar el affaire Lewinsky desde un punto de vista, que a usted le llamó la atención pero que no fue suficientemente difundido. El consejo de alguien ligado al partido opositor, las grabaciones ilegales efectuadas por una ex secretaria de inteligencia de la Marina y el hecho de que convenciera a Lewinsky de conservar un vestido lleno de semen, así como otras grabaciones de conversaciones privadas. No fue otra cosa que una operación de inteligencia, que burda o no, individual o no, buscaba algo.

---

604 ABC news 05/10/2006 ABC on Barney Frank Scandal: No Political Hay for GOP, He's 'Truly Gifted'
605 https://edition.cnn.com/2021/11/30/us/ghislaine-maxwell-pilot/index.html
606 https://www.newsweek.com/bill-clinton-went-jeffrey-epsteins-island-2-young-girls-virginia-giuffre-says-1521845
607 https://www.thetimes.co.uk/article/clinton-did-visit-jeffrey-epsteins-island-says-aide-bkfdskfdz
608 Disponibles en https://www.gawker.com/flight-logs-put-clinton-dershowitz-on-pedophile-billio-1681039971
609 https://www.foxnews.com/us/flight-logs-show-bill-clinton-flew-on-sex-offenders-jet-much-more-than-previously-known

Por eso siempre hay que preguntarse ¿De dónde y de quien viene la información y por qué en ese momento? Pues el momento propicio de unas elecciones salta a la palestra que una ex reina de belleza tuvo relaciones sexuales con el candidato una década atrás y que no había importado hasta ese preciso instante[610], por eso la próxima vez que Usted vea en las noticias que un congresista que fue reelecto cuatro veces[611] tiene que renunciar porque descubrieron de pronto que en dieciséis años de carrera había solicitado numerosas veces favores sexuales, la respuesta pudiera estar en los traders oscuros.

Por esto la inteligencia y la contrainteligencia de estos traders es la única forma de entender también que una fuente anónima y cercana entregara los detalles de la relación extramarital del senador John Edwards a tabloides sensacionalistas después de quince años de carrera y cinco elecciones incluida una carrera para ser presidente de los Estados Unidos, lo que nos lleva a la lección final y quizás más importante de Adenauer: *"En política hay adversarios y correligionarios, estos últimos son los más peligrosos"*. Esta lección la debemos aprender muy bien porque los compañeros de partido de Ciber-Jane son en buena parte de los casos, los responsables de las operaciones de inteligencia con filtraciones de información, operaciones especiales o espionaje interior, de hecho, estadísticamente los grupos internos de su propio partido son a veces más peligrosos que sus adversarios exteriores.

Es así como vemos frecuentemente casos donde los propios correligionarios se acusan de operaciones de inteligencia como el caso del juicio donde el presidente francés Nicolás Sarkozy fue inculpado de espionaje político y declaró, que era víctima de una operación de inteligencia con miras a desacreditarlo en el proceso electoral, dejando claro que se trataba de los rivales de un mismo grupo[612]. Esto deja claro evidentemente que a la hora de las elecciones si se espían entre los suyos, espían al rival[613], espían a las corporaciones que

---

[610] Como el caso de la Ex Miss Virginia quien salto 8 años después del suceso, admitiendo haber tenido relaciones sexuales con el Senador Charles Spittal cuando fue gobernador de Virginia.

[611] Como el caso de Robert Packwood, senador Republicano por Oregon

[612] Diario La Nacion 10/05/2006 "Declaró Sarkozy por el caso del espionaje politico"

[613] Diario El Mundo 24/01/2007 Los socialistas piden explicaciones a Sarkozy por el presunto espionaje a Royal denunciado por la prensa

financian a los candidatos[614] y espían a los medios[615], la inteligencia y la contrainteligencia son los que definen una elección.

En Chile el escándalo llamado Piñeragate[616], demostró que las grabaciones telefónicas ilegales y su posterior filtración fueron parte de las guerras de inteligencia entre los miembros de un mismo partido o tendencia política[617] Sebastián Piñera estaba llevando a cabo maniobras para desacreditar a su compañera de partido Evelyn Mattei y esta reaccionó con la misma moneda, causando un escándalo que dio al traste con la imagen de ambos.

De la misma manera según algunos medios españoles el presidente Zapatero ordenó investigar a su rival en las elecciones internas con la finalidad de "descubrir las irregularidades de su vida privada en los aspectos económicos y en los personales, tanto de él como de su familia. Cualquier cosa podía servir para filtrarla a los medios de comunicación y desacreditar al candidato a la Secretaría General del Partido Socialista".[618]

Pero volvamos a los traders oscuros y por qué son tan peligrosos. Lo primero es lógico, la puerta trasera de Bill Clinton y su principal debilidad no era otra que el sexo y por lo tanto el chantaje y la extorsión son tácitos cuando se forma parte de una clientela de quien dirige una red de prostitución de menores. De allí al inmenso poder que acumuló Epstein a tal punto que como menciona el billonario Elon Musk, sobre el juicio, hay cuatro cosas que nadie ha visto nunca: "los unicornios, los dragones, los dinosaurios y la lista de clientes de Epstein"[619]

Así que el segundo peligro, no solo es la red de contactos y favores, sino lo que se hace con esos secretos, es decir cómo se comercian en su actividad como trader y allí está parte de la respuesta del porque nadie sabía durante dieciséis años que un

---


[614] BBC de Londres 10/07/2010 Francia: el escándalo L'Oreal salpica a Sarkozy

[615] En la mayoría de los casos los periodistas no solo sufren persecución de la Inteligencia Política para buscar sus posibles puntos débiles, sino también para buscar a sus fuentes.

[616] Diario La Tercera de Chile 29/10/2008 El caso Piñeragate y la bomba que dejó caer Ricardo Claro sobre RN

[617] Diario la Nacion de Chile 22/10/2006 Espionaje telefónico a Piñera: el N.N. y el agente del Servicio Secreto del Ejército

[618] Diario la Gaceta 03/10/2010 Zapatero ordenó investigar a Bono en las elecciones a la Secretaría General del PSOE

[619] https://nypost.com/2022/06/06/elon-musk-asks-why-doj-hasnt-leaked-jeffrey-epsteins-client-list/

senador o un congresista le gustaba la pornografía infantil y de pronto en el momento correcto salía a la luz.

Pero el tercer peligro radica en que los traders oscuros son minas de oro para la inteligencia extranjera y corporativa, porque agrupan a sus clientes y usualmente solo basta seguirlos para encontrar sus actuaciones. En otras palabras, son el mejor recurso para la ingeniería social y así una corporación o grupo de poder que desea quitárselo de encima, le tiende fácilmente las trampas.

### En un mundo de chivatos, topos, delatores y plomeros.

Para el 2021, la Security and Exchange Commision o SEC, el ente que regula a las empresas y las bolsas de valores en los Estados Unidos, había batido el récord de un billón de dólares entregados como recompensa a los whistleblowers[620] denominándolos como héroes, aunque lógicamente a las corporaciones más bien los llamen delatores, traidores o chivatos.

Lo que se dio cuenta el regulador es que si Allan Greenspan tenía razón con aquello de que había una pandemia de avaricia infecciosa, no habría más estímulo que esa avaricia para conseguir la información necesaria. De allí que los premios por la información sean usualmente mayores de un millón de dólares[621] y en 2020 alcanzaron el récord de 114 millones en un solo premio[622] con al menos diez informantes, entre cerca de trescientos, con más de 30 millones de dólares de recompensa cada uno, haciendo que solo hasta 2018 la SEC recibiera más de 26 mil tips informativos solo en los Estados Unidos, así como unos mil en otros países[623].

Pero como bien expuso su presidente Jay Clayton en 2020 habían algunos efectos secundarios al detonar la avaricia con decenas de millones como premio, la primera obvia fue que estaban: "actuando en gran medida solos y que otros países están incentivados a jugar, y creo que algunos de hecho están jugando, estrategias que se aprovechan de nuestros loables esfuerzos" haciendo que las empresas

---

[620] https://www.sec.gov/news/press-release/2021-177
[621] https://www.sec.gov/news/press-release/2022-52
[622] https://www.sec.gov/news/press-release/2020-266
[623] https://www.sec.gov/page/whistleblower-100million

de EE. UU se retiren "de ciertas jurisdicciones" lo que "ilustra que las leyes orientadas a nivel mundial, con una aplicación nula, limitada o asimétrica, pueden producir resultados individualmente injustos y colectivamente subóptimos"[624].

Pero la segunda y menos conocida, es que abrieron la brecha a una guerra mundial por la información al pagar recompensas a sus "agentes" internacionales, pues acto seguido los servicios a escala planetaria, atacarían con la misma moneda como retaliación.

Es allí cuando Ciber-James ya ha llegado a la alta gerencia y está verdaderamente atrapado en una guerra general en la que su información es deseada por todos y él, así como su equipo de trabajo es deconstruido para encontrar cualquier vulnerabilidad por competidores locales y extranjeros, reguladores, data traders, traders oscuros, colegas competidores y clientes de empresas de inteligencia que desean su información. Pero ahora, deberá de protegerse de los contratistas y empleados delatores que están ahora generando un fenómeno frecuente, las filtraciones globales.

Y no me refiero a WikiLeaks o al menos únicamente. Con respecto a ésta última, jamás sabremos la verdad de lo ocurrido y mucho menos qué fuerzas operaron para atacar al Pentágono, el Departamento de Estado y la filtración de sus centenares de miles de correos fotos y videos de la guerra de Afganistán y de nuevo la filtración ocurrió justo al momento en el que comenzó la campaña para las elecciones del Congreso estadounidense y los republicanos podían ganar en el Congreso y el Senado poniendo al gobierno demócrata en muy difícil situación.

Por la otra, la propia autobiografía de su director, dejaría a un investigador profundamente confundido, pues Assange afirma haber creado su primer portal de filtraciones después de un "ambicioso" viaje a Moscú y a China que le "abrió los ojos", posteriormente nos explica que viajó al Foro Social Mundial que es un organismo creado financiado por los países y partidos pro o post comunistas así como anticapitalistas y envuelve además de dichos partidos a las organizaciones antiglobalización y a los intelectuales marxistas. De hecho, los dos años anteriores el más

---

[624] Remarks to the Economic Club of New York, Jay Clayton, Chairman en https://www.sec.gov/news/speech/speech-clayton-2019-09-09

aplaudido de los ponentes había sido Hugo Chávez, el ex presidente de Venezuela.

Como bien explicó Tajudeen Abdul-Raheem, el presidente de la Unión Pan-Africana y columnista del Journal of African Marxists, Junto a Assange estaban también los: "académicos radicales, estalinistas de base, movimientos de sin techos, estalinistas, trotskistas, leninistas, negritudinistas, revolucionarios y reformadores. Los reaccionarios dirían "todos los locos están en la ciudad" (..) Si desea evaluar el estado de la conciencia revolucionaria global, las frustraciones, los desafíos y las oportunidades de las fuerzas globales para el cambio y la transformación, el Foro Social Mundial es el lugar para estar"[625].

Es en este foro cuando en un momento se encuentra en una tienda de campaña defendiéndose de los mosquitos y poco después explica estar trabajando en la suite presidencial de los organizadores, donde conoció a los líderes del partido comunista de Kenia y mientras estos daban un discurso pensó: "aquí hay un país con el que puedo trabajar". Es así que, si viviéramos en la etapa de la Guerra Fría, nadie habría dudado de que se trataba de un *Poputchik* (fellow traveller) o al menos un simpatizante de la internacional comunista y el mundo no se hubiese inmutado al enterarse de que la investigación de la NSA descubriera que en su computadora había trazas de la información que le suministró el Kremlin para atacar al gobierno estadounidense[626].

De allí a que no sea nada nuevo lo de las filtraciones, lo único es que ahora la magnitud y el propósito es distinto, aspecto que entenderemos muy bien en el capítulo sobre el MetaUniverso. Así que recordemos el axioma de que detrás de todo escándalo hay un propósito, que ya usted tiene bastante más claro al preguntarse ¿de dónde sale, por qué y en qué momento? Como por ejemplo las 30.000

---

[625] Review of African Political Economy
Vol. 34, No. 111, Debates on the Left in Southern Africa (Mar., 2007), pp. 177-179
[626] No hace falta ser un agente de influencia u operativo, ni estar pagado, la historia está repleta de periodistas que filtraron información de los servicios de inteligencia solo por ser simpatizantes de una causa. De acuerdo al informe Muller de la investigación: "es claro que los documentos robados del DNC y Podesta fueron transferidos del GRU a WikiLeaks" es decir, los mismos agentes rusos que robaron la información de las computadoras de Hillary Clinton y muchos otros, transfirieron la misma data a la computadora de Julian Assange. El informa completo se puede leer en https://www.justice.gov/archives/sco/file/1373816/download

cuentas filtradas del banco Credit Suisse, en lo que convendría también preguntar ¿por qué ese pequeño número de entre sus más dos millones de clientes?

Algunos podrán contestar que pudo haber sido una sucursal, de las 125 que tiene en suiza o las 316 que posee en todo el mundo. Pero al leer que muchos de estos clientes realmente son sospechosos de crímenes, se sobre entiende que existe un propósito. Como es la otra filtración de más de 130 mil cuentas del banco HSBC en las que un empleado llamado Hervé Falciani, encargado de la ciberseguridad del banco, recolectó la información de las cuentas y las filtró, siendo de inmediato procesado y penado en ausencia a cinco años de prisión por "espionaje financiero agravado" y por "atentar a los intereses fundamentales de la nación helvética". aunque logró escapar a España, vive ahora en su casa convertida en prisión y existe una circular roja en toda Europa que ordena su captura, en demostración de que a muchos estados no les gusta mucho aquello de los chivatos.

Y Usted dirá ¿Y porque lo hizo a sabiendas que Suiza lo condenaría? Posiblemente la explicación se encuentre en sus declaraciones cuando admitió que el Departamento de Justicia de Estados Unidos lo ayudó a escapar a España[627] y a lo mejor es uno de los ganadores de las sumas millonarias de dinero de recompensa. O, por otra parte, de acuerdo también a sus declaraciones, fue secuestrado por agentes secretos del Mossad para obligarlo a aportar información sobre terroristas y admitió que colaboró con ellos[628].

Ciber-Jane ya a punto de entrar a ocupar su puesto en los primeros cargos de la alta gerencia intuye que algo nuevo está pasando en el mundo, que ya las cosas no son como cuando era niña o joven y que ahora sus peligros son mucho mayores por la escala, la magnitud y el propósito de las operaciones de inteligencia contra su corporación.

---

[627] Hervé Falciani: "Estados Unidos me avisó: Ve a España, tu vida corre peligro" por Manuel Altozano El País el 21 de abril de 2013.

[628] https://www.bloomberg.com/news/articles/2013-08-09/hero-or-villain-the-strange-case-of-hsbc-whistleblower-herv-falciani

# Capítulo III hacia donde vamos. Los desafíos del Metaverso

# Introducción a una nueva Era

De tanto en tanto los científicos, tecnólogos y pensadores acuñan un término para definir un salto cuántico en las transformaciones sociales, creando un período histórico definido. Este consenso no es radical, ni surge de la noche a la mañana y mucho menos es propuesto por una sola persona o grupo. Más bien se trata de una obra de evolución progresiva, que a veces dura unas décadas a partir de una innovación, que se suma a otra y a muchas más que simplemente terminan modificando radicalmente la forma en la que vivimos.

Para los efectos de simplificar los períodos, podemos decir que existe un consenso en que la sociedad y la industria evolucionan por grandes etapas, aunque los términos difieran y sean usados indistintamente: revoluciones o eras. Todos estamos claros que existe un consenso en el uso del término Revolución Agrícola ocurrido a mediados del siglo XVII, posteriormente se acuñó el término Revolución Industrial, de allí la Revolución Tecnológica y Científica, la de las Comunicaciones y hoy llamamos a una nueva: Digital. También existen consensos para llamar primera, segunda o tercera revoluciones, como parte de evoluciones mayores de una sola Revolución Industrial y existen consensos de que la digital es una Era de la revolución de las comunicaciones. Pero en la práctica no se trata de otra cosa que de la convergencia de descubrimientos y evoluciones que generan un salto cualitativo enorme en la manera en la que hacemos las cosas.

Así que, para tratar de entender al Metaverso, simplificaré los conceptos con un sistema que parte de esos consensos, es decir revoluciones, eras, olas e invenciones, de forma que podamos comprender mejor la posición que ocupará el Metaverso. Por lo tanto y para los efectos de este libro, una revolución es un proceso muy largo, dividido en eras y las evoluciones dentro de estas llamadas olas u oleadas de innovaciones e invenciones.

¿Por qué las revoluciones son distintas entre sí? Básicamente porque su aplicación en el mundo moderno ya no es únicamente industrial[629], de la misma manera que la economía industrial es solo

---

[629] Visto desde la antigua acepción de que Industria significa: "Maña y destreza o artificio para hacer algo" solo existiría una revolución para definirlo todo (agricultura, ciencia, tecnología etc.), pero podría ser tan arbitrario como llamarla Evolución de la Técnica Humana. Por otra parte, llamar primera,

un sector del Producto Interno Bruto de los países desarrollados. Así que hablar de una revolución científica o digital como parte de un proceso o etapa únicamente industrial, tiende a confundir en los tiempos modernos y es preferible dividirlas como fenómenos de cambios sociales, así como separarlas en eras.

Por ejemplo, la sucesión de oleadas de invención e innovación llevaron a la Era Técnica y de la industrialización del sector económico agrícola, mientras que las oleadas en el campo científico llevaron a otra Era, como es distinta la sucesión de oleadas que llevaron a la Era de la Biotecnología, aunque partan de una misma base progresiva. En palabras sencillas, cuando un conjunto de innovaciones, o la interacción entre distintas revoluciones, marcan una pauta de cambio, que ayude a evolucionar una revolución pero que no repercuta masiva y profundamente en el cambio de toda una sociedad, lo llamaremos Era y cuando cambie por completo los fundamentos en los que se basa el comportamiento de toda una sociedad, lo llamaremos revolución.

Un ejemplo de revolución progresiva, que es la que nos ocupa, lo tenemos a partir de 1947 con la llegada del transistor. Pero al año siguiente surgieron las oleadas en Estados Unidos con la publicación de la Teoría Matemática de la Comunicación de Claude Shannon que fue una de las bases que permitió el desarrollo del código binario con el que se programó el primer software. Son oleadas porque a la par surgieron los desarrollos de Alan Turing en Inglaterra sobre máquinas inteligentes y en especial la máquina que llevó su nombre, considerada como el primer modelo teórico de la computadora moderna, que permitieron el mayor avance en las ciencias de la información. A partir de allí, las oleadas de invención e innovación de Manchester[630] con la primera

---

segunda, tercera y cuarta revoluciones industriales, no permite seccionar para su estudio las áreas, que no necesariamente avanzan a la misma velocidad.

[630] Es importante precisar que la mayoría de los conceptos de Touring y Shannon eran discutidos a nivel universitario desde mediados de la década anterior, por lo que los trabajos de los científicos y tecnólogos venían también de esa época como los de Frederic C. Williams, Tom Kilburn, and Geoff Tootill en la universidad de Manchester con la primera computadora capaz de almacenar datos. La fecha de 1948, cumple el propósito de marcar un punto de partida y está basada simplemente en que allí se publicaron los grandes estudios que coincidieron también con la puesta en marcha del primer programa de computación en junio de ese mismo año.

computadora capaz de almacenar datos y en los siguientes diez años apareció la fibra óptica y el circuito integrado que junto con los lenguajes FORTRAN en 1957, LISP en 1958 hicieron crear a la primera computadora IBM junto a las teorías de la conmutación de paquetes y las listas enlazadas en 1959.

Diez años más tarde se envía el primer mensaje pionero de Internet de la universidad de California a la de Stanford y en los siguientes veinte, la transformación fue tal con la llegada de los chips, los primeros teléfonos celulares y el Ethernet generalizado, que permitió que en 1976 a los dos Steve, Wozniak y Jobs entregar la primera Apple a los hogares.

Fue la misma época en que los estudiantes universitarios contarían con sus primeras calculadoras científicas desarrolladas por Texas Instruments, Sinclair y HP, así como dos años más tarde con la primera calculadora programable de bolsillo, haciendo que los cálculos que habían tardado horas en el pasado, fueran desarrollados en un par de minutos. Si la integración de la máquina de motor con el hombre causó el mayor avance social de la historia, llamado revolución industrial, con la integración del hombre y la máquina inteligente, los pensadores y tecnólogos intuyeron que algo estaba pasando y que debía ser explicado en términos sencillos, acuñando un término que inicialmente pasaría a la historia como: "la era digital" o "era de la información, computación etc."

Este término comenzó a ser empleado a finales de la década de los sesenta y ya para los primeros años de los setenta había un consenso claro de que esta era iba a transformar radicalmente nuestra sociedad. En el Congreso de Estados Unidos se acuñó por primera vez de boca del célebre ingeniero de sistemas William K. Linvill y profesor de la Universidad de Stanford, en una conferencia en Washington en agosto de 1972 donde se discutiría el impacto del ancho de banda en las telecomunicaciones y cómo se transformaría la sociedad en la Era Digital, explicó que: "Las perspectivas de que se necesite menos de la mitad de nuestra fuerza laboral para realizar los trabajos actualmente existentes que se requieren en la sociedad podrían verse como una amenaza. En realidad, representa una liberación de recursos humanos para hacer aquellas cosas que hasta ahora habíamos asumido que no podíamos permitirnos".

Linvill establecía que el mundo estaba por traspasar fronteras tecnológicas gracias a tres factores primordiales importantes en esta transformación, el acceso a la información, la movilidad de la sociedad a la que comparó con el impacto del automóvil y la interconexión entre los individuos e instituciones equivalentes a las carreteras y autopistas[631]. Un año más tarde otro célebre pionero, Paul G. Zurkowski quien había sido veinte años presidente de la Asociación de la Industria de la Información y célebre por acuñar el término "alfabetización informacional", advirtió en el Congreso de los Estados Unidos de los subsiguientes cambios: "En el siglo XX, Estados Unidos pasó de ser una economía agraria a ser un país industrial poderoso. Ahora estamos al borde de la era de la información En el siglo XX, Estados Unidos pasó de ser una economía agraria a ser un país industrial poderoso. Ahora estamos al borde de la era de la información (..) Por lo tanto, la dirección que tome la tecnología de la información tendrá un impacto profundo en la economía de este país, en la fuerza laboral y en la posición que ocupa nuestra Nación dentro del mundo de las naciones. Creemos que las consecuencias internacionales de estos desarrollos son de particular importancia. ¿Podemos hacer que una nación siga manteniendo nuestro nivel de vida en la era de la información que hemos construido?"[632].

Aquello avizoraba no sólo una transformación compleja, sino apuntaba a una posible y muy rápida revolución en la sociedad. Y la velocidad del cambio representaba el problema real, el mundo había pasado miles de años con la segadora de mano, hasta que en las Galias emergió la guadaña, este sutil cambio hizo que un solo hombre pudiera hacer el trabajo de tres, pero en apenas unos pocos cientos de años un ingeniero escoces inventaría una trilladora mecánica que haría el trabajo de días en unas pocas horas, causando un impacto descomunal en una población que solo vivía del campo.

---

[631] Proceedings of the Conference of State Telecommunications Directors. U. S. Office of Telecommunications. 1972. William K. Linvill. pág. 172

[632] Federal Information Systems and Plans--Federal Use and Development of Advanced Information Technology: Hearings. United States. Congress. U.S. Government Printing Office, 1973. Pág. 836

Pero ahora se percibía como una verdadera amenaza que la nueva era causara un impacto tremendo en la masa laboral y en muy poco tiempo, ya que el impacto se había hecho sentir en el campo estadounidense, pero de forma más lenta y progresiva. En 1932 más de treinta millones de estadounidenses trabajaban en el campo y para 1972 había descendido a nueve millones[633]. La población se había movilizado durante cuarenta años a tal nivel, que del 25% de la población que trabajaba en el campo, había quedado menos del 5% en sus granjas y terminaría en poco más del 1% al llegar el nuevo siglo, a la industria le había ocurrido lo mismo, cuando a partir de los primeros años de los sesentas, se habló de la nueva era de automatización[634], sufriendo la movilización general, a tal punto que paises como España perdieron cientos de miles de empleos y pasando a solo el 4% de la población dedicada a esa actividad[635].

No nos damos cuenta, por ejemplo, que mientras se habla de cambio climático, la tecnología ha obrado milagros. Técnicamente en los Estados Unidos existe la misma cantidad de vacas que en 1995 y casi cuarenta millones menos de cabezas que en 1975 para servir a ochenta millones más de habitantes y la producción de leche anual se ha duplicado por vaca y ha llegado a una efectividad tal, que la misma cantidad de ganado es suficiente incluso, para aumentar en cien libras de productos el consumo promedio[636] y todo realizado por el 1% de la población, pero ¿A dónde se marchó el otro 24% que realizaba esas tareas?

Pasamos por alto que los abuelos alemanes lograban un rendimiento de dos mil kilogramos de cereales por hectárea y sus nietos cuadruplicaron esa cifra. Lo mismo los españoles que pasaron de mil kilogramos por hectárea en 1960 a cuatro mil en 2018, pero ¿El personal que antes había trabajado allí, pudo ser absorbido en otras áreas?

---

[633] Anuario, Table 643. Agricultural statistics by United States. Dept. of Agriculture; United States. National Agricultural Statistics Service. 1972. Pág. 522
[634] Impact of Automation on Employment: Hearings Before the Subcommittee on Unemployment and the Impact of Automation of the Committee on Education and Labor, House of Representatives, United States. Congress. House. U.S. Government Printing Office, 1961
[635] En los anuarios estadisticos de España entre 1980 y 2019 se perdieron cerca de 700 mil empleos. Se pueden estudiar en https://www.ine.es/inebaseweb/pdfDispacher.do?td=156886&ext=.pdf
[636] https://www.ers.usda.gov/data-products/dairy-data/dairy-data/#Historical%20dairy%20data

Y hablando de coches y movilidad, en los Estados Unidos existen ochenta millones de vehículos más que en 1995 y se consume la misma cantidad de gasolina. Existen la misma cantidad de aviones comerciales que en 1994[637], pero transportan a trescientos millones de pasajeros más[638] usando el mismo combustible que hace veinte años[639]. El cambio tecnológico es tan abrumador, que los Estados Unidos consumen la misma cantidad de barriles de petróleo en 2022, que en 1999 y apenas un diez por ciento más que en 1979[640] cuando tenía cien millones menos de usuarios.

Pero la movilidad además de milagros causó estragos en la población que antes trabajaba en esas industrias. General Motors en 1998 tenía 406 mil empleados[641] y para el 2018 había descendido a más de la mitad con 173 mil[642] para construir la misma cantidad de vehículos. Pero no solo que la era de la automatización hizo devastaciones para el trabajador blue-collar, sino que el trabajador manual que quedó, también comenzó a ser sustituido por operarios cada vez más calificados, porque ahora necesitaban operar maquinaria sofisticada, por lo que el cambio fue simplemente radical.

Otro ejemplo del impacto de una era lo podemos encontrar en las dos procesadoras de carne de Cargill en Canadá donde menos de tres mil empleados pueden procesar el 55% de la carne de ese país[643]. Pero al ver los requisitos del trabajo manual, un simple carnicero necesita completar no solo su educación media, sino un

---

[637] https://www.bts.gov/content/number-us-aircraft-vehicles-vessels-and-other-conveyances

[638] Un 62% más. https://www.bts.gov/content/us-air-carrier-aircraft-departures-enplaned-revenue-passengers-and-enplaned-revenue-tons

[639] 1,725 millones de barriles en 2000, contra 1,743 en 2019. https://www.eia.gov/dnav/pet/hist/LeafHandler.ashx?n=pet&s=mkjupus2&f=a

[640] En 1979 se consumieron 18,51 millones de barriles al año, la misma cantidad que en 2009 y en 2021 la cifra fue de 19,78 millones de barriles. El pico de consumo fue de 20,55 millones en 1976. U.S. Product Supplied of Crude Oil and Petroleum Products (Thousand Barrels per Day) en https://www.eia.gov

[641] 10-K form, Annual report pursuant to section 13 of the Securities Exchange act of 1934. Employment and Payrolls. Worldwide employment at December 31,1998

[642] Ibidem. https://generalmotorscompany.gcs-web.com/static-files/54070a3d-55d9-4a0c-9913-7ba9b4d366de

[643] https://www.cargill.ca/en/meat-processing

programa de nueve meses[644], mientras que un cortador especializado debe tener un título universitario o un programa técnico de tres años[645].

Para el año 2010 existían poco más de un millón de robots industriales, diez años más tarde la cifra había alcanzado 2,7 millones[646] y se espera que la cifra se triplique en los siguientes diez. El robot, no sustituyó al hombre, pero si lo transformó al aniquilar la mano de obra más básica. Por eso ahora quienes escuchaban a Paul G. Zurkowski acuñando el término "alfabetización informacional" se preguntaban, ¿Qué pasaría con los analfabetos digitales? Y ¿Cómo efectuar la transición de la mano de obra calificada y automatizada a la digital? Es decir, cuando el obrero digital, deba tener el nivel de un desarrollador.

## El Metaverso de Stephenson

"¿Si tú eres un pirata informático?" pregunta una clienta

"¿Cómo es que terminé siendo repartidor de pizzas?" respondió Hiro, el protagonista del libro. Un desempleado y arruinado repartidor de pizza, poco antes de darle a la chica que hizo la pregunta, su tarjeta de presentación.

Es así como Neil Sthepenson el escritor de la novela *Snow Crash* de ciencia ficción - influenciado como los grandes autores por la inteligencia y el espionaje[647] -y asesor de Jeff Bezos en su proyecto espacial, acuñó en 1992 el término Metaverso de la boca de Hiro, un Pirata informático independiente o "vagabundo talentoso" quien entre otras cosas pertenecía como auxiliar de respaldo y corresponsal independiente a la Corporación Central de Inteligencia y especialista

---

[644] https://careers.cargill.com/job/high-river/skilled-production-industrial-butcher/23251/30198898272

[645] https://careers.cargill.com/job/high-river/skilled-production-meat-cutter/23251/30198898256

[646] World Robotics Report 2020 by International Federation of Robots. https://ec.europa.eu/newsroom/rtd/items/700621/en

[647] En casi todas sus novelas hay referencias a la inteligencia o al espionaje. En Snow Crash en evidente y en Sevenevens está reflejada principalmente la inteligencia rusa y china. También están reflejados en sus novelas Mongoliad e Interface

en inteligencia de software, como guiño a un futuro en el que las corporaciones se harían cargo de casi todo.

Lo primero que tenemos que hacer es situar a Stephenson, nacido en 1959 justo en la generación que crea el movimiento literario del Ciberpunk a partir de 1977[648] profundamente influenciados por autores del NewWave[649], por lo tanto, todos tienen en común al protagonista pirata informático, al mundo distópico, el ocaso de los gobiernos y el surgimiento de las mega corporaciones.

Por esa razón, en ese mundo ciberpunk, la gente no está muy segura "de lo que significa la palabra Congreso" ya que el gobierno ha colapsado y la C.I.A había dejado de ser agencia gubernamental, para pasar al sector privado, aunque sigue estando en Langley, Virginia y todas las policías del mundo eran pagadas con tarjetas de crédito, al igual que el espionaje o eran franquicias dependiendo del poder adquisitivo de sectores. MetaCops es la más grande y para el público general mientras que WorldBeat lo es para contratos exclusivos. En el caso de Hong-Kong lo hacían con robots, algunos tenían miles de drones de espionaje y no podía faltar el guiño de NarColombia, que: "no necesita seguridad porque la gente tiene miedo de pasar por delante de la franquicia a menos de cien millas por hora" enfrentada a NovaSicilia a sangre y fuego, en señal de que hay cosas que no cambian.

No se trata en realidad de prejuicios del autor contra un grupo determinado, sino más bien de estereotipos basados en aquel presente de 1992 en el que los ninjas de la década anterior abundaron tanto como los vampiros de la primera mitad del siglo XXI y Pablo Escobar Gaviria salía en las noticias diariamente bombardeando las ciudades, como en efecto fue transcrito veladamente en el libro mientras Italia ardía en llamas por el proceso contra la Cosa Nostra y el asesinato del famoso juez Falcone en Sicilia, también haciéndolo volar con una bomba de mil kilos en su coche. Por lo tanto, se trataba más bien un recurso

---

[648] De la mano de escritores como Rudy Rucker (1948) William Gibson (1948) Bruce Stearling (1954) o Patt Cargigan y John Shirley (1953). Todos publicaron casi al mismo tiempo

[649] Como John Brunner (1934), Roger Zelazny (1937), Michael Moorcock (1939), o inclusive anteriores como Philip J. Farmer (1918) Philip K. Dick (1928)

interesante de Sthepenson, para hacer creíble la sociedad del futuro, al lector de aquella realidad.

A diferencia de Jeff Bezos o Elon Musk quienes lo leyeron en la década de los noventa, el libro visto por un joven de hoy dejaría tantas interrogantes como situaciones plausibles y su estética sería vista de la misma manera que el programa piloto de Viaje a las Estrellas, donde se está a siglos en el futuro, el cuerpo es descompuesto en moléculas para viajar por el espacio, pero aún se consultan y archivan carpetas de papel, y las computadoras son repisas con bombillos de colores que hoy carecen completamente de sentido.

Lo mismo le ocurriría a la generación actual del blockchain y el IoT (Internet de las Cosas) con Hiro, cuando en las primeras páginas entrega una tarjeta de presentación o es necesario (en el futuro), un número de telefonía fija e insertar una tarjeta de crédito en una ranura de la computadora repleta de cables. Pero repito, se trata de recursos del autor para que el lector de la época se convenza de que el futuro, es algo tan tangible como su presente. A partir de allí es que nos introduce al Metaverso y para explicarlo, lo primero que hay que decir es que no se trata de un juego.

Stephenson nos relata que las personas de pocos recursos viven en conteiner de una compañía de almacenamiento llamada U-Store-It, que es simplemente un storage, donde los que tienen más recursos almacenan sus trastos viejos y a partir de allí se convirtieron en guetos, mientras que la clase media sigue viviendo en los suburbios. Hiro vive entonces en su espacio de paredes de latón de 20 por 30 y el mobiliario está compuesto por un futón japonés que no es otra cosa que un colchón en el piso, una paleta de carga a manera de mesa nipona y muebles de cemento, pero a diferencia de esta realidad, existe otra, el Metaverso.

Si en la vida real habita en un contenedor con piso de cemento, en el Meta Universo vive en una gran casa como buen príncipe guerrero, en uno de los barrios desarrollados en las primeras etapas del MetaUniverso que ahora está compuesto de 65.536[650] kilómetros

---

[650] Lo que es un guiño a los programadores y piratas informáticos, pues es un número reconocible entre ellos por muchas razones. De allí que durante decadas fuera el máximo de filas de Excel, que el estándar de gráficos de 16 bits de alto color admitiera una paleta de colores de 65536 colores diferentes. El número máximo de métodos permitidos en una sola aplicación de Android de archivo DEX fuera 65536. El límite de la cantidad de código en bytes para un método no nativo y no abstracto en Java. El

cuadrados de edificios, calles y avenidas, lo que es "considerablemente más grande que la tierra". Se trata por ende de un mundo alternativo o de un Meta Universo, es decir que va más allá del Universo en el que habita en la vida real y pasa más tiempo en el virtual, que en el real.

Y aquí viene la parte interesante, todo aquel que está capacitado para programar, puede contribuir al desarrollo de su ciudad y hacerla evolucionar, así como las grandes corporaciones pueden hacerlo en grande, siempre que todas pidan permiso al grupo corporativo llamado GMPG o Global Multimedia Protocol Group, sin cuyo permiso, nadie puede entrar al MetaVerso y es la que coloca en un fondo todos los ingresos que cobra, para seguir fomentando la vida en ese universo alternativo.

Pero la gran paradoja, es que el MetaVerso como plataforma de juegos masiva al estilo de Stephenson tardará mucho más tiempo en llegar, que la masiva concentración de información necesaria para llevarlo a cabo. Es decir, en este momento nos encontramos en esa fase inicial de construcción de la información, pues para que ocurra lo segundo a esos niveles, es necesario la existencia de millones de programadores capaces de contribuir a ese universo.

Por lo tanto, debemos hablar de los riesgos de esa Meta Información y cómo cambiará nuestro mundo, porque ya existen al menos 24 millones de programadores corresponsales haciendo upload de información, existen las gárgolas que envían hasta el más mínimo detalle a la nave nodriza por inútil que sea y también los libreros demonios.

---

número de puertos disponibles para combinar con una dirección de red para crear un socket de red o el límite máximo de caracteres para un mensaje en WhatsApp fuera 65536.

## El Meta-mensaje de Sthepenson

Lo segundo que hay que comprender a la hora de leer a Stephenson, es que su generación que abarca desde Bill Gates o Jeff Bezos hasta Elon Musk o Larry Page[651] no solo fueron marcados en su juventud por los eventos e influencias políticas de la época, sino por una conjunción de universos y una oleada de inventos e innovaciones absolutamente fantásticas que incluyen el Internet, la Realidad Artificial de Myron Krueger a principios de los años ochenta y posteriormente la Realidad Virtual así como justo en ese momento, David Chaum inventaría la moneda digital y comenzó a unir las piezas, junto con otros matemáticos[652] de algo que resonaría años más tarde llamado Blockchain. Así que los ninjas pasaron de moda rápidamente con la llegada de ese tsunami que los marcaría profundamente.

Para comprender la revolución en ese momento -pues hoy la damos por sentada- bastaría recordar a Bill Gates en el programa de David Letterman en 1995 tratando de convencer al entrevistador de los beneficios de la red. Letterman sostenía que era innecesaria porque podía escuchar un juego deportivo en la radio y tenía un grabador si quería conservarlo. Apenas 14 millones de estadounidenses usaban Internet, pero solo el 20% ingresaba diariamente y apenas el 3% navegaba en la red. Pues Internet era usado principalmente para enviar correos de trabajo o leer portales de noticias.

Pero también podemos leer Snow Crash a partir de lo que no hay, porque no existían, Internet, el Blockchain o las redes sociales y su tremendo impacto en el futuro. Por eso nos ocurre en la novela lo mismo que con la Guerra de las Galaxias, pues son necesarios los androides para que hagan muchas cosas que hoy son llevadas por un simple dispositivo, ya que el Internet de las Cosas, nos permite sustituir lo que pensábamos sería muy útil en ese futuro que pronosticaban.

Es así como hay que entender, que el futuro de Sthepenson no era otro que su presente magnificado. Es decir, los autores usan sus

---

[651] Aquellos que tenían entre 15 y 30 años a finales de los años ochenta.

[652] Chaum sin duda es el padre de las monedas digitales. Pero los trabajos de Stuart Haber, W. Scott Stornetta y Dave Bayer, así como tantos otros termiaron creando esa revolución del Blockchain.

vivencias particulares y la conciencia política de la época para que el lector se sienta participe de ese futuro pues cuando se presenta un mundo futurista idílico, luce completamente irreal. De allí a que las críticas al modelo político de Ronald Reagan estuviesen presentes en la mayoría de los autores, en la forma de un futuro con menos gobierno y más codicia corporativa a cargo de las políticas públicas, que se pueden leer en la mayoría de los libros de la época o también ver a partir de películas de masas como Robocop. De la misma manera que, como el libro se encuentra parcialmente basado en California, se encuentren elementos de la época como la gran crisis de inmigración que llevaría a la famosa proposición 187, para impedir el acceso de los servicios a inmigrantes ilegales.

Por eso, cualquier lector que se sumergiera en las páginas, se sentiría identificado con muchas de las ideas políticas a partir de su propio presente y el de una generación que comenzó a pensar en que la Inteligencia Artificial un día superaría a la del hombre no solo por fenómenos masivos como las películas como Juegos de Guerra (1983) o Terminator (1984), sino porque grandes mentes de la inteligencia artificial como Marvin Minsky sostenían que las computadoras tendrían en muy breve lapso de tiempo la misma inteligencia que los humanos y con el tiempo incluso serían capaces de actuar éticamente.

Ya pioneros de la Inteligencia Artificial como el premio Nobel Herbert Simon había profetizado que en veinte años una computadora sería capaz de ganarle a un campeón de ajedrez y esa generación vio posteriormente lo ocurrido con Gary Casparov y DeepBlue, tan rápido como 1997 y exactamente veinte años más tarde otra máquina AlphaGo le ganó al campeón del famoso y complejo juego GO, alcanzando niveles superhumanos, a partir de ahora, ningún humano puede ganarles. Por eso sin duda, fueron los primeros en inclinarse a la proyección del futuro, de la tecnología y del espacio de una forma distinta a la anterior, gracias a la inteligencia artificial y a la realidad virtual.

Es así como películas como Tron y varias más de la época ya habían propagado esos mundos digitales interactivos, en las revistas de tecnología se podía ver con asombro la interactividad también creada por Myron Krueger y los conceptos de Ciberespacio expresados en la novela Neuromancer de William Gibson en 1984 y buena parte de ese mundo ya había sido escrito en ensayos como Realidad Virtual de Howard Rheingold, quien acuñó el término "Comunidad Virtual", así como el debate de las implicaciones morales, psicológicas y sociales era un hecho. Por lo tanto, Stephenson no creó ese mundo, ni los guantes o gafas de realidad virtual que cualquiera pudo conocerlos en la película Volver al Futuro y cuyos modelos se presentaron en 1989[653], ni la realidad virtual, sino que acuñó el término Metaverso para asociar varias ideas extremadamente importantes que impactarían en el futuro.

Ahora bien. Más allá de su aplicación para convertir el Metaverso en un lugar de juegos virtuales, como el de ninjas y espadachines en 3-D, lo interesante del Metaverso de Stephenson, es que, para poder llegar al Metaverso, fue necesario una transformación masiva de la información a unos y ceros. De allí a que la Agencia Central de Inteligencia, entendida esta como un centro de almacenamientos de información gigantesco sobre las personas, se fusionara con la Librería del Congreso con cientos de millones de publicaciones que fue progresando hasta tener la data digitalizada desde los sumerios y una vez que la información estuvo organizada en una base de datos central para su consulta corporativa, salieron a la Bolsa en forma de la Corporación Central de Inteligencia.

Y aquí es necesario comprender que esas generaciones de finales de los ochenta y los noventas, fueron las primeras que vivieron los grandes cambios en la privacidad de su información y las leyes de acceso a la misma. Pero también la caída del Muro de Berlín y los debates de transformación de la inteligencia a nivel mundial, así como su reorganización. Entonces ¿Qué hacer con la información recopilada de millones de personas a nivel mundial y la que se seguiría procesando? ¿Qué hacer con la información cuando el enemigo comunista ya no representa el peligro que suponía para las generaciones anteriores? Sin embargo, no deja de ser interesante el hecho de que en 1993 el presupuesto de inteligencia fuera equivalente

---

[653] Revista New Scientist 19 Ago 1989, pág. 32.

a 53 billones de dólares de 2020[654] y sin embargo el presupuesto para ese año hubiera alcanzado los 85 billones de dólares o un 60% más que durante la Guerra Fría.

El Metaverso en su etapa inicial entonces no es otra cosa que ese gigantesco cúmulo de procesamiento y uso de data, convirtiéndose a su vez en un gigantesco centro de información, donde todo el conocimiento, toda la publicidad y las relaciones son llevadas a un mundo más grande que el universo real. Y por ende se pueden vivir dos vidas completamente distintas en paralelo, se puede tener otra ciberpersonalidad, tanto como jugar y desarrollar fantasías, pero también obtener dinero, trabajar, estudiar, acudir a la iglesia y solo se vuelve al primero en busca de las necesidades mínimas indispensables que son alimentación y sueño.

Pero Sthepenson da también en el clavo con softwares y dispositivos que se encuentran en el Metaverso para registrar hasta la mínima actividad subiendo cantidades asombrosas de información a la nave nodriza (base de datos), "con la remota posibilidad de que alguna de ella eventualmente sea útil (..) como anotar el número de placa de cada automóvil que ve en su camino al trabajo cada mañana, en caso de que uno de ellos se vea involucrado en un accidente de atropello y fuga". Intuyendo que en el futuro los aparatos se comunicarán para dar esa información y también introduciéndonos al internet de las cosas, como es el caso de la caja de pizza inteligente, capaz de atormentar al repartidor con el tiempo y la distancia a su objetivo.

A partir de allí Sthepenson establece que, en el futuro, las personas estarían digitalizadas hasta sus: "patrones de retina, ADN, gráfico de voz, huellas dactilares, huellas de pies, huellas de palmas, huellas de muñecas, cada maldita parte del cuerpo que tenía arrugas (..) hicieron una impresión y digitalizaron en su computadora (..) Y cuando solicitó el trabajo (..) estuvieron felices de aceptarlo, porque lo conocían". Por lo tanto, esa información tiene un propósito, conocerlo todo y las corporaciones de

---

[654] 30 billones de 1993, de acuerdo a la calculadora de inflación de
https://www.bls.gov/data/inflation_calculator.htm . https://www.latimes.com/archives/la-xpm-1992-03-03-mn-3110-story.html

monitoreo en el Metaverso son capaces de saber a kilómetros si faltan las placas de identificación de un perro, cuántas monedas hay en un bolsillo o si se tiene "una navaja en el bolsillo izquierdo" gracias a la pantalla de vigilancia del Metaverso.

Y el cuarto desarrollo de Stephenson es también sumamente interesante. El mecanismo masivo de interrelación cultural dentro del Metaverso, en el que desaparecen los límites espaciales y geográficos, las barreras lingüísticas y de idiomas así como las edades gracias, en principio a que en el Metaverso no existen fronteras y Hong-Kong puede estar a la vuelta de una esquina o página, mientras que la traducción de las lenguas por apps permite el intercambio inmediato de información, así como las edades están eliminadas por los avatares y por lo tanto el acceso a la información es completa y de una manera nunca antes vista.

Al desaparecer todos estos límites, las barreras de separación cultural y social se desvanecen para dar paso a la interrelación basada en el ingenio y el talento. Así Hiro, mitad coreano por una madre esclava en las minas japonesas y un padre negro, sargento del ejército estadounidense, se interrelaciona con una elegante joven latina, cuyos padres viven en Mexicali (granjeros o traficantes) con casa de piso de tierra. De allí que el metadiscurso de Stephenson, se podría definir como explica en su novela sobre el Gran Hong-Kong y su crecimiento después de barrer con la "China Roja" en un Metaverso con "el potencial de todas las razas étnicas y antropologías para fusionarse" ocurriendo "bajo la bandera de los Tres Principios a seguir:

1. ¡Información, información, información!
2. ¡Marketing totalmente justo!
3. ¡Ecología estricta!"[655]

Recopilación, uso de la información y sostenibilidad, son las bases de ese futuro.

---

[655] Sergey Brin and Larry Page, Academy Class of 2004, Full Interview. En https://www.youtube.com/watch?v=E96l4aFTgA4&t=794s

## La convergencia de los padres fundadores y los señores Ninja

Stephenson nos da señales de que, como buen universo Ciberpunk, el gobierno ha colapsado o está hecho trizas y hay padres fundadores del protocolo del nuevo mundo, así como señores Ninja agrupados en una maquinaria de protocolo multimedia global y de piratas informáticos que trabajan para ellos en las corporaciones de software en las grandes torres corporativas. Pero se conoce muy poco de estos.

El escritor, experto en marketing digital y empresario Seth Godin, célebre también por tratar de convencer a Jeff Bezos de que además de vender libros, los publicara, nos explica un aspecto importante cuando le preguntaron: ¿Tiene usted algún mentor? Y respondió: "¡por supuesto, mis mentores son los libros!" y esto es importante, porque a través de los mentores que son los libros que los marcaron y sus autores, se puede entender el mundo hacia el cual nos dirigimos.

Por eso, si estuviéramos en una novela de ficción, la ruta actual al Metaverso estaría dirigida por un grupo de criaturas llamadas Devoradores, pues quienes hoy dirigen no solo al mundo, sino a Google, Facebook-Meta, Microsoft, Amazon o Tesla entre muchos otros, son devoradores de información y tienen una cualidad en común, aprenden de todo lo que ven, tocan y leen. Es decir, sus cerebros no disfrutan tanto de una historia, como de la información que se deriva de la historia. No ven una película como la ve la mayoría, ni leen porque es un pasatiempo, simplemente sus cerebros se divierten descomponiendo las películas y los libros. Pero además proporcionan constantemente información de quienes son y lo que desean hacer, o, en otros términos, se puede hacer un perfil de ellos a través de la inteligencia bibliográfica de sus "mentores" o más bien, el viejo adagio de "tú eres lo que lees".

Bill Gates devora al menos un libro a la semana, que es el mismo reto que tiene Mark Zuckerberg o Jeff Bezos, mientras Elon Musk sostiene leer hasta diez horas al día. Así que, si alguien le dice a usted que no tiene tiempo de leer, está frente a otra criatura del Metaverso llamada Engullidos que no va a crear absolutamente nada, pues no usa su tiempo en cultivar su cerebro.

Mucho menos tiempo tenían en su día a día en la Casa Blanca Barak Obama quien reservaba algunas horas al día, para leer más de cincuenta libros al año. Menos tiempo tenía Warren Buffet mientras construía su emporio empresarial y su consejo era leer "500 páginas todos los días. Así es como funciona el conocimiento. Se acumula, como el interés compuesto. Todos ustedes pueden hacerlo, pero les garantizo que no muchos de ustedes lo harán".

Así que los devoradores son criaturas de hábitos y formados a través de influencias concretas. Cuando vemos que Bill Gates recoge a Neil Stephenson, conduciendo un Tesla y durante el paseo el líder de Microsoft se ríe, pues a lo largo de la vía está recreando escenas escritas por Stephenson como una pelea de ninjas y después llegan a comer comida rápida, no solo nos damos cuenta de la enorme influencia de ambos, sino de que existe una confluencia interesante en su pensamiento sobre el futuro.

Cuando se observa que, en una siguiente generación, Jeff Bezos ve una película en el cine con Neil Stephenson y que, al discutirla después en un café, el primero le dice al autor: "Siempre he tenido ganas de crear una compañía que vaya al espacio" y después de la discusión la llevara a cabo, luego de que Stephenson le dijera "comienza hoy"[656] y el escritor fue su asesor para llegar al espacio[657], no solo nos damos cuenta de que esa amistad es creativa, sino que está profundamente enraizada en sus convicciones y conocimientos sobre lo que viene.

Y ocurre igual con una tercera generación[658] cuando Serguei Brin, fundador de Google explica que el libro que más lo influyó a dedicarse a la computación fue *Snow Crash* de Stevenson porque: "anticipó lo que iba a pasar, diez años antes"[659] y está entre los libros más recomendados de Larry Page y uno de los que más influyó en Mark Zuckerberg[660], comprendemos entonces la sinergia existente en como los Devoradores observan el mundo que están creando, pero sobre todo y como ocurre en el Metaverso, todas las generaciones de

---


[656] https://www.wired.com/2019/01/geeks-guide-jeff-bezos/

[657] https://www.washingtonpost.com/technology/2021/02/09/amazon-bezos-blue-origin/

[658] Bill Gates nación en 1955, Jeff Bezos en 1964 y Serguei Brin en 1973

[659] https://www.youtube.com/watch?v=E96l4aFTgA4&t=794s

[660] https://www.bloomberg.com/features/2016-facebook-virtual-reality/

padres fundadores y señores Ninja están integradas sobre un pensamiento en común.

No quiero con esto decir que toda gira entorno al universo de Neil Stephenson, porque los grandes Devoradores han sido influenciados en muy buena parte también por el famoso físico Richard P. Feynman, el escritor escocés Iain M. Banks, o Marvin Minsky, así como decenas sino cientos de otros pensadores que le han dado forma al presente y al futuro, no solo de aquello que llamaremos Metaverso, sino de los progresos tecnológicos, la política, el marketing, la psicología etc. Pero basta con ver su lista de lecturas y sus propuestas, para entender que existe una confluencia similar al Global Multimedia Protocol Group.

Sin embargo, este concepto que ha sido en parte tomado por Facebook para crear un entorno virtual desde 2016[661], converge con otra gran oleada de innovaciones técnicas e industriales acuñadas el mismo año en lo que se reconoce como la Cuarta Revolución Industrial o para los efectos de este libro, la cuarta Era de una primera revolución. Un primer consenso sostiene que la primera estuvo caracterizada por la mecanización, la segunda por la producción en masa y las líneas de ensamblaje, la tercera fue la automatización y esta cuarta es la de los sistemas ciber-físicos.

Cuando Klaus Schwab acuñó el concepto de Cuarta Revolución Industrial a partir del Foro Económico de Davos en 2015, 800 ejecutivos y expertos del sector de las tecnologías de la información y las comunicaciones, identificaron los objetivos en una encuesta realizada por el Consejo de Agenda Global sobre el Futuro del Software y la Sociedad, que creían serían alcanzados en los siguientes diez años.

El único objetivo que no tuvo el consenso de al menos el 50% de los expertos, fue que habría una máquina de Inteligencia Artificial en la junta directiva de una corporación importante y fue, sin dudas uno de los primeros objetivos alcanzados, cuando dos años más tarde, un fondo de inversiones asiático colocó por primera vez a la inteligencia artificial en una silla de director[662] y a

---

[661] https://www.businessinsider.com/scott-galloway-metaverse-future-not-facebook-2021-8
[662] https://asia.nikkei.com/Business/Artificial-intelligence-gets-a-seat-in-the-boardroom

partir de allí los algoritmos para la toma de decisiones en las juntas, han tomado su puesto en muchas corporaciones.

Se observaría como increíble el hecho de que apenas el 45% de los expertos admitieran esa posibilidad, contra el 76% que afirmó que sería posible el primer trasplante de un hígado creado en una impresora 3-D, pero resultó que en 2021 un grupo de científicos de Corea, lograron no solo imprimir tejido hepático en 3-D, sino trasplantarlo a ratas de laboratorio[663]. El problema no está en que los objetivos se están cumpliendo, sino en la rapidez con la que se cumplen.

El segundo consenso es el que más nos debe interesar a los efectos de la explicación general que son los basamentos, la primera era basada en el vapor, la segunda en la electricidad, la tercera en la electrónica y a la computadora, así como la cuarta en las redes, primordialmente en la inteligencia artificial y el Internet de las Cosas (IoT).

Sin embargo, nos encontramos frente a la confluencia de la mayor cantidad de invenciones e innovaciones de la historia y a una rapidez fulminante. Un salto cuántico que impulsa las bases de la nueva Era y por lo tanto los cambios en la tecnología digital gracias a la Big Data, la Nube, las interfaces máquina-humano, los sensores inteligentes, la impresión 3-D, las interacciones multinivel, la realidad aumentada y también el Metaverso entre muchas otras importantes.

Todo esto confluye a su vez con las innovaciones en manipulación y edición genética, la robótica avanzada y los avances de nanotecnología y lógicamente la energía 4.0 en la que usted podrá cargar su teléfono sin cables, o las comunicaciones 4.0 en la que ya hablaremos de Petabits.

Pero lo importante es que existe una guerra de inteligencia, para decir en un futuro: "El Metaverso, toda la Calle, existe en virtud de una red que poseo y controlo"[664].

---

[663] https://3dprintingindustry.com/news/3d-printed-implant-keeps-liver-patients-alive-as-they-hold-out-for-donors-193438/

[664] Todo lo escrito entre comillas referido del libro SnowCrash, es de su publicación por Bantam Books en la reedición de 2003

## El Metaverso: El Gran Hong-Kong a híper-velocidad.

El siguiente párrafo cumple un propósito importante en la explicación del Metaverso y porque ya vivimos en este, a partir de los primeros días de la Revolución Industrial hace más de dos siglos.

"El sofisma en la respuesta del Sr. Fitch (..) está evidentemente calculado para causar una impresión desfavorable en la opinión pública sobre mi"[665] explicaba el ingeniero innovador James Rumsey en 1788, en su carrera contra John Fitch para construir el primer barco de vapor, indicando que no era cierto lo que decían sobre haberse copiado del diseño de Fitch, sino que el primero lo había hecho con el de él. Nada se equiparó con la pelea sostenida en los medios de la época para llegar primero a la paternidad del revolucionario medio de transporte y acto seguido Fitch publicaría una respuesta con todas las pruebas de que Rumsey había copiado su invento[666].

La pelea entre Jeff Bezos y Elon Musk para conquistar el viaje espacial palidece con la de los primeros innovadores frente a la Revolución Industrial, en el mismo momento en el que William Reynolds y Richard Trevithick competían por hacer lo propio con una máquina que revolucionaría el transporte terrestre, la patente por "el motor de vapor y su aplicación en los carruajes de conductor"[667] y la locomotora de vapor.

Consultar estos tratados de 1788 de estas leyendas que fueron los pioneros de la revolución industrial junto a otros, no excluye la existencia de personajes que ni siquiera están en Wikipedia en otro idioma que no fuera el suyo y con pocas referencias sobre ellos, como el alemán Sebastián von Maillard con su "Teoría de las máquinas accionadas por la fuerza del vapor de agua" cuatro años antes o el "Arte de la minería de carbón" del francés Sauveur Francois Morand en 1799.

---

[665] A Short Treatise on the Application of Steam: Whereby is Clearly Shewn, from Actual Experiments, that Steam May be Applied to Propel Boats or Vessels etc. James Rumsey, J. James, 1788

[666] The Original Steam-boat Supported, Etc John FITCH (of Philadelphia.). 1788

[667] The Repertory of Arts and Manufactures, J. Wiatt. 1803

Ha tenido que leer estas cuatro referencias de hace cientos de años con un objetivo claro. Hace apenas diez años para llegar a estas, usted habría tenido que ser un erudito de la revolución industrial, hablar varios idiomas o contratar a un traductor, conocer a los autores y acudir a la biblioteca del Congreso de los Estados Unidos. Una vez allí consultar en las terminales la disponibilidad, pasar al menos cuatro horas tomando notas para después tomar un avión para viajar a la biblioteca de Hamburgo y de allí otro a la de París. Construir apenas estas trescientas palabras le hubieran costado miles de dólares en pasajes, alojamiento y comida, lo que habría sido simplemente absurdo para un contenido tan pequeño.

Hoy la premonición de Neil Stephenson se habría quedado corta pues a la vuelta de la esquina se han unido el Gran Hong-Kong con más de cien idiomas y se tiene cuatro veces más información a la mano, que la existente en la Librería del Congreso que tiene 38 millones de libros. Sin salir de su casa usted tiene acceso a 50 millones de títulos a disposición en Google y un *Librero* que le permite encontrar temas, palabras y oraciones de donde surgen autores completamente desconocidos y una "máquina" le traduce la mayoría de los documentos con una fiabilidad sorprendente. Puede hacerlo también con cuatro millones de publicaciones francesas[668], otros 42 millones de libros, publicaciones y fotos digitales en Alemania[669], así como millones en distintas bibliotecas digitales como Rusia con cien mil documentos[670] o puede consultar las hemerotecas españolas y navegar entre setenta y dos millones de páginas[671], o más en la alemana[672].

Usted puede encontrar cinco millones de libros y cientos de miles de disertaciones doctorales de Japón[673], treinta millones de disertaciones médicas[674] o cientos de millones de publicaciones académicas y científicas en bases de datos multidisciplinarias[675] o ser

---

[668] https://gallica.bnf.fr
[669] https://www.deutsche-digitale-bibliothek.de
[670] http://elibrary.rsl.ru/?lang=en
[671] http://www.bne.es/es/Catalogos/HemerotecaDigital/MasInformacion/
[672] https://www.dnb.de
[673] https://dl.ndl.go.jp/en/intro.html
[674] https://www.nlm.nih.gov
[675] Como Wiley Online, Scopus, ScienceDirect o Web of Science

uno de los doce millones de escolares que consultan el increíblemente prestigioso The Lancet[676]

Si hace un par de décadas usted quería comprar un libro, tenía que conducir a una cadena de librerías o al correo a solicitar una edición de algún libro especializado. Hoy tiene a su disposición no solo más de cuarenta millones de títulos en Amazon, sino a grandes cadenas de librerías de libros científicos nuevos y usados con decenas de millones de títulos a su disposición y la mayoría de los nuevos libros, le pueden llegar en segundos a su dispositivo electrónico o en un par de días si lo desea en físico. Hablamos de billones de páginas, referencias y autores que representan un conocimiento humano, nunca antes disponible para alguna generación. Y lo que esto representará para los avances científicos.

Pero no solo se trata de libros, revistas o periódicos. Cuando Neil Stephenson escribió sobre el Metaverso, un científico en una selva de Borneo buscando coronavirus en los murciélagos de la fruta, tenía prácticamente que desaparecer en las marismas durante semanas, luchar contra los elementos para después volver a la civilización, generar un paper y que comenzara a discutirse entre los colegas de las universidades, en un proceso que podía durar meses. En 2013, ese mismo científico puede comunicar sus hallazgos en tiempo real, enlazarse con otro que está buscando lo mismo en las heces fosilizadas en una antigua tumba egipcia, mientras un grupo de colegas en Bangladesh hacen lo propio y todos consultan a un laboratorio londinense sobre una posible pandemia.

Pero lo interesante no es solo que tienen acceso en tiempo real al internet a través de un satélite, sino que todos hablan idiomas distintos desapareciendo la barrera lingüística que separa a la ciencia. En 2020, esos mismos científicos pueden consultar en una base de datos, donde están todas las investigaciones sobre el genoma de los virus patógenos descubiertos y donde los investigadores, pueden revisar entre millones de genomas completos. Pero a su vez, puede contactar al científico que lo

---

[676] https://www.thelancet.com/why-publish

descubrió y tener una teleconferencia con este y cinco más, lo que hace décadas habría sido simplemente imposible.

Hace apenas unas décadas una pequeña parte de la información, era dominada por una pequeña porción de investigadores, en un pequeño círculo de universidades prestigiosas entre dos o tres países. Hoy, la información masiva está a disposición de millones de investigadores a escala planetaria. Y esa es la realidad que nos lleva al Metaverso, Usted puede consultar los estados financieros de hace décadas o los nuevos de cientos de miles de corporaciones, tanto como puede consultar sus trimestres y publicaciones semanales, que eran imposibles en el pasado.

Hace un par de décadas usted debía comprar el periódico a primera hora o esperar el noticiero, para consultar las acciones de la Bolsa de Valores local para seguir el comportamiento de una acción. Hoy en su reloj, tiene las acciones en tiempo real en Nueva York, Frankfurt, Shanghái, Londres o Tokio y puede tomar decisiones en segundos.

Y de eso también se trata. El mundo observó maravillado como en 2012 la Universidad Caltech rompió el récord de transmisión de data con 339 Gigabytes por segundo[677], apenas una década más tarde es similar en número, pero son 319 Terabytes por segundo, es decir, no es que el mundo duplicó o triplicó la velocidad, es que la multiplicó miles de veces a tal nivel, que en una hora podría vaciar buena parte de la información en muchas de las nubes más importantes.

La velocidad es sencillamente vertiginosa en todo sentido. En el año 2012 Google Books podía escanear poco más de diez páginas por minuto, para 2020 un scanner que puede comprar cualquier compañía para sus documentos, es capaz de escanear 100.000 novelas como la de Stephenson al año. La velocidad a la que vamos es de tal magnitud, que escanear, convertir en texto y traducir online una página del libro de Neil Stephenson al ruso, tarda cerca de nueve segundos en total y tener todo el libro en ese idioma, el griego o el islandés, tardaría apenas una hora y doce minutos, con una precisión bastante admisible para un software gratuito.

---

[677] https://scienceblog.com/58121/caltech-physicists-smash-records-for-network-data-transfer/

Y esto es interesante, para hacer esto y solo para efectos explicativos, escaneé la primera página de SnowCrash de Stephenson, la convertí en texto a través de un software gratuito, luego sin revisarlo la traduje usando DeepL al búlgaro, de ese idioma lo traduje en Bing.com al afrikáans y fui después en reverso usando diferentes softwares al griego, vietnamita hasta llegar nuevamente al inglés, a través de Google Translator.

El resultado fue verdaderamente sorprendente. En buena parte del contenido era exactamente el mismo, en otros había sido transformado usando slangs actualizados o sinónimos que, si bien no tenían el estilo del autor, no hicieron perder el hilo y el objetivo del contenido[678]. Y sí, las implicaciones son tremendas, no solo por el flagelo de la piratería, sino porque es factible evadir los softwares de plagio a través de procesos relativamente simples. Ahora bien, la realidad del acceso a la información está precisamente en esas barreras derribadas en el Metaverso, donde leer un periódico en vietnamita o en samoano, o un paper científico en malayo o noruego es hoy tan viable, como cruzar una esquina y encontrarse en el Gran Hong-Kong expuesto por Stephenson en su Metaverso.

Por lo tanto, las primeras premisas del Metaverso, que es la transformación de la información equivalente de la Librería del Congreso por corporaciones globales, ya se logró. Ahora solo faltaría la C.I.A para integrarse al mundo corporativo y de allí también todos los peligros que enfrentaremos.

---

[678] Por ejemplo, el original era: "The Deliberator belongs to an elite order, a hallowed sub category. He's got esprit up to here. Right now, he is preparing to carry out his third mission of the night y el final del proceso fue: "Deliberator belongs to an elite order, a sacred subcategory. He has an esprit so far. Currently, he is preparing to complete his third mission of the night".

## La Información 4.0: una nueva cultura

Como también explica Seth Godin, la mayoría de los libros que leemos se olvidan, mientras que otros pueden ser mentores temporales, pues la modernidad ha podido arrasar con ellos o una nueva generación no piensa que las ideas, que sus padres consideraban vitales, son siquiera importantes en su presente. Es como el padre o el abuelo que llevó a sus hijos y nietos a ver las nuevas versiones de la Guerra de las Galaxias y al salir, las nuevas generaciones no la consideraron algo del otro mundo.

Para comprender la Guerra de las Galaxias en todo su esplendor, es decir a las fuerzas oscuras del imperio, había que haber vivido como las generaciones de la plenitud de la Guerra Fría, la humillación de occidente en Vietnam, la masificación de las guerras comunistas del tercer mundo, el surgimiento de las revoluciones socialistas en Irán y del hecho de que la estrella de la muerte se sobreentendía, con las treinta armas nucleares que Rusia probaba cada año, con la fuerza suficiente para destruir a todas las ciudades importantes de Estados Unidos.

Aquella generación capaz de acampar durante días a las puertas del cine, con disfraces de los protagonistas, era una que también leía o escuchaba en los noticieros una prueba nuclear rusa prácticamente cada quince días[679], solo entre 1970 y 1980, los rusos detonaron 235 artefactos nucleares con diez veces el tamaño de las de Nagasaki. En otras palabras, sea Stephenson o George Lucas, los "mentores" también tuvieron otros que, junto a su realidad, fueron los ingredientes claves para crear sus mundos fantásticos. Y es así como se entiende que Lucas creara Star Wars como forma de protesta por Vietnam[680] o tuviera como referencias al VietCong, los soldados norvietnamitas que peleaban con palos y piedras contra el imperio, como sus referencias para crear a la resistencia[681] o que al preguntarle a Lucas si el emperador Palpatine fue tomado de Hitler o Napoleón, contestara: "No, era un político. Richard M. Nixon era su nombre.

---

[679] En 1977 los rusos probaron 24 bombas atómicas con un poder máximo de 120 kilotones y probaron en promedio treinta bombas nucleares cada año, hasta su culminación en 1991.
[680] https://nypost.com/2014/09/21/how-star-wars-was-secretly-george-lucas-protest-of-vietnam/
[681] James Cameron's story of science fiction | George Lucas 7 may 2018 en https://www.youtube.com/watch?v=Nxl3IoHKQ8c&t=188s

Subvirtió el senado y finalmente se hizo cargo y se convirtió en un tipo imperial y era realmente malvado. Pero fingió ser un tipo muy agradable"[682].

Por lo tanto, quien iba al cine, como le ocurrió a quienes leímos a Stephenson más o menos en la época, veían parte de su realidad, sus miedos y su mundo plasmado frente a la pantalla o en los libros y al pasar el tiempo, los hijos y posteriormente los nietos, carecían de esa visión de la Guerra Fría, del pánico nuclear y al irse borrando los límites entre las naciones, buena parte de la película carecía de sentido para los más jóvenes, que para colmo veían secuencias de efectos especiales antiguos o personas disfrazadas con trajes de látex o animatronics que para alguien moderno dejaban mucho que desear.

Y eso le ocurrió a Seth Godin con Snow Crash, pero al recomendárselo a las generaciones de Internet: "Es un libro tan bueno, pero no puedes dárselo a alguien ahora. Lo he intentado, no funciona". A las generaciones del Internet of Things y de las redes sociales no les interesa mucho hoy el mundo distopico y el colapso social, tanto como a las generaciones que vivieron la subcultura Punk y sus géneros tecnológicos como el CiberPunk y los ninjas, precisamente porque tienen acceso a la información y a las relaciones sociales mucho más avanzadas que sus padres y abuelos, a lo que habría que añadir, que ya viven en el portal del MetaUniverso.

Pero lo que, sí sigue siendo un argumento poderoso, es que cuando Stephenson creó ese súper poder de información, tuvo que echar mano de los únicos recursos con los que contaba el planeta para darle credibilidad. La gente creía que los órganos de inteligencia tenían toda la información de los habitantes del planeta, porque en aquella época había estallado el escándalo de ECHELON, una red gubernamental de interceptación de comunicaciones masivas, aun cuando se tenía fresco el informe del Comité Church del Senado estadounidense, en el que salieron a la luz todos los intentos para espiar masivamente a los norteamericanos y al mundo.

---

[682] https://www.history.com/news/the-real-history-that-inspired-star-wars

Por lo tanto, era y es aún hoy en día, una de las ideas más poderosas de Stephenson. Que todo lo relativo al espionaje personal de los órganos de inteligencia, los billones de comunicaciones interceptadas en Echelon, Prim, y todo lo que recopilen la CIA o la NSA y sus pares británicos u occidentales, pudiera ser consultado por corporaciones, junto con todo el material alguna vez escrito por el hombre desde el código Hammurabi digitalizado y accesible, sería la llave que abriría todos los mundos, pues significa tener todo el poder en las manos.

Así que, henos aquí y el mundo ya no es como lo conocemos. La opinión de los Milenials sobre la CIA y nuestra propia información, es completamente distinta a la de nuestros padres y abuelos. De acuerdo a una encuesta llevada a cabo en 2020 por el Chicago Council, el 64% de los estadounidenses sostiene que su labor es completamente necesaria y a la pregunta sobre si el espionaje puede ser un riesgo para los derechos civiles, apenas el 14% de los Milenials lo consideró verdadero[683]. Y eso es parecido a lo que reflejó la encuesta Gallup sobre las instituciones estadounidenses, un 57% de los encuestados sostenía que la CIA hacía un trabajo bueno o excelente, mientras que solo un 9% lo reprobaba[684] y para 2019 había subido al 60%[685]

La opinión de los estadounidenses ha cambiado tanto, que desde que surgió el escándalo en 2002 sobre las torturas en las bases militares y el traslado de Guantánamo, durante los siguientes quince años más de dos tercios de los estadounidenses consideraban que no debían cerrar la prisión[686] y hasta al menos 2015, los mismos dos tercios creían que el "interrogatorio duro" de la CIA era aceptable en determinados casos[687]. Hablamos entonces de un cambio radical, pues más de la mitad de la población nació después de la caída del muro de Berlín, el fin de la Unión Soviética, el comunismo europeo

---

[683] https://www.thechicagocouncil.org/research/public-opinion-survey/public-attitudes-us-intelligence-2020

[684] https://news.gallup.com/poll/224804/republicans-push-government-agency-ratings-not-fbi.aspx

[685] https://news.gallup.com/poll/355130/job-ratings-key-federal-agencies-decline.aspx

[686] https://news.gallup.com/poll/171653/americans-continue-oppose-closing-guantanamo-bay.aspx

[687] WSJ/NBC Poll: Most Americans Say CIA 'Harsh Interrogation' Acceptable en https://www.wsj.com/articles/BL-WB-51535

y jamás vivió los efectos psicológicos de las más de dos mil pruebas nucleares entre las potencias.

Así que si al transcurrir tres décadas de los grandes cambios, podemos ver que hasta 2015 apenas un cuarto de los estadounidenses, generalmente los mayores de 50 años, consideraban a Rusia como una amenaza seria para su seguridad[688], por lo tanto todas esas generaciones crecieron sin un enemigo como el de sus padres y abuelos o enfrentados a una ideología empujada por un adversario nuclear y mucho menos enfrentaron una amenaza como la de Adolfo Hitler, al menos hasta la pandemia y la invasión rusa a Ucrania.

Esto también se puede ver en las diferencias de la encuestadora Gallup, sobre si fue o no un error involucrarse en Vietnam, los padres y abuelos en 1966 pensaban que no, pero al transcurrir tres años cerca del sesenta por ciento de los estadounidenses habían cambiado de opinión[689]. En cambio, tras veinte años en Afganistán, la mayoría cree que no fue un error[690] mientras que, en la guerra de Iraq cada vez menos personas lo consideraban un error[691]. E igualmente en las diferencias de percepción, pues hoy en día los militares están en lo más alto de la confianza, solamente superados por las enfermeras y seis puntos por encima de los médicos[692].

El segundo elemento de gran cambio fue el educativo. Hoy en día en los Estados Unidos 52 millones de personas alcanzaron un título universitario, 24 una maestría y cerca de cinco un doctorado[693], entonces cuando dos tercios de una nación poseen al menos un año de educación superior y el 40% ha alcanzado algún título terciario, la opinión es bastante más especializada que aquellos, en los setentas que aún no habían alcanzado el bachillerato como media educativa.

---

[688] https://news.gallup.com/poll/247100/majority-americans-consider-russia-critical-threat.aspx
[689] Cifras de Gallup en The Polls: Is War a Mistake? The Public Opinion Quarterly. Vol. 34, No. 1 (Spring, 1970), pp. 134-150
[690] https://news.gallup.com/poll/352793/americans-split-whether-afghanistan-war-mistake.aspx
[691] https://news.gallup.com/poll/183575/fewer-view-iraq-afghanistan-wars-mistakes.aspx
[692] https://news.gallup.com/poll/224639/nurses-keep-healthy-lead-honest-ethical-profession.aspx
[693] https://www.census.gov/library/visualizations/2022/comm/a-higher-degree.html

El tercero llegó con la siguiente revolución industrial, o en nuestro caso con la tercera Era de la computación y la electrónica junto a todas las oleadas de innovaciones, haciendo que el trabajo manual evolucionara a la especialización industrial y la labor calificada, generando también un cambio de mentalidad importante. De esta manera una sociedad más calificada y sin enemigos críticos, entendidos estos como aquellos capaces de exterminarlos masivamente o hacerles cambiar su forma de vida radicalmente, como los de sus padres, abuelos y bisabuelos, entendieron su mundo de una manera completamente distinta.

Y a esta sociedad, completamente transformada le llegó un cuarto elemento de cambio, la superautopista de información, Internet y las redes sociales, acabando con los esquemas que habían imperado en el manejo y uso de la información, la prensa, las noticias e incluso el concepto de privacidad. Es decir, en el pasado nuestro álbum de fotos estaba guardado en una repisa y solo se abría para enseñarlo a un tercero, la mayoría de nuestras fotos estaban guardadas, e incluso olvidadas en los cajones del desván. Sin embargo, hoy, firmamos autorizaciones para que sean del dominio público junto con toda nuestra información, generando una cultura nueva y abierta de nuestras vidas e informaciones privadas.

De hecho, esto es un fenómeno interesante, porque en 2018 la encuestadora Gallup informó de que casi dos tercios de la generación Milenial consideraban que las compañías que mantienen la privacidad de sus datos, de alguna forma no los mantienen en secreto[694], lo que es un importante indicador de que la privacidad de las informaciones no es una prioridad en sus agendas y a esto hay que agregar, que el 56% de los americanos declararon aceptar que se consiguieran órdenes secretas de las cortes, para espiar a millones de estadounidenses en busca de potenciales terroristas[695].

Es así como en la mentalidad de las nuevas generaciones, se está formando una nueva cultura más abierta, en la que buena parte de los conceptos de privacidad en el pasado, comienzan a ser

---

[694] https://news.gallup.com/poll/183074/millennials-trusting-safety-personal-information.aspx
[695] https://www.pewresearch.org/politics/2013/06/10/majority-views-nsa-phone-tracking-as-acceptable-anti-terror tactic/?utm_source=link_newsv9&utm_ campaign=item_163043&utm _medium=copy

subjetivos, en la medida en que las redes sociales se van haciendo más grandes y con ellas nuestro entorno y la cultura de la popularidad. En un estudio del Pew Research Center en 2014 se mostró que la principal preocupación de Facebook no solo era que la gente proporciona demasiada información y que usualmente etiqueta las fotos privadas sin solicitar permiso y que además están siendo vistas y comentadas por personas que no se suponía debían siquiera verlas[696], pero lo increíble de esas cifras es que no representaban un número abrumador de respuestas.

Es tan interesante el fenómeno, que cuando ocurrió la filtración de Snowden, unos pocos miles de manifestantes, que eran principalmente organizados por abogados de los derechos civiles y coaliciones como Ocupa Wall Street, el movimiento antiglobalización y el consejo de relaciones Islámico-norteamericanas[697] se presentaron frente al Congreso y hasta allí quedó todo, pues hasta la página de los organizadores del movimiento "StopWatchingUs" dejó de estar activa al poco tiempo[698], pues la gente estaba más preocupada por el clima, el feminismo o el aborto donde cientos de miles de manifestantes colmaron las calles y avenidas o incluso diez veces más personas marcharon para que Turquía reconociera el genocidio armenio que porque la NSA los espiara masivamente.

Por otra parte, si el manejo y uso de la información y las nociones de privacidad se van desvaneciendo en las redes sociales, también ha cambiado la postura hacia organismos como la CIA, que es vista más bien, como un órgano especializado necesario, más que como una máquina importante de información, como se veía en el pasado porque todos intuimos que, a través de la inteligencia corporativa, podemos recopilar más información que la contenida en muchas investigaciones de esos organismos.

A esto conviene añadir, que las nuevas generaciones han vivido los grandes fracasos de la Inteligencia, como el del famoso 11 de septiembre que cambió el mundo y son juzgados equilibradamente por el hecho de que fueran incapaces de prever

---

[696] https://www.pewresearch.org/fact-tank/2014/02/03/what-people-like-dislike-about-facebook/
[697] https://www.usatoday.com/story/news/nation/2013/10/26/nsa-dc-rally/3241417/
[698] https://optin.stopwatching.us

el colapso de la Unión Soviética o el famoso tema de las armas de destrucción masiva en Irak. Por lo tanto y de cara al Metaverso, ni la CIA, ni la Biblioteca del Congreso serían hoy vistos por las nuevas generaciones como instituciones tan idóneas[699], como en el pasado, para crear el universo informativo hacia el Metaverso.

## La información 4.0: ni privada, ni secreta

En esta nueva cultura no solo estamos dispuestos a dar más información personal, sino que damos por sentado que nadie puede garantizar la seguridad de nuestra información. En los Estados Unidos, en el año 2020, a cerca de cinco millones de personas les fue suplantada la identidad o les cometieron un fraude electrónico para hacerle un cargo a su tarjeta de crédito, pero como ya hemos hablado, esa es solo una pequeña parte que denuncia a las autoridades, ya que la mayoría se queda en una llamada a su banco. Es por esto que hay compañías especializadas en seguridad que han llevado estudios que sugieren que al menos la mitad de los estadounidenses han tenido un cargo no deseado en su tarjeta[700].

Por eso en los tiempos de la Peta-autopista[701] de la información y el BigData la mayoría no se escandaliza cuando se descubren que quinientos millones de cuentas han sido filtradas y que nuestras vidas privadas dependan de que un empleado, como Edward Snowden, no se cabree con nuestra red social favorita y filtre millones de nuestros datos personales. Pero sobre todo sabemos que, si no está seguro, lo que se suponía debía estar, mucho menos lo estará nuestra información.

Con todas estas filtraciones, junto a centenares de corporaciones tratando de encontrar topos entre sus filas luego de descubrirlas, hemos visto sufrir a empresas de Fortune 500, tanto como hemos

---

699 Más idonea es hoy en día la Agencia Nacional de Seguridad o NSA, mantenida en secreto hasta 1975 y aún hoy en día se conoce poco sobre sus verdaderos alcances.

700 https://www.security.org/digital-safety/credit-card-fraud-report/

701 En 2021 los ingenieros en Japón lograron una velocidad de Internet sin precedentes de 319 terabits por segundo. Unos 7,6 millones de veces más rápido que lo que probablemente tengas en casa, pronto alcanzarán el Peta.

visto a gobiernos tambalearse por las mismas. Así conocimos las torturas en la prisión de Abu Graif o los problemas de la guerra de Afganistán, tanto como hemos conocido que algunas compañías de tabaco colocaban químicos cancerígenos altamente adictivos en sus productos para incentivar el consumo, y cientos de otros abusos empresariales. Pero Wikileaks es un juego de niños, en comparación a lo que desconocemos.

Una cosa es comprender que el Departamento de Defensa norteamericano recibe 70 mil ataques diarios en toda la red de defensa hasta el punto que en 2007 se habían robado una asombrosa cantidad de documentos que comprometían procesos y procedimientos. Los piratas informáticos ingresaron a la red de defensa y durante dos meses infiltraron sin ser detectados varios sistemas, finalmente enviaron e-mails reconocibles por los empleados (se pueden imaginar lo estructurado del ataque y el nivel de conocimiento interno previo) éstos colocaron sus login y claves que fueron robados, permitiendo que los espías copiarán la data de todos esos empleados. Pero dos años más tarde en el 2009 el mismo departamento admitió que otros espías habían logrado apoderarse de varios terabytes de información de los planos del avión de la fuerza conjunta de ataque que costó 300 billones en desarrollar[702]. Mientras que otro ataque fue certero en robarse la data del tráfico aéreo de la Fuerza Aérea. La turbina de avión más poderosa y el sistema más sofisticado de misiles "fantasmas" jamás creados.

Tratemos entonces de esquematizar lo ocurrido:

2011: El Departamento de Defensa notificó el mayor ataque sufrido hasta ese momento. 24.000 documentos clasificados y "Gran parte de esto se refiere a nuestros sistemas más sensibles, incluida la aviónica de las aeronaves, las tecnologías de vigilancia, los sistemas de comunicaciones por satélite y los protocolos de seguridad de la red"[703].

---

[702] The Wall Street Journal, Computer Spies Breach Fighter-Jet Project 21/04/2009

[703] https://www.businessinsider.com/pentagon-admits-24000-files-were-hacked-declares-cyberspace-a-theater-of-war-2011-7

2012: Luego de un ataque no revelado, el secretario de Defensa, Leon E. Panetta, advirtió que Estados Unidos era cada vez más vulnerable a los piratas informáticos extranjeros[704].

2013: Piratas informáticos chinos ingresaron al departamento de Estado y robaron información confidencial, no revelada[705].

2014: Piratas informáticos rusos se infiltraron en las computadoras de la Casa Blanca, contratistas de Defensa y el Departamento de Estado[706]

2015: Los piratas informáticos rusos tomaron el control el año pasado del sistema de correo electrónico no clasificado utilizado por el Estado Mayor Conjunto de las Fuerzas Armadas de EE. UU.

A partir de allí y tras prácticamente ser vulnerados todos los años, autorizaron un programa que se denominó "Hackea el Pentágono"[707] en el que cientos de piratas informáticos fueron convocados a revisar las vulnerabilidades de los sistemas informáticos de Estados Unidos. El resultado fue de 1.189 vulnerabilidades y el tiempo en el que uno de los piratas informáticos logró descubrir la primera fue de apenas trece minutos. En total y luego de descartarse la mayoría, 138 vulnerabilidades eran realmente críticas y de acuerdo al DOD, fueron solucionadas rápidamente.

2017: Piratas informáticos rusos enviaron a 10.000 empleados del Departamento de Defensa un malware de espionaje vía Twitter, todo el que presionó aceptar, descargó el virus haciendo que los rusos tuvieran el control de su teléfono y su cuenta[708].

2018: Piratas informáticos vulneraron nuevamente las cuentas de correo de 30.000 empleados del Pentágono y ganaron acceso a sus correos y otras informaciones confidenciales[709].

---

[704] https://www.nytimes.com/2012/10/12/world/panetta-warns-of-dire-threat-of-cyberattack.html

[705] https://www.washingtonpost.com/world/national-security/chinese-piratas informáticos-who-breached-google-gained-access-to-sensitive-data-us-officials-say/2013/05/20/51330428-be34-11e2-89c9-3be8095fe767_story.html

[706] https://www.washingtonpost.com/world/national-security/piratas informáticos-breach-some-white-house-computers/2014/10/28/2ddf2fa0-5ef7-11e4-91f7-5d89b5e8c251_story.html

[707] https://dod.defense.gov/Portals/1/Documents/Fact_Sheet_Hack_the_Pentagon.pdf

[708] https://www.theverge.com/2017/5/18/15658300/russia-hacking-twitter-bots-pentagon-putin-election

[709] https://www.forbes.com/sites/leemathews/2018/10/14/department-of-defense-data-breach-exposes-30000-employees/?sh=664225241a6b

2019: Rusia emprende uno de los mayores ataques generalizados en distintos departamentos del gobierno estadounidense, incluidos Comercio, Homeland Security y el Tesoro. Así como los mayores contratistas de Defensa[710].

2020: Se descubre el mayor ataque en la historia de los Estados Unidos, como parte de una embestida global a los gobiernos occidentales, afectando a miles de instituciones privadas y públicas, así como buena parte de los departamentos del gobierno federal estadounidense, la cancillería alemana, el parlamento europeo, el gobierno británico, la OTAN junto a compañías como Microsoft[711].

2021: Piratas informáticos lograron nuevamente vulnerar masivamente en los sectores de Defensa, Comercio, Educación, Salud y tecnología[712].

Para el año 2022, nuevamente el Pentágono llamó a los piratas informáticos para determinar sus debilidades y encontraron cuatrocientas vulnerabilidades en sus bases de datos industriales y de contratistas.

Y esto es lo que observamos e intuimos que, si los 30 mil empleados del Pentágono sufrieron esas vulnerabilidades no una sino varias veces y que los emails privados de Hillary Clinton, se pueden consultar en Internet, junto a los de la ex canciller Ángela Merkel y cientos de políticos alemanes[713] o los de Emanuel Macron en Francia[714], España, Francia, Bélgica, Suecia o Suiza y todos culpan a los rusos, de la misma manera que el primer ministro polaco y decenas de sus colaboradores[715] podemos percibir el grave problema en el que nos encontramos.

---

[710] https://www.npr.org/2020/12/14/946163194/russia-suspected-in-months-long-cyber-attack-on-federal-agencies

[711] https://www.wsj.com/articles/how-russias-info-warrior-piratas informáticos-let-kremlin-play-geopolitics-on-the-cheap-11609592401

[712] https://edition.cnn.com/2021/11/07/politics/piratas informáticos-defense-contractors-energy-health-care-nsa/index.html

[713] https://www.dw.com/en/angela-merkel-and-hundreds-of-german-politicians-hacked/a-46955419

[714] https://www.washingtonpost.com/news/worldviews/wp/2017/05/06/macrons-emails-got-hacked-heres-why-french-voters-wont-hear-much-about-them-before-sundays-election/

[715] https://www.politico.eu/article/leaked-email-scandal-engulfs-poland-political-elite-mails-hacking/

Nuestros e-mails no están disponibles en la red, simplemente porque aún no hay alguien que los quiera. Pero lo estarán algún día.

Y a eso añadimos que casi en el mismo momento, setenta mil correos electrónicos del vicepresidente italiano fueron filtrados y lo mismo ocurre con jueces españoles o sindicatos británicos, nuestros emails y nuestra información son todo menos seguros.

Por otra parte, esa intrusión para buscar información es útil por cuatro razones, contenido, propósito, mensaje y ganar la guerra. La primera es su contenido técnico, ya que en casos como el del Departamento de Energía se descubrió que habían obtenido la información nada menos que de sus cabezas termonucleares miniaturizadas más modernas entre ellas la W-88[716] y cinco más. También se robaron los sistemas guías de los misiles más actuales, la tecnología furtiva o indetectable por los radares, y un misil capaz de evadir las defensas antiaéreas norteamericanas, en fin, que se lo llevaron todo del hipermercado del BigData y en algunos casos la información sobre un sistema guía de misiles solo costó menos de nueve mil dólares, que fueron invertidos por un traidor en diversión y bares.

Entonces el contenido es el objetivo primario en sí, sea para robar secretos y aprovecharlos o para exigir rescate, como cuando revisamos el juicio que se sigue a casos como el del avión chino C-919 similar al Boeing o al Airbus, es increíble como absolutamente todos los planos e información de todos los componentes pudo haber sido robada a través de Malware a catorce corporaciones y lo único que hicieron los asiáticos fue construirlo. De allí a que veamos que la tecnología furtiva del F-35 americano también fuera robada de la misma manera que los del F-22[717], así que los aviones de todos se parezcan enormemente igual que los misiles hipersónicos, la guerra antisubmarina, y buena parte de la tecnología de portaaviones.[718].

---

[716] Department of Energy, FBI, and Department of Justice Handling of the Espionage Investigation into the Compromise of Design Information on the W-88 Warhead, Investigacion del Senado de los Estados Unidos

[717] https://www.justice.gov/opa/pr/chinese-national-who-conspired-hack-us-defense-contractors-systems-sentenced-46-months

[718] https://www.washingtonpost.com/world/national-security/china-hacked-a-navy-contractor-and-secured-a-trove-of-highly-sensitive-data-on-submarine-warfare/2018/06/08/6cc396fa-68e6-11e8-bea7-c8eb28bc52b1_story.html

La segunda utilidad es la del propósito. En la primera el propio contenido es lo que se busca, en la segunda la información que no es técnica o de menor grado, es como una mina en la que se recopila, procesa y usa cuando sea necesario, de forma tal que se filtran al momento de una elección, evento o momento que pueden propiciar cambios. Por ejemplo, el 5 de mayo de 2017, el Partido ¡En Marche! De Emmanuel Macron publicó un comunicado diciendo que había sido "víctima de un acto masivo y coordinado de piratería"[719]. Entre la información robada, según el grupo político, se encontraban correos electrónicos, documentos, expedientes contables y contratos. Pero lo importante aquí no fue solo la información, sino que el momento propicio fue el de las elecciones, para tratar de favorecer a la candidata pro Putin, Marine Le Pen.

Pero también los ataques de Piratas informáticos actúan de igual manera, se implanta el Malware en las instalaciones críticas y como en el caso de Gran Bretaña, se ejecuta la operación masiva contra las plantas eléctricas el día de las elecciones[720]. Por lo tanto, no estamos hablando de un ataque de criminales, ni tampoco de filtraciones casuales, como fue la de Hillary Clinton en las elecciones. Como tampoco fue casual el ataque y las filtraciones del primer ministro polaco y más de un centenar de políticos, al momento de estar acusando a Rusia de estar subvirtiendo el orden y tratando de desestabilizar a Polonia[721] así como los investigadores finlandeses dijeran que no era casual que se robarán los correos electrónicos de la primera ministra y de buena parte de los parlamentarios[722]. Si tomamos en cuenta que había ocurrido en todos los países que hacían frontera con Rusia, porque los gobiernos de Estonia, Letonia y Suecia habían sufrido los mismos ataques y filtraciones.

---

[719] https://www.wired.com/2017/05/macron-email-hack-french-election/
[720] https://www.telegraph.co.uk/news/2017/07/18/russians-hacked-energy-companies-election-day-gchq-claims/
[721] Poland PM urges 'wake up' to destabilisation by Russia and allies en
https://www.bbc.com/news/world-europe-59470839
[722] https://www.euronews.com/2020/12/28/cyber-attack-in-finland-hits-email-accounts-of-mps-and-parliament

La tercera razón por la cual es importante el robo de la información o penetrar las redes de los países y corporaciones, es el poder de enviar un mensaje político o de poderío militar. Si un grupo de piratas informáticos ruso detiene un oleoducto en Texas[723], mientras hacen lo propio con refinerías saudíes[724], plantas nucleares estadounidenses[725], siembra el caos en el sistema ferroviario alemán[726] e intenta cambiar los componentes químicos de una empresa de suministro de agua en Gran Bretaña[727] no hablamos de unos chiquillos divirtiéndose, sino de actos de poder en la guerra de inteligencia de una nación contra otra y de mensajes de poder continuos entre las potencias.

Pero repito, del bando occidental salen exactamente los mismos mensajes cuando Estados Unidos paraliza o vulnera las plantas eléctricas de Rusia, con una cantidad enorme de mensajes desde al menos 2012[728] y lo hacen los chinos cuando vulneran siete plantas eléctricas de la India[729] y sospechan que fueron los causantes del gigantesco apagón en Mumbai, que paralizó toda la ciudad y sus trenes[730].

Por lo que WikiLeaks es solo un juego de niños en comparación a que no tengamos idea del problema en el que nos encontramos, aunque sepamos perfectamente bien que quienes nos atacan, son también los responsables de haberse llevado los planos de los aviones más sofisticados, de los misiles fantasmas futuristas, del tráfico aéreo y las cabezas atómicas miniatura. Por lo tanto, no estamos hablando del correo electrónico que enviamos a nuestros amigos o colegas del

---

[723] https://www.fbi.gov/news/press-releases/press-releases/fbi-statement-on-network-disruption-at-colonial-pipeline

[724] https://www.reuters.com/technology/us-charges-4-russian-government-officials-over-two-prior-hacking-campaigns-2022-03-24/

[725] https://www.nytimes.com/2022/03/24/us/politics/russians-cyberattacks-infrastructure-nuclear-plant.html

[726] https://www.telegraph.co.uk/news/2017/05/13/cyber-attack-hits-german-train-stations-piratas informáticos-target-deutsche/

[727] https://www.theregister.com/2016/03/24/water_utility_hacked/

[728] U.S. Escalates Online Attacks on Russia's Power Grid en
https://www.nytimes.com/2019/06/15/us/politics/trump-cyber-russia-grid.html

[729] https://www.hindustantimes.com/india-news/chinese-hackers-targeted-7-indian-power-hubs-govt-says-ops-failed-101649356540330.html

[730] https://mumbaimirror.indiatimes.com/mumbai/cover-story/oct-12-blackout-was-a-sabotage/articleshow/79312959.cms

trabajo, sino de información clasificada que estaba protegida por millones de dólares y los mejores expertos en seguridad.

Finalmente, el cuarto motivo, es la razón por la que las potencias han creado un sistema sofisticado basado en ciberejércitos, cibermercenarios y contratan, apoyan o sostienen a flotas piratas y a corsarios freelance para enfrentarse en la I guerra mundial en el espacio virtual y no es otra que: ganar la guerra.

Las guerras a diferencia de las batallas no se ganan solo por estrategias y tácticas o por tener más tecnología u hombres que el enemigo. Se ganan principalmente por quién puede garantizar los recursos para la guerra y sostenerla combatiendo. La historia ha demostrado hasta el cansancio, que un ejército puede ser muy poderoso, entrenado y valiente, pero puede convertirse en el más frágil y débil al agotarse las municiones y la logística. Ejércitos históricos muy poderosos, han sucumbido simplemente al hambre y la falta de recursos, antes incluso de presentar batalla.

Y ese es el principal objetivo de los ciber ejércitos. Si desarrollar los aviones Lockheed Martin F-35 a los Estados Unidos costó unos 45 billones de dólares[731] y gracias a los ciber ejércitos desarrollar el equivalente chino costó apenas el 10% de esa cifra[732], Estados Unidos podría perder la guerra en el año 2040 colapsando como lo hizo la Unión Soviética y por la imposibilidad de competir contra ejércitos capaces de contar con toda la tecnología de punta planetaria prácticamente gratis.

El mundo, es un lugar muy peligroso en esta guerra y solo sobrevivirá el que gane.

---

[731] GAO Questions Cost of Joint Strike Fighter by Renae Merle Washington Post Staff Writer Wednesday, March 16, 2005; Page A06
[732] https://www.businessinsider.com/j20-best-china-stealth-fighter-jet-f35-f22-chengdu-lockheed-2022-6#the-jet-costs-between-100-million-and-120-million-a-unit-according-to-the-eurasian-times-6

# El MetaVerso y el Sexto Continente, una rápida reflexión

Es mucho más importante comprender el MetaVerso de Neil Stephenson a partir de la psicología de sus personajes en el mundo alternativo, en el que se mezclan los juegos y ciberpersonalidades. Pero, sobre todo, el impacto en la posibilidad de no tener barreras lingüísticas, edad o las ciudadanías al alcance de quien le interese una y en especial, ser distinto a quien uno es en la vida real.

En SnowCrash todos viven en un solo Continente llamado metaverso.

Por eso lo importante, lo que queda cuando leemos SnowCrash, es común en todo buen libro o un cliché cinematográfico, que las personas tienen una nueva oportunidad para ser distintos y tener aventuras, pero más aún el efecto del Nuevo Mundo y en el caso del MetaVerso es que se trata de una de las pocas veces en la historia de la humanidad que se torna posible para muchos, el hecho de poder cambiar su vida y ser exitosos o al menos ganarse la vida de manera distinta.

A los efectos, es equiparable a descubrir un nuevo continente como en 1492, en el que era mucho más grande que el anterior, igual que las oportunidades.  Como en el caso de los españoles que, de ser simples marineros o segundones sin futuro, recibieron extensas tierras y títulos nobiliarios. O incluso como en el Mayflower y los primeros peregrinos, en el que John Carver, un simple clérigo se convirtió en el primer gobernador en el Nuevo Mundo, igual que el famoso William Bradford quien hasta los 21 años había sido pobre o personas que tenían la profesión de toneleros o jornaleros en los barcos, pudieron terminar como hombres importantes y proveer a su familia de una vida que habría sido imposible en Inglaterra. Ese es el MetaVerso que permite ya hoy masivamente esas nuevas oportunidades y nuevas vidas.

La etapa previa o proto MetaVerso permite hoy casos como el Abbe Borg que con 79 años de edad sea el campeón de más edad en el torneo de Counter-Strike, con sus dos ciberpersonalidades (DieHardBirdie o Abbe Drakborg) y no solo él, ya que hay muchas personas de su edad en los torneos que cuentan con patrocinantes en

Alemania o Inglaterra[733] ganándoles a los adolescentes en un juego de combate. La transgresión de barreras y la conjunción de tecnología en el MetaVerso permiten que una joven india de 106 años pudiera convertirse en una sensación de YouTube con sus recetas de cocina y tener más de un millón de subscriptores[734] o que otra joven desconocida de 85 años se convirtiera en una influencer con cerca de cuatro millones de seguidores usando la ciberpersonalidad de Baddie Winkle[735].

El mundo que se abre frente a nuestros ojos en el Metaverso, no tiene comparación en el nivel de oportunidades por la confluencia de tecnologías y recursos. De acuerdo a Hyperauditor y luego de haber entrevistado a poco menos de dos mil influencers, los catalogó en micro-influencers (1k-10k) capaces de ganar 17 mil dólares al año, influencers (10k-1M) con un promedio de 36 mil dólares y los MegaInfluencers capaces de ganar 185 mil dólares anuales[736], en el tope de la cadena están los que logran millones de dólares, pero es obvio que el nivel de nuevas oportunidades es increíble.

Y como le ocurrió a Hiro, el protagonista de SnowCrash que en la vida real repartía pizzas, Tyler Blevins no era más diferente que cualquier adolescente trabajando en un restaurant de comida rápida de fideos, sopas y ensaladas, antes de que su ciberpersonalidad lo convirtiera en el mítico "Ninja"[737] y se hiciera millonario matando alienígenas y salvando al mundo. Pues ya vivimos en ese mundo, pero en vez de usar tarjetas de crédito, la nueva tecnología de Block-Chain permite criptomonedas de intercambio en ese nuevo universo y como hay gente buena, también las hay malas.

De acuerdo a la firma de inteligencia de mercado EvansData, para el año 2010 existirían 19 millones de

---

[733] https://ftw.usatoday.com/2021/11/diehardbirdie-interview-worlds-oldest-esports-player-csgo

[734] https://www.businessinsider.com/youtuber-karre-mastanamma-dies-age-107-watermelon-chicken-2018-12

[735] https://www.cosmopolitan.com/entertainment/celebs/a39902/baddie-winkle-internets-most-fascinating/

[736] https://hypeauditor.com/blog/data-from-our-study-of-1865-instagram-influencers/#details

[737] https://www.cnbc.com/2019/01/04/ninja-blevins-from-a-fast-food-job-to-millionaire-fortnite-gamer.html

desarrolladores y programadores[738], mientras que para 2024 existirían cerca de 29 millones[739] Para darnos una idea ese número de personas dedicadas a la programación es más grande que los habitantes de toda Australia y la mayoría de los países, tan grande como Holanda y Bélgica sumadas. Si como en cualquier país, la abrumadora minoría, equivalente a un 2,5%, se fuera por mal camino como criminal reincidente, tendríamos un ejército de 580 mil soldados al servicio de los malos y se convertiría en el séptimo ejército del planeta[740], tan grande como la suma de los ejércitos de Alemania, Francia e Inglaterra.

De allí que como en el descubrimiento de América existan también los mismos riesgos y peligros o quizás más. El sexto continente digital trae en sí distintas amenazas, enfermedades, virus, ponzoñas y mucho más aún, la ambición, avaricia, mezquindad y ruindad de muchos que emprendan el camino hacia ese nuevo mundo. De allí que la tercera guerra mundial por ese territorio de información comenzará con el transcurrir de este siglo y emergerán las nuevas superpotencias ganadoras.

A esto hay que añadir, que una parte importante de estos programadores se encuentra en China, Rusia, Europa del Este o Latinoamérica donde las leyes extraterritoriales no aplican, la piratería informática fuera de su territorio no es delito y la autoridad sobre estos es mínima o incluso en no pocos casos, son premiados por los estados o trabajan en colaboración con estos.

De hecho, pregúntese, si un hacker de Wisconsin o Delaware penetra al ministerio de Defensa Ruso, o a sus empresas de desarrollo de misiles hipersónicos y se roba los planos. ¿El FBI derribaría su puerta para meterlo en la cárcel? Si otro en París o Madrid penetra las corporaciones de defensa China, ¿cometería un delito?

He aquí la importancia de esa visual que nos llega del Metaverso de Stephenson al Nuevo Mundo. Uno en el que habrá Megacorporaciones, corporaciones, desarrolladores contratados,

---

[738] World-Wide Developer Population to Reach 19 million by 2010, Latest Evans Data Survey Shows en https://evansdata.com/press/viewRelease.php?pressID=2

[739] Worldwide Professional Developer Population of 24 Million Projected to Grow amid Shifting Geographical Concentrations en https://evansdata.com/press/viewRelease.php?pressID=278

[740] Por militares activos y sin la reserva. De acuerdo al International Institute for Strategic Studies. 2019-2021 editions of "The Military Balance"

Freelancers y también zonas donde los desarrolladores obscuros en mega bandas cibercriminales, emprenderán el desarrollo de sus propias ciudades informativas, con sus propias normas y leyes.

Esa es la razón por la que hay un billón de virus maliciosos, ellos son los responsables de todo lo que está sucediendo a nivel de brechas de seguridad, cada hora se lanzan veinte mil programas para entrar a sus computadoras y dispositivos, más de trescientos por minuto y seis cada segundo. Se trata de un ejército de cientos de miles que trabajan literalmente las 24 horas para encontrar sus puntos débiles y es allí, donde las corporaciones, usted y su familia estarán más expuestos.


## La Central de Inteligencia Corporativa

Cuando Neil Sthepenson escribía sobre el Metaverso, el mundo era bastante más simple. Todos sabían quién era el enemigo y las corporaciones eran vistas también con esa simplicidad de torres gigantescas llenas de hombres con trajes que dominaban al planeta. Las cien primeras compañías en la revista Fortune representaban cerca del 25% del Producto Interno Bruto estadounidense y estaban representadas principalmente por las empresas del petróleo y químicos, los constructores de coches y el resto dividido entre farmacéuticas, tabacaleras, comida y sí, empresas duales de tecnología para la guerra.

El mundo era lo que veía en la televisión, los periódicos y el cine. Y los miles de millones de dólares se gastaban principalmente en promocionar alcohol, cigarrillos, coches y productos farmacéuticos. Mientras que en el cine y las películas se reflejaba una sociedad en la que constantemente se apelaba a la vileza corporativa, porque se asociaba con el vicio y los intereses supuestamente mezquinos de las transnacionales.

Era tan simple que en 1993 menos de la mitad de los estadounidenses tenían una tarjeta ATM, solo un tercio de los hogares tenía una computadora y un doce por ciento disponía de modem. Apple daba sus primeros pasos y no existía Google, ni mucho menos las redes sociales. Las pocas compañías de tecnología, propias de la tercera revolución industrial como IBM o Hewlett Packard, se dedicaban a los grandes sistemas computarizados y en el caso de la segunda, sólo el 38% de sus ingresos eran por concepto de venta de computadores y calculadoras[741].

Pero muchas cosas han cambiado. De acuerdo a la encuestadora Gallup, las grandes farmacéuticas y las petroleras continúan siendo tan mal vistas como en el pasado y la única ventaja es que, en los Estados Unidos, gran Bretaña o Alemania se consume un 30% per cápita de los cigarrillos que consumían nuestros abuelos, por lo que su impacto corporativo es mínimo al estar cada día más aislados. Pero la realidad es que en 2020 ya no tienen la importancia que poseían en los tiempos de los abuelos.

Hoy las compañías más respetadas y apreciadas son las de comida, seguidas de las de computación y esto es importante porque las quince mayores compañías de tecnología de los Estados Unidos poseen una capitalización de mercado de nueve trillones de dólares en 2022, tienen en su conjunto una economía más grande que Japón y Alemania juntas. Son tan grandes que, si las unimos a los cinco gigantes de las comunicaciones, apenas veinte compañías poseen una economía equivalente a la de Inglaterra, Alemania, Francia y Rusia sumadas. Si en 1992 las cien primeras compañías representaban el 25% de la economía estadounidense, apenas veinte compañías de tecnología, comida y retail representan ese mismo porcentaje en 2020.

Por lo tanto el mundo ha cambiado radicalmente por el surgimiento de las grandes gigantes que son percibidas de manera completamente distinta y porque en especial, interactuamos diariamente con estas pues vivimos buena parte de nuestras horas con estas compañías Es cierto que alrededor del 72% de los adultos estadounidenses dicen que las empresas de redes sociales tienen demasiado poder e influencia en la política actual, como cierto es también que más de la mitad de los estadounidenses sostienen que deberían quitarles regulaciones o no deberían regularlas más o de lo

---

[741] http://www.hpmuseum.net/pdf/HPAnnualReport_1990_48pages_OCR.pdf

que están hoy[742] y es en esta contradicción en cómo se puede entender la cultura de la información 4.0.

¿Por qué? Porque para que funcione el MetaVerso son necesarios cuatro aspectos personales mezclados de esa cultura 4.0. En principio nuestro profundo interés por la información de los demás, nuestro ego en busca de la popularidad en el "Nuevo Mundo", la posibilidad de vivir una nueva vida sin barreras de edad o físico y el último aspecto, es que podemos ganarnos la vida de una forma distinta a la de nuestra aburrida vida. Por lo tanto, somos parte de la compañía y también en parte estamos comprometidos con las nuevas corporaciones. Sin estas, no hay mundo nuevo y posible y ya nos interesa esa nueva vida tanto o más como la anterior. Como advertía Stephenson nos convertimos en corresponsales de la inteligencia corporativa y no necesitamos a la CIA, si podemos conocer en profundidad a las personas y en breve tendremos su vida en nuestras manos.

La CIA será un juego de niños, si todo se encuentra registrado en unos y ceros y ese todo, absolutamente todo pasará por la Central Corporativa de Inteligencia. De allí que esté desatada esa tercera Guerra Mundial para situarse exactamente en el lugar de poder, que permita repartirse al planeta como en 1945.

Pero esta vez la repartición se realizará entre corporaciones de información dentro de los países.

---

[742] (11%) sostiene que deberían desregularizarlas, (39%) que deberían dejarlas tal y como están y 3% no le importó. En https://www.pewresearch.org/wpcontent/uploads/2020/07/TechCompaniesFT_Topline_Methods_for-upload2.pdf

# Capítulo IV. Los peligros y retos en el Metaverso

### Los retos del nuevo programa de Ciber-James

A los modelos de inteligencia corporativa en todas sus formas, al cibercrimen organizado, a los grupos de cibermercenarios, a los piratas informáticos freelance y a los intereses de tantos que espían simplemente porque les causa placer, se unen en la I Guerra Mundial Social los intereses de las naciones y sus ciberejércitos. Así que estos intereses son tan variopintos como los países que integren esta guerra y todos querrán apoderarse de los secretos, todos querrán convencer y reprogramar las mentes de cuantos puedan para ganar adeptos.

Nada de esto es nuevo. Llevamos cinco mil años haciéndolo, solo que ahora gracias a la tecnología será mucho más rápido y naciones enteras quedarán atrás. Si la revolución industrial condenó a decenas de naciones a la pobreza y al caos absoluto, la revolución de la computación colaboró a borrar del planeta a decenas de otros cuyos habitantes marchan en caravanas por los desiertos, para llegar a los países sobrevivientes. Pero la nueva revolución amenaza ahora a decenas de países que tenían ingresos medios y serán incapaces de sobrevivir.

Así que con la política nos hemos topado, o más bien nos seguimos topando desde hace al menos 5 mil años, desde que conocimos al primer Rey de la historia y en consecuencia a algunos no les causó gracia convertirse en súbditos. Desde allí, milenio tras milenio hemos venido procurando una sociedad más justa y equitativa entre los Robin Hoods y los Sheriff de Nottingham, entre las naciones esclavizadas y sus amos, el jefe y el empleado, los pobres que son buenos y los ricos que son malvados.

Y henos aquí cinco mil años en el futuro, teniendo el mismo debate ancestral que en los tiempos de Mesopotamia o Egipto y de allí a que muchas personas en el mundo crean a pies juntillas que existe una "conspiración marxista para lavar el cerebro" a través del marxismo cultural o en Alemania, un tercio de su población crea que existe una conspiración en la que el mundo "es controlado secretamente por un pequeño grupo de banqueros, políticos e industriales"[743] y esto último sea apoyado por el 44% de los canadienses[744], mientras que más de la mitad de los estadounidenses

---

[743] https://www.kas.de/en/single-title/-/content/they-are-everywhere
[744] https://abacusdata.ca/conspiracy-theories-canada/

sostienen o no están seguros si es cierto, que Bill Gates quiere usar las vacunas contra el Covid-19 para implantar microchips de rastreo a las personas[745], mientras que un tercio de los británicos, cree en distintos niveles, que el virus del Covid-19 no es otra cosa que un arma biológica creada en un laboratorio y difuminado intencionalmente por el estado chino[746].

Esto se debe a que somos crédulos por naturaleza. Por ejemplo, el 45% de los estadounidenses cree en los fantasmas, cifra cercana a la de los canadienses[747] y la cifra es aún mayor cuando hablamos de fenómenos paranormales, pues es la minoría (cerca de un cuarto de la población) la que no cree en la "Curación psíquica o espiritual o el poder de la mente humana para curar el cuerpo" o que existan "las percepciones extrasensoriales".[748]

Pero creemos, porque estamos programados para creer. De hecho, en buena parte de esa programación básica radica nuestra propia inteligencia y es esta, entendida como la forma de escoger la información, en la que están basadas nuestras creencias. Somos pues gigantescos procesadores de información y lo que nos separa de las máquinas, que llegarán a ser más ágiles para procesar la información y por tanto tendrán una inteligencia superior, pero distinta, es que el ser humano se programa solo por existir y recibir los estímulos sensoriales, a través de los nueve sentidos humanos -incluidos las somato recepciones-, es decir, a diferencia de una computadora nosotros recibimos información no solo a través de escuchar y ver o a través de olores y sabores, sino a través de nuestro equilibrio, como podemos también aprender a partir de sentir dolores o reaccionar a los elementos externos, cómo el frío y al calor.

Hay también personas que sostienen poseer un décimo sentido animal, muy relacionado con las creencias paranormales, la capacidad de detectar campos magnéticos, como lo tienen las

---

[745] https://news.yahoo.com/new-yahoo-news-you-gov-poll-shows-coronavirus-conspiracy-theories-spreading-on-the-right-may-hamper-vaccine-efforts-152843610.html

[746] https://www.theguardian.com/world/2022/mar/09/29-of-britons-think-china-likely-to-have-spread-covid-on-purpose-poll-says

[747] https://www.ipsos.com/en-ca/news-polls/ghost-encounters-nearly-half-canadians-46-believe-supernatural-beings-13-have-stayed-haunted-hotel

[748] https://news.gallup.com/poll/4483/americans-belief-psychic-paranormal-phenomena-over-last-decade.aspx

tortugas o las abejas. Pero ya a partir de todos nuestros sentidos, reaccionamos a la información que recibimos, es decir tenemos una respuesta orgánica a los estímulos, que llamamos emociones.

Una computadora puede estar integrada a un termostato y saber con más precisión que un humano la temperatura de una habitación, pero no puede alejarse presa del pánico en caso de fuego. Una computadora puede medir la intensidad de un dolor, pero no puede saber cuán dolorosa es la picadura de un insecto o cuán peligrosa es la mordedura de una serpiente o la sensación de caer al vacío. Puede ser programada, para que vinculada a otra máquina discrimine la composición de un alimento, pero no puede disfrutar de un helado.

La información para nosotros, recibida por vista, escuchada, a través del tacto o el resto de los sentidos representa los unos y los ceros, pero como reaccionamos a la información es el resultado de nuestra programación.

De allí a que ese fenómeno de la información y cómo reaccionamos a ésta, tenga mucho que ver con la credulidad. Porque no solo estamos formados por la información que recibimos, sino con más fuerza aún, por cómo la percibimos y cómo ésta repercute en nuestro organismo. Si tenemos frío, nos ponemos un suéter, si tenemos calor nos desvestimos, pero a su vez, los distintos niveles de frío o calor nos harán actuar de forma distinta e incluso pensar en sobrevivir, como en el caso del fuego, al ver una abeja, un perro desconocido o un cocodrilo y usualmente intentaremos resguardarnos porque sabemos que las cosas pueden ir mal.

Nuevamente a diferencia de una computadora que puede estar infectada con cientos de virus y seguir funcionando, uno solo puede matar a un ser humano. En el menor de los casos, una gripe puede provocar tos, estornudos y fiebre, pero la realidad es que sabemos que un solo virus puede sacarnos de circulación o mantenernos enfermos de por vida. De allí a que estemos programados para enfrentar y temer a todo tipo de problemas y por eso, también a diferencia de las computadoras, podemos sorprendernos, sentir asco o repulsión, estar tristes o felices, desarrollar miedo en distintos niveles o incluso ira. Así como durante el proceso, podemos percibir la información incluso de manera inconsciente, podemos intuir, actuar racional o irracionalmente frente a un estímulo, frustrarnos y ser escépticos o dogmáticos con las creencias ajenas y con las nuestras, así como gustarnos algo o no.

Finalmente somos también programados por usos y costumbres. Desde hace al menos veinte mil generaciones y aun siendo neandertales, hemos enterrado a nuestros muertos, sea por respeto, para evitar que las alimañas se hagan de un ser querido o por temor a las enfermedades. Pero a partir de unas diez mil generaciones incluimos objetos como estatuillas, armas y posesiones preciadas del difunto y hace más de nueve mil años las acompañamos de figuras con simbología religiosa.

Todos sabemos qué hace unos cuatro mil años dominamos la idea del cosmos, el orden natural de la creación y construimos figuras antropomórficas de dioses que influían en las características de los humanos y dirigían nuestros destinos. Hace más de 5.100 años existían los representantes de los dioses en la tierra, en cabeza de los faraones egipcios y al menos cuatro mil años de la aparición de los profetas y sacerdotes, una fecha parecida a la de la primera escritura religiosa.

Y en la medida en la que nos hemos unido con otros y abandonado el concepto tribal, comenzamos a hablar de las creencias religiosas más complejas y más difundidas en occidente como fue el Big-Bang Abrahámico, pues Abraham fue el padre de Ishmael quien, además de ser su primogénito, fue el primer profeta que conformó al pueblo musulmán, mientras que su hermano Jacob y su hijo Isaac serían los patriarcas del pueblo judío. Toda una tradición familiar, pues el hijo de Isaac y bisnieto de Abraham fundaría también su propia religión.

Y así nos hemos modernizado continuamente, programados para participar en las religiones más nuevas como lo son el budismo, el islam y el cristianismo desde hace más de dos mil años y sus doctrinas, filosofías, rituales o incluso por las separaciones posteriores del cristianismo (católicos, protestantes, ortodoxos) o las distintos enfoques entre sunníes y chiitas o las tres disensiones del budismo.

Sabemos también que al menos desde hace siete mil años, las mujeres usaban refinados utensilios para maquillarse y hemos sido programados desde esa misma fecha para separar a las personas por estratos sociales de acuerdo al maquillaje y vestuario e incluso por su color de piel, pues la blanca en Egipto, Grecia o Roma era señal de nobleza y aquellos que no lo eran o tenían la piel bronceada, pertenecían a las distintas clases trabajadoras.

Por lo tanto, hemos sido programados por miles de años para distinguirnos los unos a los otros a través del maquillaje, las pieles y al menos desde hace tres mil años sabemos que la domesticación del caballo -algunos milenios antes- trajo como consecuencia la invención del pantalón para proteger la entrepierna de los hombres[749]. De esta manera, por uso y costumbre transmitidos a través de cientos de generaciones, nos hemos programado para diferenciarnos del resto y no ser comunes, incluso a través de decoraciones en los vestuarios, las vasijas y vasos de cerámica desde al menos diez o doce mil años.

Pero hay algo interesante en todo esto, pues como existe una programación ancestral, basada en todo esto, también hay una programación con la misma cantidad de miles de años basada en nuestras emociones más profundas, como lo son la cólera irreflexiva, la codicia y envidia, la porneia lasciva, la glotonería, la tristeza o la avaricia entre muchos otros aspectos. Y que además se ven influidas por fenómenos externos como la suerte y el azar.

Así que es fácil comprender, que llevamos cien mil años temiendo a la muerte, honrando a los muertos, así como al menos diez mil años programándonos para comprender los fenómenos sobrenaturales, paranormales y vinculando a los dioses, con las almas, con los cielos y con la vida después de la muerte. Desde al menos cinco mil años, sabemos de la existencia de paraísos después de la muerte y de que los fantasmas están a nuestro alrededor al menos desde el 2.500 antes de Cristo.

En palabras sencillas, nuestra programación básica milenaria está también caracterizada y con mucha fuerza por nuestras creencias como lo divino y lo terrenal, el bien y el mal, Dios y los demonios.

---

[749] The invention of trousers and its likely affiliation with horseback riding and mobility: A case study of late 2nd millennium BC finds from Turfan in eastern Central Asia. Ulrike Beck, Mayke Wagner, Xiao Li et al. enhttps://www.sciencedirect.com/science/article/abs/pii/S1040618214002808

Y bien. Algunos se preguntarán ¿qué tiene que ver todo esto de que con el marxismo cultural pretendan lavarnos el cerebro o que un grupo de élites nos gobiernen secretamente? Pues aquí se encuentra el truco de todo. "Lavado de cerebro" es una frase controvertida que surge de los estudios psicológicos y publicaciones científicas sobre la mente a finales del siglo XIX y principios del XX para después pasar a la guerra y al trato que se les daba a algunos prisioneros a los que, con los mismos mecanismos con los que se trataban a los psicóticos- aislamiento, privación y sustitución-, se trataba de influir en los capturados y especialmente en los oficiales del bando contrario. Y estos procesos se popularizaron a partir de los campos de reeducación comunista y sus manuales escritos durante la Guerra Fría.

Pero, henos aquí con el hecho de que esas palabras juntas tienen un significante que nos hace intuir la presencia de un adversario o enemigo. Es decir, hay un sujeto tácito que no es otro que "ellos" quieren lavarnos el cerebro y aquí de nuevo importa poco si se trata de los comunistas o de los fondos de inversión, o del mercado o de una sociedad secreta tratándole de vender una moneda virtual novedosísima que ni siquiera existe.

Por eso y para los efectos de este libro vamos a sustituir esas expresiones como "lavar el cerebro" o "reeducar" por programar y reprogramar como si fuéramos una computadora. Lo digo porque sin duda alguna y con estadísticas que lo comprueban, mi equipo de fútbol es mucho mejor que el suyo y, de hecho, solo por la comparación, usted debería pasarse a mi equipo para no seguir a uno tan malo.

Bien, ya lo ha notado. Usted se ha puesto a la defensiva porque de buenas a primeras, me convertí en su adversario y podrá acusarme con aquello de que estoy tratando de lavarle el cerebro, cuando usted tiene claro qué lo motiva a seguir a su equipo, cuáles son sus gustos deportivos y ni siquiera le he dicho cuál es el mío. Lo mismo ocurrirá si usted es de izquierdas o derechas, pro-vida o pro-aborto, cristiano u ortodoxo o cualquier cúmulo de información con el que usted programara su disco duro.

Pero eso no excluye ni excusa mi intención. Y es aquí donde voy a replantearle el asunto. Si yo preguntara: ¿Considera usted que los marxistas desean convencer a los demás de que su proyecto es el mejor? Mayoritariamente me respondería que, por supuesto que los marxistas no quieren ser un grupo en extinción y tratarán de convencer a la mayoría permanentemente de sus beneficios y para ello usarán todas las tácticas existentes. Por lo tanto, los marxistas necesitan programar los cerebros más jóvenes y reprogramar cuantos puedan, en su cruzada contra los capitalistas que desean convencerlo, con la misma fuerza, de comprar un papel que contiene un producto empaquetado de casas, cuyos propietarios en quiebra no pueden pagar sus créditos y que eso es un estupendo negocio.

El asunto es que ninguno de estos grupos, son tan toscos y groseros como yo con mi precario intento de convencerlo de que mi equipo de fútbol es mejor que el suyo, sino que usan los mecanismos más sutiles existentes, de la misma manera que los fondos de inversión o los vendedores de criptoactivos harán para convencerlo de que una foto digital de un babuino, vale miles de dólares.

### Reprogramar para triunfar

Entonces, por supuesto que los marxistas desean captar adeptos e influenciar a las masas tanto como los capitalistas los acusarán de lavarle el cerebro a sus grupos de prospectos y nuevos fieles. Así que usarán los mismos recursos y las mismas puertas traseras en nuestras mentes, que las que usaron hace cinco mil años para programar a los súbditos de los reyes para inculcarles la creencia de que estos últimos fueron escogidos por Dios para gobernarlos, pues esa idea es tan antigua como el hombre, mientras que los que no desean ser súbditos, usarán las herramientas ancestrales para oponerse.

Una de las puertas traseras favoritas para colarse en su mente, tiene mucho que ver con su equipo de fútbol. Piénselo por un momento, ¿Cuál fue la base que yo usé para incomodarlo con la aseveración de que mi equipo era mejor?, ¿Qué fue lo que ocurrió para ponerse a la defensiva? Simple, me metí directamente contra una condición más ancestral que nuestra idea de Dios o la preocupación por la vida después de la muerte, me metí contra su instinto de manada, un deseo darwiniano de pertenencia y fidelidad a los suyos porque, Usted como ser social, sigue buscando instintivamente la protección de las manadas y desea pertenecer a la mejor y la más fuerte, aunque ya no sea únicamente para sobrevivir.

Pertenecer a manadas deportivas, políticas, sociales etc. evidentemente le resta muchas condiciones individuales, pero a su vez le aporta otras cualidades importantes, así como le brinda seguridad. Somos pues, herederos del paleolítico, mientras más complejo es nuestro ecosistema, más rápido nos integraremos en las distintas tribus y estas, también tendrán sus clanes y divisiones grupales para lograr sus triunfos.

De allí que el uso del instinto de manada se use desde la escuela, en los barrios veremos a los chicos organizarse en pequeñas bandas y más adelante será un comportamiento que repetiremos para todo y especialmente en la política, buscando adeptos y para los ingenieros sociales, la reprogramación a través de la manada sea sumamente importante.

Si la información que recibimos representa los unos y los ceros, la lógica indica que en el laberinto de nuestras emociones normales y profundas se encuentran las puertas traseras que son reconocidas también por los especialistas en persuasión como nuestras "zonas secretas de inseguridad" que son las que usan los hackers de la mente y en las que se logran colar y reprogramarnos.

Es así como funciona la inteligencia de negocios, la inteligencia de mercado, la corporativa o la de cualquier estado. Programando y reprogramando las mentes individuales y colectivas para sobrevivir o triunfar en las sociedades complejas, como nuestros ancestros lo tenían que hacer en su ecosistema.

Por eso ambos grupos se presentarán con los condicionantes que nos han programado desde hace miles de años, nos rodearán como rebaños y guiarán usando precisamente nuestras emociones, gustos, rechazos y miedos ancestrales, prometiendo ser parte del equipo de los buenos, contrarrestar a los perversos, libertarnos de nuestras pesadas cadenas, simplificarnos la vida que creemos demasiada compleja y hacernos felices, porque es lo que al final, todos perseguimos.

Pero existe también otro tipo de información con la cual hemos sido programados y a diferencia también de una computadora, somos capaces de adaptarnos a esta y rechazarla parcial o totalmente como lo son las relaciones afectivas, la amistad y el amor lo que nos permite nada menos que otras cualidades humanas sumamente complejas como confiar y compartir, así como lo adverso. Y nada nos provoca mayores cambios en nuestra programación, que cuando abrimos la puerta a los hackers de la mente y en no pocas ocasiones, de par en par.

Si yo nuevamente le preguntara ¿Cree usted que los gigantes fondos de inversión globales, tienen la fuerza y los contactos políticos para cambiar siempre las cosas a su favor? La mayoría me contestaría que es evidente que diez fondos que poseen inversiones del tamaño de las economías de China y los Estados Unidos combinadas[750], son ya de por sí tan o más poderosos como estos países juntos.

Pero si yo le preguntara ¿Cómo se llaman los presidentes de estos fondos de inversión y quiénes son sus directores financieros? Solo un puñado de conocedores podrían dar con algunos de ellos. Por lo tanto, usted lógicamente intuirá que un selecto grupo de anónimos tienen el mayor poder conocido por el hombre, porque entre otras cosas, son literalmente los dueños de todo lo que funciona en el planeta. Por lo tanto, no hace falta creer en los masones libres o a los Iluminati para saber que un puñado de desconocidos puede a través de su chat de WhatsApp, hacer con el mundo lo que les venga en gana.

Y no, no se trata únicamente del perverso capitalismo, porque, aunque usted no lo crea, todos en el mundo lo son de un modo u otro. Y no son más de un centenar los que manejan los hilos de todo el poder económico en Rusia y quizás unos pocos más en China. Es decir, usted sabe que son quienes le pagan los cheques y sostienen a los que mandan.

En este caso somos desconfiados y por razones obvias. Pero no hace falta ocultarse bajo una pirámide en Egipto y jurar secretamente no divulgar lo que hablaban para romper la hegemonía de los dioses existentes y crear nuevas condiciones como en los tiempos del faraón Akhenaten. Llevamos miles de años sospechando de los distintos

---

[750] Las economías juntas representan 35,4 trillones de dólares de PIB, mientras que los diez fondos de inversión 34,7 trillones o lo que es igual al 97,5% del producto combinado de Estados Unidos y China. De acuerdo al https://www.swfinstitute.org/fund-manager-rankings/asset-manager

liderazgos secretos porque simplemente los hemos sufrido y desconocemos así que nuestro algoritmo buscará siempre explicaciones lógicas a algo que de ninguna manera es una conspiración. Y no lo es, porque en realidad la gente que nos ha hecho daño es mucho más desconocida que la *Orden Benevolente y Protectora Mejorada de los Alces del Mundo* y quiero que tome en cuenta, que esa sociedad secreta la vine a conocer mientras buscaba una desconocida para darle este ejemplo.

Pero le voy a dar otro de una sociedad secreta. Usted sabe que alguien diseñó las hipotecas subprime como producto, pero, ¿conoce sus nombres?, ¿Conoce los nombres de los directores financieros que lo implementaron en Bearn Stearn, Lehman Brothers y tantos otros? ¿Conoce los nombres de los ejecutivos que mintieron en sus balances y en los del resto de las corporaciones involucradas? La realidad es que ellos no se reunían en sótanos iluminados con antorchas y hacían rituales sacrificando a un cordero vestidos con túnicas y capuchones hablando en latín. Son aún más desconocidos y secretos porque lo hacían a la vista de todos en los bares y restaurantes de Manhattan o Londres y se reúnen públicamente en los bares de Moscú y Beijing con sus pares.

Por eso al estallar la crisis mundial el SberBank, el banco más grande de Rusia perdió noventa billones de dólares y el ministerio de economía terminaría explicando que: "Una acción de Sberbank costaba 102 rublos (3,4 dólares) a principios de 2008 y ahora se sitúa en 22,5 rublos (76 centavos). En efecto, estos títulos han perdido el 78% de su valor nominal este año"[751] en señal de que el mundo financiero está gobernado y relacionado a través de una sociedad que es más secreta que los Illuminati.

Pero lo que sí sabemos de ellos, es la información que recibimos cuando nos impactó la recesión económica y cómo reaccionamos cuando perdimos dinero, cuando nuestros bancos fueron a la quiebra, los que perdieron sus casas, sus trabajos o los que terminaron sin nada o con menos. A partir de allí recibimos la

---

[751] The total capitalisation of the state-owned Sberbank and Vneshtorgbank, which conducted IPOs in 2007, has plunged by $99 billion this year. En
http://archive.premier.gov.ru/eng/premier/press/ru/1578/print/

información de que fueron perdonados, los políticos corrieron a auxiliarlos y hasta el día de hoy, la gran mayoría sigue en el sistema financiero desarrollando nuevos productos y de allí que fuéramos programados para comprender que hay un poder casi sobrehumano que los protege o, en otras palabras, la misma sensación que teníamos los humanos hace cinco mil años en Egipto.

Hemos sido programados durante decenas de miles de años para desconfiar y oponernos abierta o secretamente a los que conducen los hilos políticos y económicos, lo que es el origen de muchas teorías de conspiración porque hay un sentido, que no es tal, pero que nos permite como un algoritmo, ubicar una respuesta plausible a toda información que no podemos interpretar del todo. Pero no significa que sean secretos como los Illuminati, pues por ejemplo y de acuerdo a la encuestadora Gallup, dos tercios de los estadounidenses no tienen ni la menor idea de quien los representa en el Congreso[752], por lo que, en realidad, no hay sociedad secreta más evidente que esa y es una que el 84% de los encuestados desaprueba.

Quiero explicar con esto, que en parte no podemos escapar a una programación que tiene decenas de miles de años, en la que podemos adaptarnos u oponernos. De la misma manera que una parte de la humanidad entiende los condicionantes ancestrales y las diferencias sociales que nos llevaron a crear cerámicas y túnicas, otra parte de la sociedad se niega a aceptarlos y esta es la base, de lo que nosotros llamamos políticas y allí interactúan también los hackers y los ingenieros sociales que pretenden programarnos o reprogramarnos y en algunos casos los llamamos políticos.

Pero esto no es nuevo. Llevamos cien mil años con una misma información, nombrando a nuestros líderes o siendo sometidos por estos, así como nombrando a los representantes espirituales o siendo sometidos por estos. No importa si se trata del jefe de la tribu o el presidente, el consejo de la tribu o el senado, el chamán o el clérigo, lo único distinto será el tamaño de la tribu.

Es así como, los capitalistas y liberales en todas sus formas usarán nuestra programación ancestral para diferenciarnos, apelarán al maquillaje, a la segregación por uso de ropas y cerámicas, prometerán

---

[752] https://news.gallup.com/poll/162362/americans-down-congress-own-representative.aspx

libertad de acceso para que todos puedan competir en igualdad de condiciones, hablándonos de libertad y felicidad. Mientras los marxistas apelarán a la programación ancestral de quienes se rebelan contra los condicionantes sociales, apelando igualmente a la igualdad, libertad y la felicidad. Para ello, ambos considerarán al otro bando como una sociedad esclavizada y usarán nuestras puertas traseras para hackearnos y en especial la felicidad, el orgullo, la ira, la envidia, la codicia, la lujuria, la glotonería, la pereza y sus contrapartes diferenciadoras, así como la suerte y la ausencia de esta.

Así es como en realidad todos desean lavarnos el cerebro y por eso los llamamos políticos, aunque les quede mejor la palabra: influencers.

Lo importante es que ambos bandos -y muchos más- actúan en la práctica exactamente igual. En ambos se diferencian las castas, en ambos hay banqueros e industriales, negocios familiares, nepotismo, carteles, agendas secretas, dirigentes y trabajadores, así como persiguen ganarle a su oponente. Y es aquí precisamente, en esta antigua guerra de políticas, pero en un nuevo tablero de juegos y a una velocidad de petabits, es que su corporación estará más comprometida que nunca, porque de cara al universo digital y al Metaverso, buscarán reprogramar a los mercados y aniquilar a sus competidores, por lo que una compañía ya no solo tiene que velar por un hacker de catorce años divirtiéndose en su habitación, o por los colegas que quieren sacarlo de competencia, sino por estados completos que representan logias de intereses mucho más grandes y que querrán su información y en no pocos casos eliminarlo.

Lo que ocurre, es que en los tiempos del Metaverso podrán quebrar su compañía a distancia y con un par de clics.

## Los virus troyanos mentales de Ciber-Jane

Tras decenas de miles de años recibiendo información y procesándola, el logaritmo de la mente humana es capaz de distinguir patrones de programación y encontrarse cómodo o incómodo con los estímulos recibidos, pero sobre todo, es capaz de autodefinirse, aliarse o rechazar el estímulo directo como le ocurrió a Usted cuando le hablé de su equipo de fútbol favorito. Ahora bien, ¿Cómo hace la inteligencia para evitar su reacción negativa? y ¿Qué ocurre cuando el estímulo entra por la puerta trasera de nuestra programación?

De allí a que la información moderna no se propague directamente sino precisamente a través de virus y aplicaciones mentales que permiten que la misma información, que sería negada de inmediato si es expuesta directamente, sea acogida y procesada de buena manera, permitiendo nuestra programación o reprogramación mental.

Vamos a usar una frase como ejemplo: "Latinoamérica todavía está en ese camino lento, de lucha, del sueño de San Martín y Bolívar por la unidad de la región (..) Latinoamérica será víctima hasta que no se libere de imperialismos explotadores (..) los imperialismos siempre buscan ocupar espacios y la grandeza de los pueblos es iniciar procesos"[753].

Al leer este último párrafo, si usted es cubano de inmediato reconocerá que todas las frases desde 1960 fueron parte del discurso de Fidel Castro, si es chileno reconocerá el discurso de Salvador Allende o si es venezolano le ocurrirá lo mismo con la línea discursiva de Hugo Chávez. Lo mismo ocurrirá si es angoleño, pues salvo lo referido a Bolívar y Martí, fue el discurso de Agustino Neto como lo fue de Tomas Sankara en Burkina Faso, Samora Machel en Mozambique y docenas de líderes comunistas en África y el tercer mundo.

De hecho, si se programara una computadora, para que un algoritmo determinara las coincidencias con las frase e ideas, como en el caso de un programa anti plagio universitario, de inmediato encontraría que la conjunción de víctima y victimario, explotador y explotado, Bolívar y Martí, dependencia e independencia del capitalismo, imperialismo y proceso de liberación están claramente

---

[753] https://www.telam.com.ar/notas/202207/597208-papa-francisco-dialogo-entrevista-tv-publica.html

vinculados a cientos de textos y discursos marxistas importantes, en miles de panfletos de los partidos comunistas y también descubriría, que no se encuentra en ningún texto capitalista ni algún liberal las habría escrito jamás.

Una computadora, con un algoritmo imparcial, habría descartado de inmediato a Donald Trump o a cualquier capitalista, pues ese lenguaje específico no es otra cosa que una huella digital y habría creado una lista de emisores y los habría colocado entre los nombres de Castro, Allende o Sankara. Pero estas palabras y la línea discursiva no fueron emitidas en la plaza de la revolución de la Habana, sino en el despacho del Papa Francisco en el Vaticano.

La computadora tendría, por lo tanto, muchas dificultades al analizar su línea discursiva, es decir tratar de comprender que no hay contexto ni interpretación posible del lado capitalista o liberal a la petición de que: "cesen las agresiones, bloqueos, sanciones unilaterales contra cualquier país en cualquier lugar de la tierra. No al neocolonialismo", de que el capitalismo es culpable de todos los males y de la pobreza, que: "La tradición cristiana nunca ha reconocido el derecho a la propiedad privada como absoluto o inviolable y ha enfatizado el propósito social de todas las formas de propiedad privada" y a sus detractores acusarlos de: "formar parte de la trama de la post-verdad, que busca anular cualquier búsqueda humanista alternativa a la globalización capitalista".

Para un católico se trata entonces de su máxima autoridad y por esa razón, la opinión que sería rechazada por muchos, al ser directamente expresada por Fidel Castro o Hugo Chávez, es bienvenida como algo natural por quienes tienen la obligación de creer en que el Papa es infalible y es el representante de Dios en la Tierra. En consecuencia, muchos esgrimirán que el Papa no puede ser marxista, aunque las palabras lo sean o sus frases textuales fueran empleadas por estos. Y otros sospecharán que lo es, como en efecto ocurre con las denuncias de que fue formado desde su juventud y milita desde siempre en la Teología de la Liberación y pertenece al bando de la Curia de izquierdas y que finalmente, luego de las pugnas y batallas campales entre las facciones, llegaron los comunistas al poder por la vía del voto.

Esta lucha entre fracciones, podría ser simplemente identificada por una computadora en el Metaverso, al reconocer que se trata de política de estado y no del contenido propio de la iglesia. Es decir, el papa habla como político de un estado que ha tomado giro a la izquierda y no como representante de Dios y de los asuntos eclesiásticos. Pues se trata de elecciones y la misma computadora encontraría que de los más de cien electores en el Vaticano, una buena parte militó en su juventud con la teología de la liberación y sus variantes marxistas y que ese pensamiento en los países del tercer mundo llegó al Vaticano finalmente.

La misma computadora encontraría que el archienemigo de estos, no era otro que Joseph Ratzinger quien en 1984 prácticamente prohibió al movimiento y los atacó duramente, por lo que al sumarle las traiciones internas que todos conocimos, las múltiples filtraciones de los Vatileaks y una renuncia que no había ocurrido en seiscientos años, en no pocos católicos, acostumbrados por centurias a las teorías de conspiración, surgiera la teoría de un golpe de Estado.

Pero lo que nos importa aquí no es el razonamiento lógico de que eso ocurre en el vaticano como un estado político, sino la forma de usar la información a partir de la responsabilidad del jefe de estado en su carácter de Papa y eso lo hacen también los capitalistas. Pero siguiendo con el ejemplo, una constante de Fidel Castro, Allende, el Papa Francisco o Tomas Sankara es que acusan al capitalismo de usar estrategias tan sutiles como las de ellos para conquistar a los pueblos, es decir que procuran dominar y neocolonizar a través de la cultura y no por las armas. El imperialismo, decía Sankara en Mozambique: "a menudo se presenta en formas más sutiles, un préstamo, ayuda alimentaria, chantaje. Estamos luchando contra este sistema que permite que un puñado de hombres en la Tierra gobierne a toda la humanidad". Por lo tanto, ambos bandos se acusan mutuamente de tratar de lavarle el cerebro al otro, a través de colonización y reprogramación cultural.

Estas formas sutiles, se encuentran ya en nuestros foros sociales, en las distintas iglesias, en los clubes, sociedades y sectas, en los colegios, corporaciones, emprendimientos y por lo tanto en las redes sociales. Haciendo que Ciber-james aprende las complejidades del manejo y las formas sutiles para cambiar la voluntad de sus potenciales seguidores.

Pero he usado el ejemplo del Papa porque ilustra un fenómeno común a la hora de programarnos social y políticamente. Si recibimos por ejemplo la información de que el Capitalismo es el culpable de la pobreza y es un discurso único y reiterado, algo que se hace familiar y permanente que proviene además de distintas fuentes confiables, como actores, escritores, influencers, políticos que no militan en el partido comunista y hasta el mismísimo Papa, lo vamos haciendo familiar y por lo tanto aceptable.

¿Qué tiene que ver esto con la inteligencia corporativa? Mucho. En estos densos capítulos hemos aprendido a que usarán nuestra programación social milenaria en nuestra contra, usarán nuestros miedos ancestrales, así como nuestras emociones naturales y profundas, la familia, la tradición, nuestra intuición de manada y un sinfín de recursos como puertas traseras de acceso, así como virus troyanos para que nuestros firewalls mentales los dejen pasar.

Pero ¿Por qué es tan peligroso hoy, si es algo que siempre se ha hecho? La respuesta es escalofriante. Porque esa programación, nuestros miedos e incluso nuestra respuesta a los estímulos, están siendo y serán procesadas ahora en el Big Data, a través de algoritmos por esa computadora que nos asociará de inmediato y encontrará las puertas traseras de manadas y cardúmenes gigantescos, como nunca se ha visto en la historia. En este futuro ambos bandos intentarán neocolonizar, lavar el cerebro y transformar nuestra cultura, como nunca se ha visto jamás, porque seremos en buena parte unos y ceros.

Para que esto ocurra, se encuentre usted en un estado socialista o capitalista es necesario el principio básico de aislamiento y reprogramación. Por lo que hay otro Papa al que debemos considerar, que no es otro que el Principio de Elección Pasiva o POPE por sus siglas en inglés. Si los algoritmos están sustituyendo miles de decisiones humanas, cada vez se hará más difícil para el humano tomar decisiones basadas en un razonamiento y no una simple escogencia entre los ofrecimientos del algoritmo.

Y he aquí otro de los grandes mecanismos de la inteligencia para transformar grupos enteros, la libertad no es otra cosa que una ilusión de la mente y la libertad de opción y escogencia en todos los grupos de humanos sean comunistas o capitalistas lo es aún menos. Por lo tanto, en los tiempos del Metaverso si la máquina te conoce más que tú mismo ¿Cuál decisión en realidad te pertenecerá? Es así como el sistema, repito, sea capitalista o socialista, creará los cardúmenes llamados infoesferas y moldeará su comportamiento reprogramándolos a partir de simples escogencias que se harán familiares y por lo tanto no estarán sujetas al escrutinio.

## Las operaciones sofisticadas de Ciber-James

Las palabras propaganda y adoctrinamiento, tienen un significante negativo porque son también palabras enemigas. Por eso en las guerras por el dominio cultural, las hemos transformado en palabras más suaves como publicidad, influencia, comerciales, mensajes, educación, ilustración, enseñanza y un sinfín de palabras alternativas para evitar a toda costa que se nos confunda con el enemigo. En fin, los enemigos lavan cerebros, adoctrinan y emiten propaganda, mientras nosotros en realidad comunicamos mensajes, enseñamos o enviamos publicidad para vender productos.

Por lo tanto, Hitler, Stalin o Mao transmitían propaganda, su cine y sus textos eran obras de propaganda, mientras el cine occidental es limpio y solo cuenta historias, aunque para rusos y chinos sean verdaderas obras de propaganda capitalista o para algunos bandos internos en los países, la izquierda quiere dominar culturalmente por intermedio de la programación, mientras la derecha quiere hacerlo secretamente durante los comerciales.

Pero si fuéramos computadoras y cambiamos todas esas palabras por programación continua, podríamos identificar mejor el concepto sobre cómo los humanos somos programados, no solo a través de la información y como reaccionamos a esta, sino por la regularidad y repetición de la misma. Por lo tanto, la máxima de Goebbels sobre si repites una mentira mil veces se convierte en verdad, no es del todo correcta, porque el libre albedrío no es realmente libre porque está basado en un fundamento muy humano, al escuchar muchas veces algo se hace familiar y somos más propensos a aceptar la información en condiciones de familiaridad o al menos a no ser tan escrutadores. Allí entenderemos como llevamos miles de años siendo programados recurrentemente de la misma forma que el emperador de Ashoka en la India, lo hizo hace tres mil años.

El hombre o alguien cercano a este, ideó una fórmula para que en cada columna de entrada a los espacios públicos estuviera tallado su pensamiento y lógicamente se repetían constantemente sus mensajes, sus leyes o la idea de una recompensa después de la muerte, por haber tenido una vida dedicada a la moral y al respeto al orden. Cada vez que alguien entrara a una edificación, tenía que recitar la parte que tocaba como si se tratara de una clave de admisión y de esta manera, al transcurrir los años, las personas no necesitaban siquiera leer el contenido de la columna, de la misma manera que los judíos, católicos o musulmanes recitan versículos enteros sin ayuda de lo escrito.

La programación recurrente está prácticamente difundida en todas las religiones y como en el caso del emperador de Ashoka lo hacemos todos los días programándonos para tener identidad o pertenecer y seguir a una cultura e incluso a un grupo determinado.

Usamos exactamente los mismos recursos que acusamos al enemigo, los mismos esquemas patrióticos, slogans, símbolos y divisas, así como presentamos el problema de la propaganda contraria, como una amenaza. Esa fue la razón por la que usted se sintió a la defensiva cuando le dije que mi equipo era mejor que el suyo, porque usted y la humanidad ha sido programado durante miles de años, para pertenecer a una nación, a una localidad, a un grupo y hasta a un a un equipo usando la programación recurrente, de la misma manera que un estadounidense repite miles de veces su juramento a una bandera, a una nación indivisible bajo la ley de Dios, o repiten precisamente en cada juego de fútbol, que están orgullosos de que esa bandera hondee sobre la tierra de los hombres libres y el hogar de los valientes.

Es así como la propaganda no es algo Nazi, aunque ellos fueran grandes maestros en su aplicación, pero como bien explicó el reverendo Martin Luther King: "Para la persona promedio, la palabra propaganda tiene connotaciones malignas y viciosas. La propaganda se considera algo utilizado por el demagogo para difundir ideologías malvadas (..) Recuerde que el término se originó en la Iglesia Católica. La propaganda es simplemente un intento de difundir principios o ideas mediante un esfuerzo organizado"[754].

Y es correcto, porque se trataba del nombre impuesto por el Papa de la Sagrada Congregación para la Propagación de la Fe que en latín significaba "Sacra Congregatio de Propaganda Fide" y que quedó para los textos simplemente como propaganda. Y si bien no tuvo implicaciones negativas hasta el advenimiento de la Primera Guerra Mundial, las condiciones son exactamente las mismas que en el proceso de evangelizar, que no significa otra cosa que reprogramar a través de la repetición de las ideas.

Muy bien, hasta aquí estamos claros. Conocemos tanto nuestra información y nuestras emociones como los distintos tipos de virus que se filtran en nuestras puertas traseras y ahora debemos cuidarnos de la propaganda repetitiva en todas sus formas sutiles, que logra también colarse en nuestras mentes y reprogramarnos. Pero existe un virus que, como los gusanos de la computadora, está especialmente diseñado para entrar en nuestras mentes y que tiene el objetivo general de afectarnos y hacer que funcionemos distinto, con lo que pueden hacer cambiar nuestra opinión y por lo tanto reprogramarnos.

Esto ocurre cuando no se puede entrar por ninguna otra vía ya que usted y su grupo están blindados por su Firewall mental, no tienen miedos ni emociones que permitan entrar a otros y su información le es repetida constantemente impidiendo que propaganda ajena le haga mella. La filtración a través de múltiples fuentes

Para esto vamos a librarnos de prejuicios y simular, con la información disponible, que existió una operación sofisticada de inteligencia en el Vaticano. Sabemos que es cierto que como en todas las organizaciones mundiales hay luchas intestinas, aprendimos que una cosa es la institución de la Iglesia en su carácter religioso y otra

---

[754] "Propagandizing Christianity," Sermon at Dexter Avenue Baptist Church. The Papers of Martin Luther King, Jr., Volume VI: Advocate of the Social Gospel, September 1948 March 1963. Martin Luther King, Clayborne Carson, Tenisha Hart Armstrong. University of California Press, 1992. Pag. 184

muy distinta como un Estado como organización política, una cosa es el Papa como político de un estado y miembro de su manada política y otra su rol de Santo Padre, así como es obvio que en este se encuentran reflejadas las mismas tendencias ideológicas que en cualquier otro país y, también que usan todos los medios de la inteligencia moderna que usaría cualquier estado y también que desde que surgió por primera vez la prensa escrita, fue usada para filtrar información para tratar de cambiar los acontecimientos políticos, desacreditar o influir en la opinión pública.

Por lo tanto, lo ocurrido en el Vaticano, no difiere en lo absoluto de lo que ha acontecido en Francia o en los Estados Unidos. Pero antes de explicar con el ejemplo, es necesario comprender que existen varios tipos de filtración, la primera es la del uso de los medios y especialmente el periodismo de filtración que a veces es confundido con Investigación. En este caso se recurre a un periodista con determinadas características[755] y propenso a que use la información como lo estipulará quien la filtra, porque siempre existe un propósito[756]. En el caso de Ratzinger, por ejemplo, comienza con un periodista particular que conduce su vehículo hasta la frontera suiza durante horas y allí, en un lugar especificado encuentra dos maletas de cuarenta kilos con miles de documentos secretos y privados personales y sobre las finanzas del Vaticano.

Y así se desata el escándalo al haberse descubierto: "un nuevo y muy sofisticado sistema de cuentas numeradas por las que pasan cientos de miles de millones (..) a nombre de banqueros, empresarios, promotores inmobiliarios, políticos aún en la vanguardia, por el Banco del Vaticano: bonos del gobierno

---

[755] Alguien con credibilidad, peso y capacidad de difusión. Puede ser ingenuo, parcialmente ingenuo o estar involucrado directamente en el pensamiento político y la estrategia de quien lo filtra. Usualmente durante la Guerra Fría se buscaba a quienes profesaban el pensamiento marxista o incluso los que militaban en el partido comunista.

[756] Algunas fuentes sostienen que al fallecer Monseñor Dardozzi, quien fuera el mayor operador financiero del Vaticano durante décadas, dio su autorización para que toda la información saliera a la luz pública. Otros sostienen que más bien se trató de un complot, por que nadie podría culpar al fallecido y por tratarse de información que no era propiedad de éste, sino de las instituciones. Sea como fuere, a partir de allí y en nombre del fallecido, salieron a la luz pública esas y miles de otros documentos que tenían como finalidad afectar la gobernabilidad del Vaticano en distintos niveles.

intercambiados para lavar dinero sucio. Depósitos que recogen el dinero que dejan los fieles para las Santas Misas trasladado a cuentas personales, con la más hábil alquimia financiera (..) Una verdadera "lavandería" en el centro de Roma, también utilizada por la mafia y para aventuras políticas sin escrúpulos (..) Todo en el nombre de Dios"[757] y que, por supuesto tenía como eje, a los Ratzi-banqueros, o los banqueros atados al otrora cardenal Ratzinger, antes de ser Papa.

En este caso tendríamos un objetivo preciso. Pero a su vez en inteligencia corporativa y de estados hostiles, además de la ingeniería social aplicada, es decir ir a por ese objetivo con la información interna suficiente para afectarlo, se usa también elementos de la ingeniería y las dinámicas estructurales como el momento, período y resonancia.

Lo interesante de todo esto es que en realidad no había nada "nuevo y muy sofisticado sistema" en las cuentas y el sistema financiero del Vaticano, pues había pasado por distintos escándalos enormes y era algo que se conocía desde que se fundaron sus primeros servicios financieros modernos y que son suficientes para la sucesión de teorías de la conspiración que se sucedieron en aquellos años. Por ejemplo, el caso del cardenal de Venecia Albino Luciani -futuro Papa-, que se enfrentó a Pablo VI cuando estalló el anterior escándalo sobre el sistema financiero en la Santa Sede.

En pleno escándalo de muertes y mafia muere Pablo VI y el siguiente escándalo financiero estalló en las manos del mismísimo Juan Pablo I que no era otro que el mismísimo Albino Luciani, quien duró apenas un mes en el cargo dando pie a una cadena de especulaciones sobre su muerte por envenenamiento.

De esta manera es que el siguiente escándalo por el mismo sistema "nuevo y sofisticado" fue mucho mayor por la quiebra del Banco Ambrosiano, que vinculaba nuevamente a la banca con la mafia, los políticos corruptos e incluso habían existido asesinatos y suicidios que elevaron aún más un escándalo que terminó divulgándose en libros y películas. Pero lo que nunca había ocurrido, es una filtración tan grande de documentos privados para tratar de vincular a un Papa con todas aquellas maniobras, como le ocurrió a Ratzinger.

---

[757] Vaticano S.A: Da un archivio segreto la verità sugli scandali finanziari e politici della Chiesa. Gianlucca Nuzzi 2014, Kindle Edition

A partir de allí podemos comprender las decenas de filtraciones con datos secretos que se aireaban en la prensa prácticamente cada semana con otros miles de documentos filtrados que iban desde sus cuentas personales hasta sus cartas privadas escritas a mano, terminando en escándalos subsecuentes y promovidos en grandes reportajes, documentales, programas de tertulias y libros, en los que Ratzinger era expuesto prácticamente como un criminal.

"Ratzinger está asustado" fue el siguiente título del periodista al que ahora le habían llegado más maletas repletas de información y escribió que: "estamos en el coche casi una hora" dijo, sobre una de sus fuentes. "En realidad, la distancia que hay que cubrir es de pocos centenares de metros, bastarían algunos minutos. En cambio, pasamos por las mismas calles varias veces. Los dos hombres quieren estar seguros de no tener «cola», de que no nos siguen, por eso aplican banales técnicas de contra seguimiento, aquellas descritas en los libros de espionaje o que se ven en el cine". Explica que llegaron a "Una casa sin amueblar (..) El agente inmobiliario debe de haberles prestado las llaves. Ningún letrero, ningún timbre que tocar (..) He aquí la sala, vacía, una silla de plástico. Mi fuente está sentada, hablamos"[758].

La realidad de lo expuesto en los artículos y los libros es que no se trataba de una sola fuente, ni había sido un mayordomo furioso. Los documentos provenían de decenas de lugares y por lo tanto habían sido filtrados con una sola razón, señalando al Papa de estar incluso en contubernio por su silencio, con el caso de Berlusconi y la explotación sexual de menores. Pero entre los papeles secretos del Papa, lo que destacó políticamente era la guerra desatada por el ascenso de la derecha, del Opus Dei y los ataques acaecidos contra "la Curia izquierdista" y los liberales, sobre todo en los cambios en Milán que es la arquidiócesis más grande del mundo.

Pero no quedaron allí cuando los ataques despiadados comenzaron a filtrar que Ratzinger había protegido a los sacerdotes pederastas, ocultando sus hechos y todos bajo fuentes "importantes del más alto nivel", en los medios. El resto es

---

[758] *Las cartas secretas de Benedicto XVI: El libro que ha destapado el escándalo vaticano*. Gianluigi Nuzzi. Grupo Planeta Spain, 2012

historia conocida, ya que Ratzinger renunció como lo hiciera el último Papa que lo hizo 598 años antes. Y ahora el periodista que escribió los libros, ya no encuentra más escándalos o son sobre los cardenales que quedan de la derecha y escribe elegías sobre el nuevo Papa y como la derecha le imposibilita cambiar las cosas en el Vaticano, en demostración de que un bando está ganando sobre el otro, al estar desplazando a la derecha y llevando al ostracismo a lo que quedó en pie.

Por lo tanto, esta no fue otra cosa que una operación sofisticada de inteligencia clásica, ejecutada brillantemente y en el momento y la resonancia correcta, porque se ejecutó cuando el planeta colapsaba por el derrumbe financiero bancario internacional.

Por eso las operaciones de inteligencia política se encuentran en todas partes, incluida su corporación como hemos aprendido antes. Pero lo que queremos explicar, además de ejemplificar el caso de inteligencia, es cómo actúa el virus o gusano de programación. Juan Pablo II, dio la famosa instrucción sobre: "algunos aspectos de la Teología de la Liberación" y actuó con mucha severidad contra los liberales y marxistas que pretendían reprogramar siglos de evangelios con el pensamiento comunista, habiendo sido Ratzinger quien lo escribió y quedando como encargado por el Papa como si fuera un Firewall para evitar que se colarán los marxistas.

El gusano en este caso, actuó precisamente atacando al Firewall y reproduciéndose de manera tal que un joven católico hoy ya no puede hablar de Ratzinger, no sólo por el ostracismo en el que está y su avanzada edad, sino porque aún lo atacan permanentemente asociándolo con la corrupción a tal nivel que vinculaban sus cuentas personales al robo de limosnas, su asociación con los banqueros y políticos más deshonestos, así como la protección de pederastas e incluso las órdenes de esconder homicidios y desapariciones.

En este caso la inteligencia de filtración no solo busca atacar y destronar al equivalente de un CEO de una corporación, sino en el momento exacto destruir su legado y reputación, pero sobre todo eliminándolo como referencia de la misma manera que los abogados descalifican e impugnan la validez de los testigos en un juicio.

Recuerde que este es un ejemplo y si la operación se llevó a cabo o no, jamás se sabrá pues todo quedó enterrado bajo la premisa de un mayordomo iracundo, pero el resultado es que el bando contrario se hizo con el poder, todo lo que hizo Ratzinger está siendo desmantelado y el que queda hablando a los millones de jóvenes en formación es el sector liberal mientras que el mismo periodista escribe un libro titulado "Via Crucis" sobre el calvario del nuevo Papa para sacar a los deshonestos que quedan del Vaticano y nombrar a dos tercios de nuevos electores para que una nueva era de honestidad reine sobre el mal, así como barrer con todos los que atacaron a la Curia de izquierdas, colocando nuevamente a los liberales y perseguidos del pasado en las arquidiócesis más importantes y sus nuevas enseñanzas de liberaciones políticas y económicas terrenales, como alternativa a la antigua liberación del pecado.

Pero ¿Qué es lo que nos importa de este relato si estamos hablando de Inteligencia Corporativa? Simple. Todo esto ocurrió de manera análoga, es decir esta es la clásica operación de inteligencia de la Segunda y Tercera Revolución donde la información tuvo que recabarse por intermedio de papel, pues Benedicto escribía aun manualmente muchas de sus cartas y la mayoría de los banqueros lo hacían todo documentalmente, sin el uso de e-mails. De allí a que la operación de recopilación y filtración proviniera de más de veinte fuentes distintas que debían ponerse de acuerdo para un mismo fin e involucraba al menos a un centenar de altos cargos y muchas más personas.

Como bien relató el periodista que fue buscado por los altos cargos del Vaticano para ejecutar su operación: "Mi trabajo me ha llevado a muchas circunstancias inusuales, a veces más parecidas a una novela de espías que a la vida cotidiana. En Florencia, un general de la Guardia di Finanza, la policía fiscal militarizada de Italia, hizo que me siguieran durante horas antes de encontrarse conmigo por la tarde, para asegurarse de que nadie más me seguía. Era una situación kafkiana. En Brescia, tuve que reunirme con una fuente en un depósito de chatarra de automóviles, y en Trieste me tuvieron que vendar los ojos antes de que me escoltarán a un apartamento donde se escondía un renegado de la mafia.

Pero nunca había experimentado lo que pasé durante el último año, después de conocer a la fuente clave que proporcionó los cientos de documentos en los que se basa este libro. Nunca tuve que enfrentarme a un grado de precaución que era casi obsesivo". Y el periodista concluye que "En resumen, parece haber una influyente red de poder de amistades que une al Vaticano, el gobierno italiano, la policía y los servicios secretos. Esta red puede ser útil, especialmente cuando los servicios de seguridad del Vaticano se salen de control o cuando se violan las reglas de soberanía entre Italia y el Vaticano. Conseguí pruebas de misiones encubiertas en suelo italiano por parte de los agentes de seguridad del Vaticano, incluidas operaciones ilegales de vigilancia, allanamientos y escuchas telefónicas. Y también me enteré de un auto registrado en el Vaticano que fue acribillado a balazos en una calle de Roma".

Pero todo esto que se relata, a su vez dependía de ese mundo análogo. El periodista tenía que esconderse como en las novelas de espionaje para hablar con sus fuentes, evitar que la inteligencia y policía del vaticano lo vigilarán, utilizar pisos francos, buzones escondidos, conducir horas hasta una frontera para recibir maletas de documentos, procesar en un sótano la información con una casera que solo le entregaba café, luego depositarlos en una bóveda de un banco suizo y de allí, usar a los medios de comunicación existentes, una editorial, planchas metálicas e imprenta, así como un sistema de distribución para vender unos cientos de miles de libros en varios idiomas.

Pero en la Cuarta Revolución y en la era del Metaverso, el proceso se puede hacer en pocas horas y sin salir de una habitación. En otras palabras, van a hacer lo mismo con su corporación o con usted. Porque en el pasado la información tecnológica era lo que se buscaba, se robaba y se aprovechaba, pero en el presente la información en su conjunto, incluida la personal de sus ejecutivos y de usted, es y será usada en su contra, de manera general o específica y en el momento correcto, siendo increíblemente más fácil recopilarla, procesarla y difundirla.

Las corporaciones tienen que protegerse ahora de las mismas operaciones de inteligencia de filtraciones del período análogo, pero a su vez en la esfera del BigData. A diferencia de estas antiguas operaciones en las que había que poner de acuerdo a múltiples fuentes, sacar fotocopias y meterlas en dos maletas, para transportarlas secretamente a kilómetros y que fueran manualmente procesadas, ahora la filtración que puede poner su corporación en graves problemas puede llevar muy poco tiempo y ser llevada por una sola persona o un ataque coordinado a un servidor específico.

"A veces tenemos problemas porque, bueno, simplemente somos jodidamente ilegales"[759] dice un correo entre los 83.000 filtrados de la corporación Uber propiciando el escándalo del siglo en cerca de treinta países. Para una operación así se habrían necesitado unas cien maletas, pero ahora las corporaciones tienen que enfrentar las mega filtraciones, que son llevadas a servidores especializados con un librero que le permite la búsqueda de información, donde usted puede consultar todo lo relativo a personas y temas como si se tratara de Google.

Corren pues nuevos tiempos y BigData significará Grandes Filtraciones de data en las que su compañía y usted se verán envueltos en los papeles corporativos filtrados y sus implicaciones.

Estos son ejemplos ataques concertados para generar varios cambios que permitan uno mayor y serán el nuevo reto de las juntas directivas de cara a los tiempos del Metaverso, cuando toda la información personal incluidos los miedos más profundos, emociones, sensaciones y sentimientos estén en unos y ceros a disposición de una inteligencia corporativa y de gobiernos canallas que han evolucionado de tal manera que ya no hackean solo computadoras, sino a toda la corporación como un todo.

Es así como podrán generar cambios internos, despedir personal, hacerlos renunciar, acometer cambios en la Junta Directiva, imponer decisiones y cambiar el rumbo de las compañías y de los mercados.

En otras palabras. Podrán dirigir su compañía desde afuera.

---

[759] https://elpais.com/economia/2022-07-10/documentos-secretos-desvelan-las-estrategias-de-uber-para-implantarse-en-decenas-de-paises-a-veces-hay-problemas-porque-somos-jodidamente-ilegales.html

Y esos cambios que antes podían ocurrir en años. Ahora se podrán hacer en meses o incluso semanas gracias a la tecnología, a los ejércitos de ciberhackers y al nuevo fenómeno de las redes sociales.

## La Nueva Realidad de Ciber-Jane

Cuando finalmente se imprimió la Odisea de Ulises, cuya recopilación se le acreditó a Homero, aún se creía en monstruos marinos y sirenas. De hecho, los mapas y la cartografía marina aún tenían dibujados sectores donde se podrían encontrar las criaturas más aterrorizadoras que el hombre pudo haber enfrentado alguna vez.

Hoy lo definimos como mitología, es decir una historia imaginaria o fabulada, pero hace cuatro mil años ¿Qué separaba el mito de la realidad? Hoy, con las universidades especializadas en oceanografía y biología marina, la información disponible y el impacto masivo de la televisión, nos parece estúpido el pensar que existen las sirenas o el mítico monstruo Kraken de los navegantes griegos y fenicios. Pero en aquella época no eran otra cosa que una realidad para quienes, en precarias embarcaciones de madera, tenían que enfrentarse a un mar desconocido y con millones de criaturas gigantescas y desconocidas.

Para comprender lo ocurrido, debemos recordar que en el siglo XIX se exterminaron cerca de tres millones de ballenas. Pero dos mil ochocientos años atrás, los griegos navegaban en un mar sobrepoblado de éstas, con los más grandes ejemplares jamás descritos. Imaginemos entonces que somos uno, de los cincuenta remeros de una Pentecóntera griega y que somos atacados por un furioso calamar colossus que nos ha confundido con una presa.

Podemos también imaginarnos a millones de ejemplares, mucho más grandes que los actuales o a una gigantesca ballena, saltando alegremente a nuestro paso y que por mala suerte cae sobre el barco de enfrente y lo destruye, enviándolos al fondo. El primer caso del calamar es el equivalente a lo que vivieron los marineros del barco Britania una vez hundidos por un torpedo alemán, cuando pensaban que se encontraban a salvo en sus botes durante la Segunda Guerra Mundial, mientras que hemos visto hasta la saciedad en

YouTube a gigantescas ballenas, que por mala suerte saltan sobre veleros y los vuelven añicos.

Pero ahora imagínese a un calamar o una ballena del doble del tamaño -porque el hombre no las cazaba- aferrándose o golpeando un barco de madera, imagínese a un tiburón blanco más grande que los actuales saltando mientras están desembarcando en un pequeño bote, a grupos de barcos aplastados por rocas que caen en una falla en medio de un terremoto y pensemos, hace miles de años y sin información sismográfica moderna que lo que vivieron los argonautas fue una realidad de su época.

De allí que otra realidad como la del barco ballenero Essex, hundido por la embestida de una ballena en 1820 diera origen a Moby Dick y es posible que una sola embestida, de una gigantesca ballena a un trirreme griego hace dos mil años habría sido sin lugar a dudas un ataque de un monstruo marino y no un mito, como las decenas de encuentros con irritados cefalópodos gigantes con embarcaciones[760], habrían sido también otra realidad y no un mito.

Imaginemos ahora a miles de ballenas cantando en una noche tranquila y a marineros que luego sobrevivieron a una tormenta, hablar de los cánticos que escucharon antes de que sus compañeros fueran devorados por el mar o a cientos de marineros presos en el mar por falta de viento o los perdidos a merced de las corrientes y sus cerebros siendo presas de la desesperación. Allí encontraremos que las sirenas, eran una realidad y no un mito, al menos en la vida de los marineros de hace miles de años.

También podemos situarnos en el descubrimiento, por un campesino griego de aquella época, de un gigante esqueleto de un *Deinotherium giganteum*, una especie extinta de elefante cuya calavera gigantesca, parecería la de un cíclope y que como bien explicó la escritora e historiadora de ciencias arcaicas Adrienne Mayor: "los antiguos griegos eran granjeros y seguramente se encontrarían con huesos fósiles como este y tratarían de explicarlos. Sin concepto

---

[760] Giant squid 'attacks French boat'.
http://news.bbc.co.uk/2/hi/science/nature/2661691.stm

de evolución, tiene sentido que los reconstruyan en sus mentes como gigantes, monstruos, esfinges, etc.''[761]

Añadamos a esto las escasas nociones de medicina, biología y las creencias místicas que existían hace dos o tres mil años y a los habitantes de una comarca tratar de comprender la deformación producida en un recién nacido, cuya parte frontal del cerebro no se divide en los hemisferios derecho e izquierdo y nacía con la condición Ciclópea, es decir con un solo ojo y su madre era asesinada, porque había tenido relaciones con el monstruo mitológico.

Es lo mismo que ocurría masivamente hace miles de años y que aún ocurre en algunas tribus remotas asiáticas, africanas y en las selvas latinoamericanas donde los recién nacidos, con alguna deformación eran y son sacrificados porque creen que nació maldito o fruto de una supuesta relación perversa de la madre con monstruos abominables. Por lo tanto, los cíclopes también eran parte de una realidad en un mundo sin información, medicinas y ciencias que pudieran explicar masivamente los problemas genéticos o la evolución de las especies.

El mítico relato bíblico del Diluvio Universal pudo ser entonces una realidad específica del universo de los acadios en Mesopotamia, porque ese era el único universo que conocían y por lo tanto usted podría abordar una máquina del tiempo con un detector de mentiras y observaría que los acadios no mentían, como ocurriría igual con la población China en la gran inundación de Gun-Yu hace más de cinco mil años, porque para quienes vivían en la Llanura del Norte de China, siempre propensas a las inundaciones, no había otro universo que los límites del suyo.

Y eso ocurre con todas las realidades, porque la mía puede ser completamente distinta a la suya. De hecho, usted y yo podemos observar juntos un fenómeno o evento y al hacerle un recuento a terceros, pudiéramos contar dos versiones distintas.

Por lo tanto, llamar mito o fabula a un hecho del pasado no es otra cosa que una reprogramación. Ambas palabras significarían más bien: realidad descartada. Una información que ha sido sustituida por otra nueva y en consecuencia no hay nada más relativo, que la

---

[761] https://www.nationalgeographic.com/science/article/news-deinotherium-fossils-crete-mythology-paleontology

realidad. Para los egipcios de la misma época sus múltiples deidades eran su realidad, como para el musulmán moderno lo es la figura de un solo Dios, solo que los segundos llaman mitología a los que construían pirámides, y magia a los rituales religiosos de quienes creían fervientemente aquella realidad. Es decir, quienes construyeron las pirámides y las gigantescas estatuas que hoy son profanas para los radicales, creían fervientemente en su realidad presente.

Esto nos lleva entonces a que las realidades, salvo las leyes físicas fundamentales, evolucionan permanentemente, pues no son otra cosa que acuerdos sociales que son transformados continuamente a través de nueva información y esta puede ser a la fuerza o producto de los avances del conocimiento. Por lo tanto, ya no usamos máscaras que asemejan a un cuervo para contrarrestar la peste bubónica y los médicos se lavan las manos y el instrumental quirúrgico para evitar infecciones, que no eran otras cosas que la realidad superada de períodos anteriores.

Pero, imagínese que usted usa nuevamente una máquina del tiempo y aterriza justo al momento en el que está ocurriendo la Plaga de Justiniano que arrasó con un tercio de la población europea en el año 1334. ¿Hubiera podido convencer a los médicos de que no la usarán?, ¿Hubiera podido persuadir siglos más tarde a los médicos, de que lavarse las manos evitaría las infecciones y que las muertes no eran obra de los deseos de Dios? ¿Hubiera podido convencer más tarde a los habitantes de la colonia inglesa de Massachusetts, de que las brujas en realidad, no existen?

La realidad entonces es tan subjetiva como la verdad. Pues no fue hasta el renacimiento que la física aristotélica comenzó a ser descartada por una nueva verdad de Copérnico, luego por otra de Galileo y la nueva verdad que manejamos es la de Newton y en parte sustituida por Einstein. Por lo tanto, no hay tal cosa como la post-verdad como si la misma fuera algo absoluto, pues la verdad evoluciona en la medida en que somos programados por una mejor o más útil información que la sustituya.

Es así como quienes explican que la realidad o la verdad están muriendo tienen toda la razón, pero no se trata del fin de la realidad, ni de la historia, sino de la forma en la que concebimos muchas cosas a nuestro alrededor. Buena parte de los fundamentos científicos y la realidad política y social de la revolución industrial de finales del siglo XIX desapareció con las siguientes fases, tanto como la siguiente fase de la información en la revolución Digital y del Internet de las Cosas superará la de la anterior revolución de la computación.

Por lo tanto, no se trata de algo novedoso. La nueva era matará y enterrará buena parte de la realidad y la verdad tal y como la conocemos. Esto no significa que nuestras concepciones básicas cambien del todo, pues seguiremos confrontando a reyes y los súbditos serán igualmente aplastados por los primeros, seguiremos bajo los mismos tiranos y sátrapas de los griegos, diferenciándonos del otro y otros desearán que no nos diferenciemos, usaremos manadas y cardúmenes para protegernos y habrá quienes usen los cardúmenes y las manadas para destruir, solo que las realidades básicas y las verdades evolucionarán, pues entraremos a una nueva revolución y a un conjunto de nuevas eras y lo haremos mucho más rápido, porque ahora los mecanismos de transmisión de información son en tiempo real.

La Torre de Babel se ha vuelto a construir, el nuevo Universo creado ya no estará integrado en naciones, sino por piezas y partes altamente evolucionadas de cada nación y el impacto de las redes sociales y del nuevo universo que se abre frente a nuestros ojos, nos transformará radicalmente y en no pocos casos, hará nuestra realidad, tan obsoleta como los monstruos marinos.

### El programa de transformación de realidades

Toda esta explicación ha sido necesaria para integrar ahora los últimos conceptos: influencia, programación y nueva realidad.

Pero veamos entonces ¿Qué es la realidad?, La respuesta es simple, la suma de todas las cosas que creemos reales. Podemos intuir que existen cosas reales que son ambientales como el frío, el calor o la lluvia. Un mamut o un tigre dientes de sable se le hacían reales a nuestros ancestros porque estaban allí, como los árboles o el clima que formaban parte de nuestra realidad y además existen otras externas que están basadas en convenciones humanas más temporales, innatas o no. Las primeras, parten de nuestra propia existencia pues son reales, como el hecho de que hablamos o pensamos, como lo es también que nos comunicamos y asociamos. Pero a partir de lo que vemos y más aún cuando ocurre esa asociación con terceros, comenzamos entonces a tener otras que son más subjetivas, es decir, como yo no veo quizás las cosas como las ve usted, pues lo lógico es que nos pongamos de acuerdo primero en las cosas básicas sobre nuestro alrededor y cómo esto repercute en nosotros, pues tenemos que convenir en otros acuerdos-realidades que pueden perdurar en el tiempo como las matemáticas o pueden desaparecer como los monstruos marinos de los navegantes griegos.

Por lo tanto, era lógico entender que las cosas existen, pero a nuestros ancestros les costó mucho más tiempo llegar al consenso de que una luz determinada que era percibida por nuestro cerebro, debía llamarse azul y separarla de las otras a las que llamamos blanco o verde.

Pero existen otras que son menos innatas y básicas, que es cómo percibimos lo que ocurre y simplificamos en acuerdos que pueden ser temporales en la medida en que progresamos. Esta es la razón por la que muchas cosas que fueron parte de la realidad de nuestros ancestros han desaparecido o fueran restadas de nuestra realidad con el pasar del tiempo, como las muescas en los huesos de babuino que usábamos para contar  en el neolítico[762], hasta las fichas representativas que existían hace diez mil para

---

[762] Historia de las matemáticas: En los últimos 10.000 años. Ian Stewart. Editorial Crítica. 2008 págs. 11-19

contar y que duraron miles de años, antes de que nos pusiéramos de acuerdo en nombrar a los números o dígitos, luego de superar los símbolos babilónicos de Mesopotamia y tras la invención de la escritura que transformaron nuestra cultura haciéndonos progresar llamando: uno -y no Jorge o Benito- al primer dígito, así como llegamos a un mejor acuerdo para evitar que el dedo índice representara el número diez mil, como hacían los egipcios antiguos, porque era mejor usar el índice para el uno.

Por lo tanto, hay realidades o acuerdos que, como los símbolos de escritura y los números, son cosas reales y tangibles que vamos sumando a nuestra realidad y que no han variado desde hace miles de años, así como otras, que simplemente han sido superadas. Pero existe una tercera. Nuestras cosas reales también evolucionan o son transformadas por las realidades impuestas por los demás y por lo tanto la noción persiste, pero no así en la sumatoria de la realidad anterior. Por ejemplo, hemos sumado las convenciones milenarias del calzado, vestuario, alimentación, edificación o idioma porque son las que más milenios llevan con nosotros, pero a su vez no vivimos en cuevas, ni nos alimentamos ni vestimos con los cueros de los cazadores, haciendo que las nociones de realidad, sean completamente distintas a las de nuestros ancestros del neolítico.

Cuando Julio César invadió y dominó las Galias cincuenta años antes del nacimiento de Jesús y más de seiscientos antes del de Mahoma, recibimos por primera vez, por escrito la palabra: Religión, al referirse a los druidas celtas como aquellos que: "atienden al cultivo divino, ofrecen los sacrificios públicos y privados e interpretan los misterios de la religión"[763]. Los druidas, según las palabras del césar, eran también el equivalente a la autoridad, las universidades y los jueces, es decir tenían el poder sobre la religión, la justicia en todos sus niveles y la educación, tanto como eran los gobernantes de todas las Galias, nombrando entre todos por consenso a un regente entre ellos.

Si bien fue difícil para Julio César vencer a los aguerridos galos, mucho más fácil fue transformar su cultura al proscribir a los druidas y con ello, la realidad tal y cómo la conocían,

---

[763] Julio César, La guerra de las Galias con las notas de Napoleón. Ediciones Orbis, S. A., 1986. Traducción directa del latín: José Goya Muniáin y Manuel Balbuena. Pág. 99

pues todos creían en los mismos dioses, pero no profesaban la misma forma de devoción. Por lo tanto, al desaparecer su modelo y ser impuesto el romano, las nociones continuaron siendo las mismas, pero no así en la suma de sus realidades.

1.300 años antes de que Cesar acometiera esa reforma, ocurrió la primera conocida de la religión por el faraón Akenatón, quien determinó que sus súbditos estarían mejor creyendo en un solo dios, en vez del politeísmo y con las mismas premisas del césar borraría del mapa a los sacerdotes y templos del resto de los dioses en los que él no creía siendo parte del origen del monoteísmo en la historia, al imponer la creencia de uno solo y siendo en consecuencia el faraón y su esposa, los representantes de Dios y sacerdotes[764] borrando de una vez, cientos de años de realidades e imponiendo las nuevas.

Como hemos ya visto y como nos enseñó la historia de Abraham, en una sola familia pueden existir tres cosas reales distintas sobre un mismo tema y sus hijos se separaron en malos términos para imponer su punto de vista sobre un solo y único Dios. Es así como millones de habitantes del planeta que vivían bajo una sola noción real de religión, sobre un solo y único dios despertaron un día, con distintos sacerdotes y en distintas realidades, con distintos libros de enfoque y rituales, como aquellos familiares en aquella mesa y sea el poder de esos grupos el que siempre trate de imponer su cosa real a los demás.

Esto no trata solo sobre esas cosas reales que llamamos política, religión o economía, pues no se trata solo de las nociones ancestrales que tenemos sobre gobernar y ser gobernados, acumular o no riquezas o creer o no en la divinidad, sino que existen tantas variaciones sobre una misma cosa real y se crean tantas nuevas, que optamos en manadas por lo que consideramos la opción que más nos conviene.

De allí a que muchas cosas reales no varíen en cuanto a la noción que tenemos sobre estas, pero si la forma en la que nos dividimos en el enfoque de esa noción. Y es así como surge el término legal o político: Partido, es decir, ser de una de las partes o de

---

[764] Akhenaten and the Origins of Monotheism, James Karl Hoffmeier, Oxford University Press, 2015

dividirnos en partes para ejercer nuestros intereses y tratar de imponer nuestra cosa real sobre el otro, aunque la noción sea común y tenga miles de años, como cuando los griegos crearon los tres partidos que hasta el día de hoy conforman nuestras nociones sobre los grupos que deben componer la Polis.

Aquellos propietarios y personas que poseen algo siempre creerán en un gobierno en el que ellos o sus representantes gobiernen, la mayoría que tiene poco o es menos favorecida creerá que ellos deben gobernar imponiendo su número y que los más favorecidos repartan parte de su renta y siempre existirán los que creen que debería existir un punto de equilibrio que tome en consideración la coexistencia de ambas fórmulas, que es como están divididas las naciones desde hace miles de años porque no hay grandes diferencias entre los Diacrienses o habitantes de la zona montañosa en Grecia que optaban por el gobierno democrático a sabiendas que eran más: los Pedios o habitantes de las llanuras que eran en su mayoría propietarios y terratenientes por el oligárquico; y los Paralienses o habitantes de las costas que, no siendo una cosa ni la otra, optaban por un gobierno mixto. Es decir, las mismas nociones que tres mil años más tarde conformaron la cosa real a la que llamamos izquierda, derecha y el centro actual.

Y hay que volver a repetir, en nada se diferencian los modelos ya que, de acuerdo a las estadísticas de 2006, el 35% de los magnates y emprendedores en China son miembros activos del partido comunista y velan por sus intereses en este[765] mientras que al menos 153 billonarios o multimillonarios son miembros activos del parlamento chino[766] en una nación que, de acuerdo a los estudios sobre riqueza de Credit Suisse, tiene más habitantes con propiedades mayores a 100 mil dólares, que los Estados Unidos ya que un 22% de los chinos posee esa cantidad, en comparación con el 17% de los estadounidenses y poco menos del 5% de los alemanes o franceses[767].

Imaginemos entonces que programamos a una computadora para que analice todo lo escrito por los comunistas y socialistas, así

---

[765] Ponencia de Wen Xiao en China's Political System, edited by Ning Fang, Springer Nature, 2020 pág. 8

[766] https://www.reuters.com/article/us-china-parliament-wealth-idUSKCN1GD6MJ

[767] Global wealth databook 2021. Credit Suisse Research Institute. Table 3-3: Membership of top wealth groups for selected countries, 2020. Pág. 120

como todas las leyes existentes desde sus primeros tiempos y hasta la caída del muro de Berlín, para acto seguido incluir todos los discursos de los líderes chinos sobre economía, mercado libre, mercado de capitales, libertad de escogencia y propiedad privada, luego incluir a los 153 billonarios chinos en el liderazgo, al 22% de propietarios de más de 100.000 dólares en el banco o al 85% de propietarios de viviendas, así como los gigantescos modelos de acumulación de capitales que superan por mucho a las naciones supuestamente capitalistas.

Es así como la realidad de los chinos ha cambiado tanto, que comunismo significa dos cosas muy distintas para el joven de 20 años, que para al viejo de 80. De hecho, significa dos cosas reales, completamente antagónicas entre sí y una muestra de cómo la realidad ha sido transformada frente a nuestros ojos en pocas décadas.

## La reestructuración de la influencia de Ciber-James

¿Considera Usted importante para su compañía o emprendimiento la publicidad o el uso de las redes sociales? ¿Cuán importantes son? ¿Cree que las redes sociales pueden impactar positiva o negativamente en su negocio? Si ha contestado que sí, mucho y si nuevamente, su opinión se ajusta a la de la mayoría de los CEO, los directores de mercadeo y ventas del planeta.

Todos sabemos ahora lo importantes que son, pues solo a la compañía Meta-Facebook le ingresaron 115 billones de dólares en 2021 por concepto de publicidad. Cifra gigante si la comparamos con los apenas 6 billones del conglomerado Warner-Discovery por el mismo concepto[768], los 5 billones invertidos en lo mismo en la cadena FOX news[769], una cifra similar en CNN y 1,5 billones en publicidad en el gigantesco conglomerado NewsCorp[770], es decir el mayor conglomerado de medios e información de los Estados Unidos, no supera por mucho el 15% de la inversión de publicidad en medios digitales de Meta.

Una sola de las compañías de Facebook, Instagram, es capaz de generar más dinero en publicidad que la suma de todos los medios importantes de ese país[771].

Y es aún peor si lo segmentamos, pues en las principales cadenas de cable Fox, CNN y NBC no llegan a invertir 2,5 billones de dólares en publicidad[772] pues la mayoría de la publicidad está enfocada en los medios digitales de esas empresas.

Vamos a intentar comprender lo ocurrido a través de un pasado no tan lejano. Nuestros padres, abuelos e incluso nosotros veían programas de televisión que duraban en promedio entre 45 y 49 minutos, divididos en cuatro segmentos de dos minutos y medio con comerciales o anuncios de treinta segundos de duración y al menos

---

768 Warner Discovery, SEC report. Consolidated Results of Operations – 2021 vs. 2020 en https://d18rn0p25nwr6d.cloudfront.net/CIK-0001437107/40ad1b55-f8f5-4aba-b794-854817ac49fc.pdf
769 https://investor.foxcorporation.com/static-files/76a77e3f-866f-4f29-8e72-cb650226368b
770 The Sun, NewYork Post, Wall Street Journal, DowJones, FoxTel, Barron´s, MarketWatch etc. en https://investors.newscorp.com/static-files/dc8c7cee-bb03-4571-a036-b1418af9821c
771 https://www.bloomberg.com/news/articles/2020-02-04/instagram-generates-more-than-a-quarter-of-facebook-s-sales#xj4y7vzkg
772 https://www.pewresearch.org/journalism/chart/sotnm-cable-advertising-revenue-for-cable-tv-fox-news-cnn-and-msnbc/

dos segmentos de avances de noticias, y dos más propias de la cadena que también eran una fórmula propagandística. De la misma manera, los medios en competencia se sincronizaban de tal manera que todos recibiéramos el mensaje que querían enviar sus patrocinantes, los políticos y las propias cadenas.

Y aquí es cuando volvemos al mundo real en el que no hay diferencia entre la duración de los programas y los anuncios de la televisión soviética sobre sus productos, intereses noticiosos y agendas políticas. El ruso en la década de los setenta veía comerciales de Aeroflot con la misma calidad de los de Pan American y el mismo contenido de los anuncios que veíamos de un Chevrolet en Dallas, lo percibían los moscovitas con un Lada y casi con el mismo lenguaje sobre confort y calidad que los productos comercializados a través de la televisión china en los años ochenta, cuando incluso, comenzaron a aceptar anuncios de productos occidentales[773].

Así que no hay diferencia en los modelos de influencia del pasado entre el capitalismo de estado y el abierto, con la salvedad de la duración de los anuncios, que en el caso soviético podían durar más de un minuto, mientras que en China el promedio es de once segundos[774], lo que pudiéramos comprenderlo a través de la variedad de la oferta, es decir, los chinos necesitan colocar muchas más marcas que los rusos y la única manera de evitar los comerciales, era mudándose a Corea del Norte, salvo en el año 2009 cuando comenzaron los anuncios sobre "cervezas, ginseng y restaurantes" hasta que la línea dura los prohibió en señal abierta[775].

Una vez definido el modelo, ahora entendamos que en el pasado todos se reunían alrededor del televisor, como los humanos arcaicos lo hacían frente al fuego, por lo que el poderoso

---

[773] Doing Business with China, Volumen 61. U.S. Department of Commerce, International Trade Administration, 1980, pág. 20

[774] Advertising to Children in China. Kara K. W. Chan, Kara Chan, James U. McNeal. Chinese University Press, 2004. Pág. 51

[775] Tomado del libro de Felix Abt director nacional de la compañía suiza ABB en Corea del Norte, quien vivió y trabajó allí durante siete años. En Googlebooks A Capitalist in North Korea: My Seven Years in the Hermit Kingdom. Felix Abt. Tuttle Publishing, 2014 ebook

mensaje en Estados Unidos, Rusia o China, llegaban a una audiencia cautiva. En 1956 el setenta por ciento de los hogares se sentaban para ver dos programas de televisión y uno de estos: Yo amo a Lucy, lograría el récord de sintonía en su capítulo final, mientras que 1983, la mitad de la población estadounidense vio el final de una serie de la televisión llamada M.A.S.H y son records que ya no son alcanzables ni siquiera una vez al año por el Super Bowl[776], pues en los años ochenta, apenas tres cadenas podían lograr en sus guerras de audiencia, los monopolios absolutos de los hogares para inducir a las masas.

Lo mismo pudiéramos comprender con lo que sucedía con periódicos como The New York Times. No es lo mismo vender 1,2 millones de periódicos en 1994[777], que 908 mil diarios diez años más tarde[778] o 780 mil en el primer trimestre de 2022[779]. El fenómeno global pasó de vender más de sesenta millones de periódicos en 1970 a poco más de 24 millones en el presente, con ciento treinta millones de habitantes más. Es decir, era más fácil colocar el mensaje en 1970 cuando se vendían 1,2 periódicos por hogar y se discutía lo ocurrido en familia, que ahora cuando solo llega un periódico a una de cada 5 casas.

Tampoco es el mismo impacto del Show de Ed Sullivan cuando 14 millones de estadounidenses lo sintonizaban en 1963, que el de los más de tres millones que puedan sintonizar el de Stephen Colbert, que es el más visto en 2021 y mucho menos lo es, si se ve a través de cable como lo hace la mayoría en lo que las posibilidades de influencia indirecta son imposibles.

De allí a que los medios de influencia se atomizarán en el siglo XXI y la enorme importancia de las redes sociales aumentará en la medida en la que los medios tradicionales se reestructuren. No es cierto que desaparecerán o serán sustituidos, simplemente

---

[776] El record lo posee el Super Bowl XLIX de 2015 con un tercio de los habitantes de Estados Unidos, mientars M.A.S.H logró la mitad en 1983. https://www.nielsen.com/news-center/2020/super-bowl-liv-draws-nearly-100-million-tv-viewers-44-million-social-media-interactions/

[777] https://www.nytimes.com/1994/04/30/business/8-of-10-largest-us-papers-have-declines-in-circulation.html

[778] https://www.nytimes.com/2009/10/27/business/media/27audit.html

[779] The New York Times Company Reports First-Quarter 2022 Results en https://s23.q4cdn.com/152113917/files/doc_news/2022/05/NYT-Press-Release-3.27.2022-Final-O2ACvs2.pdf

evolucionarán y los medios de la superautopista de la información serán muchos más a la espera del gigantesco nuevo medio de información llamado: Meta-verso.


## Las operaciones de influencia de Ciber-Jane.

Le voy a recordar un titular de noticias: "Encontraron peligrosos niveles de mercurio en el pescado que consumimos", seguramente usted lo ha leído en cualquiera de sus versiones que apuntan a posibles envenenamientos, a las mujeres embarazadas con el uso de la palabra: feto, otros artículos explican los riesgos en los niños y cómo evitarlos comiendo lo menos posible, en fin, invariablemente y con especial énfasis en la salud, esa noticia aparecerá todos los años en los periódicos, en las redes y en todas partes.

Lo interesante es que esta noticia es de 1908 cuando la comunidad científica explicaba que la tierra, en su desgaste natural, produce hasta seis mil toneladas de residuos de mercurio solubles en el agua y en el aire o más cuando hay erupciones volcánicas y que son, desde tiempos inmemoriales, absorbidos por la flora y fauna submarina, así como por el ser humano, pues también está presente en todos los suelos cultivables e incluso en el ganado.

Los síntomas de un posible envenenamiento, es decir los que nos presentan en los medios de comunicación, son los mismos que los del antiguo "síndrome del sombrerero loco" porque los fabricantes estaban expuestos al vapor de mercurio y al recibir una sobredosis resultaba en depresión, apatía o irritabilidad y a mayor exposición los síntomas aumentaban a dolores y temblores generales.

Otras noticias lo vinculan recordando lo ocurrido en Japón en la década de los años 50, concretamente en la localidad de Minamata, donde ocurrió un episodio de envenenamiento por mercurio que elevó las alertas mundiales, para luego descubrirse que una corporación vaciaba al mar decenas de miles de toneladas de químicos, entre los que se encontraban metales pesados como el mercurio. Pero en ambos casos, se debía a lo que hoy conoceríamos como avaricia industrial y eran casos específicos y localizados, es decir no afectaban más allá de los empleados de la sombrerería o a la bahía donde lanzaban los residuos, aquejando a unos diez mil habitantes.

Gracias al caso japonés que derivó en una conferencia para que no vertamos en los océanos los miles de toneladas de desechos peligrosos y al seguimiento que se le da hoy en día, sabemos también que un caso similar al japonés ocurrió, en Ontario, Canadá, cuando otra corporación química, también por avaricia industrial decidió echar a los ríos nueve toneladas de mercurio afectando a la población india de la reserva cercana. En fin, otro caso con efectos localizables que nos es reseñado año tras año para exponernos el problema de consumir pescado.

De allí a que la comunidad científica internacional llevara a finales del siglo pasado el mayor estudio científico y epidemiológico sobre la materia y escogieron a las islas Seychelles, junto a otras islas de Dinamarca e Islandia, donde sus habitantes solo comían dieta de pescado y mamíferos marinos para un estudio que duraría nada menos que tres años. En las islas Seychelles escogieron a 711 niños y tras los años de seguir su dieta con cifras tan altas que estarían prohibidas por nuestros organismos de control, no descubrieron ningún efecto adverso[780], mientras que algunos efectos en la memoria y capacidad cognitiva fueron encontrados en las islas Faroe de Dinamarca, así como efectos en la presión sanguínea. Pero aun cuando los resultados no fueron concluyentes, bastaría con preguntar: ¿Usted come tres veces al día y todo el año, una dieta única de cetáceos, tiburones, moluscos y mamíferos marinos?

La realidad es que no. A estas alturas del nuevo siglo sabemos lo que es o no una dieta saludable y mucho más que si comemos todos los días alimentos enlatados ponemos en riesgo a nuestra salud, igual que si comemos carnes rojas todos los días, embutidos, comida rápida o no cocinamos bien el pollo o el cerdo.

Pero si la contaminación de mercurio afecta las capacidades cognitivas de los niños, o tiene implicaciones en la depresión y a la

---

[780] Toxicological Effects of Methylmercury. National Research Council, Commission on Life Sciences, Board on Environmental Studies and Toxicology, Committee on the Toxicological Effects of Methylmercury. National Academies Press, 2000. Pág. 20

violencia como los sombrereros locos. ¿Cuáles son los países donde, de acuerdo a los estudios y estadísticas, ocurre todo lo contrario, es decir donde sus estudiantes tienen mayores habilidades para la lectura, las matemáticas y las ciencias? ¿Dónde ocurre la menor tasa de violencia y suicidios? Pues descubriríamos con sorpresa que se trata de la mayoría de los países que consumen más pescado per cápita[781], lo mismo encontraría en los países con menor tasa de suicidios o los menos violentos y la expectativa de vida como Japón, que es envidiable, aun cuando consume productos marinos diariamente como ningún otro país. Por lo que el pescado, que es el ingrediente primordial de sus dietas balanceadas de los países con los mejores sistemas educativos, no es el elemento que los hace más propensos a las enfermedades neurológicas o a estar menos incapacitados para educarse como pudieran entenderse a través de los titulares de prensa.

De nuevo ¿Qué tiene esto que ver con la Inteligencia Corporativa? Pues muy simple, comer pollo es lo más saludable que puede hacer usted por su salud y la de su familia.

¿Ya se dio nuevamente cuenta? Es cierto. Lo primero que hice, antes de usar el sentido común, fue asustar a dos tercios de los compradores con la salud de sus hijos y a cientos de miles de embarazadas cada año, para luego explicar lo que debe consumir para garantizar el bienestar de ese embarazo y a esos niños sanos usando una fórmula contraria a la que indicaba que los pediatras de Estados Unidos recomendaban determinado cigarrillo a las embarazadas.

De allí a que el sentido común importe poco cuando ya he utilizado los recursos de reprogramación cultural. Pero lo es aún más cuando lo hacen los estados y grandes consumidores para evitar el consumo de otros países en beneficio propio o una corporación para aumentar su presencia en el mercado. Por ejemplo, el caso de España que en titulares se trata del: "país con mayor concentración de mercurio en la sangre" , "diez veces más mercurio que los alemanes" o donde "el 64% de los niños nacen con altos porcentajes de mercurio en su sangre", aunque en la

---

[781] https://gpseducation.oecd.org/CountryProfile?primaryCountry=ISL&treshold=10&topic=PI

investigación realmente se explicara que el 95% de los sujetos de estudio se encontraban dentro de un rango normal y no representaba ningún peligro, o que no tengan efectos graves esos niveles en los niños ya que es el mismo rango de los estudios del mediterráneo francés o de los niños japoneses.

El mercurio de los peces que consumimos es peligroso, como el azúcar de los productos infantiles y todos los riesgos que corremos al alimentarnos, pero toda esta explicación ha sido importante para determinar el futuro. En la revolución de la información anterior, para transformar la opinión se necesitaban medios de comunicación masivos, colocar la investigación y trabajar durante años para sembrar una opinión y transformarla. De allí a que grandes organizaciones de inteligencia como la KGB soviética invirtieran gigantes recursos económicos y de tiempo en directores de medios, periodistas, corresponsales, historiadores y un sinfín de intermediarios de la información.

Pero para sembrar una información y que esta creciera, se necesitaba contratar científicos o divulgadores de renombre capaces de llevar esa información hasta el último rincón de los hogares. Y cada información que recibimos tiene a su vez un propósito de transformación como por ejemplo el debate acalorado a partir de mediados de los 80`s sobre el cambio climático, el efecto invernadero y el calentamiento global[782] que ha causado una de las mayores transformaciones de la historia al llevar casi cuarenta años desde que se hizo pública la preocupación y cerca de 70 años desde su descubrimiento en 1950, junto al fenómeno de lluvia ácida.

Como el mercurio que consumimos y los productos cancerígenos en nuestros alimentos, todos sabemos que el calentamiento global es peligroso para todos y más cuando la NASA en 1974 envió las fotos del agujero de la capa de ozono y los científicos muy angustiados sugirieron que el planeta estaba desprotegido de los terribles rayos gamma que nos harían encender en llamas si caminábamos bajo el agujero.

---

[782] Greenhouse Effect and Global Climate Change: Hearings Before the Committee on Energy and Natural Resources, United States Senate, One Hundredth Congress, First Session ... November 9 and 10, 1987, Volumen 4, Parte 2. U.S. Government Printing Office, 1988

Pero lo que en realidad importa, no es solo una información que está allí desde hace más de cien años como la del mercurio o con la de la lluvia ácida de 1950, ni la capa de ozono que va a cumplir cincuenta años, sino lo que hacen los políticos con esta información y el impacto de las transformaciones en su uso.

Y esto es lo que debemos comprender de la información y su uso. Volviendo al principio de este libro, si la inteligencia para sobrevivir depende de la calidad de la información para nuestra toma de decisiones, en la información es donde está la guerra para que usted y su compañía la pierdan. Debemos entonces que comprender que toda información que llega a discutirse públicamente, no es otra cosa que mecanismos de transformación de realidades. Tienen un propósito y un fin de reprogramación.

El problema que tenemos, es que estas transformaciones, que duraban décadas en llegar a los hogares y ser aceptadas por todos, en la nueva revolución de la información y las redes sociales prácticamente llegan en tiempo real y transforman la opinión masivamente en una fracción del tiempo anterior. De allí, sus inmensos peligros.

Sabemos que Rusia interfirió en las elecciones de los Estados Unidos en 2016, como también que lograron influir en cierto modo en las alemanas de 2017[783] y no les resultó posible en Francia el mismo año. Se conoce que usaron operaciones similares durante el Brexit del Reino Unido, así como en el referendo de independencia escocesa y también en la independencia catalana. Así que imaginemos lo que puede hacer en su corporación, porque no hacen falta los mismos recursos con los que antes contaba la KGB, ya que las herramientas tecnológicas permiten en el presente y permitirán en el futuro cercano apoderarse de las riendas de una corporación, afectándola en todo o en parte.

---

[783] https://www.brookings.edu/testimonies/the-impact-of-russian-interference-on-germanys-2017-elections/

## El Metaverso está por comenzar

"Somos la nueva clase obrera" exclamó un día mi socio en la Unidad de desarrollo de la compañía. "Los desarrolladores serán los nuevos obreros" explicaba a sus empleados con un cierto tono de preocupación e inquietud frente a un planeta que tendrá cien millones de estos en un abrir y cerrar de ojos. Cuando comenzamos la compañía la división estaba en la cúspide de la cadena alimenticia laboral, apenas un par de millones de almas se dedicaba en los Estados Unidos a alguna relación con la computación y entre estos, los programadores y desarrolladores eran vistos como los sabios de una nueva era de ilustración.

Pero en 2009 la cifra de programadores había alcanzado el medio millón de trabajadores y casi un millón de ingenieros de software habían llegado a generar una clase media muy interesante. Pero, sobre todo, habían normalizado el campo laboral y para la fecha en la que dijo esto, casi seis millones de desarrolladores, programadores e ingenieros hacen vida en común en el universo de la computación. Son más que los que trabajan en ingeniería, y muchos más que la suma de analistas financieros, de operaciones, contadores, auditores y relacionados juntos[784].

Para el año 2022, las palabras de mi socio resuenan como un estruendo, porque la suma de trabajadores en computación ha superado a la de los obreros de construcción[785] y para el 2030 serán una cifra equivalente a la de los trabajadores actuales de salud[786]. Pero eso es solo parte del problema. Los que trabajan de alguna manera en desarrollo pasaron de ser los sabios ilustrados, a trabajadores calificados en apenas una década y ahora cada vez ganan menos en la medida en que la especialización requiere de talentos muy por encima de una media que ya de por sí es alta, dejando a la mayoría como simples obreros. De allí, que el apetito por estas carreras en Occidente esté empezando a ralentizarse en la medida en que la competencia

---

[784] https://www.bls.gov/cps/cpsaat11.htm

[785] Carpinteros, Obreros de la construcción, Operadores de equipos de construcción, Instaladores de paneles de yeso, instaladores de tejas y encintados, Electricistas, Vidrieros, Trabajadores de aislamiento, Pintores y empapeladores, Plomeros e instaladores de tuberías y de vapor.

[786] BLS. Employment Projections — 2021-2031 en www.bls.gov/news.release/pdf/ecopro.pdf

mundial las hace menos apetecibles y los que pueden vivir mejor, son el porcentaje más pequeño de trabajadores ultra calificados.

Pero existe una paradoja. A la mayoría de los más calificados no les gusta estar en una pirámide salarial que de por sí, paga menos que el mundo freelance y entonces ocurre lo obvio, un millón de puestos tecnológicos está vacante porque nadie quiere ocuparlos.

Para el año 2013 nuestra compañía estaba ya compitiendo en el sexto continente. Ahora programadores en Bangladesh, Vietnam y sobre todo la India competían por los productos a una fracción de nuestros costos y las oportunidades de desarrollo cada vez son menores en la medida en la que dos millones de desarrolladores se unen mundialmente cada año en una línea de trabajo que les permite operar sin fronteras.

En otras palabras, ocurre lo mismo que en Metaverso de Stephenson con su protagonista. Habla un idioma que pocos logran dominar y sin embargo sólo puede darse el lujo de vivir en un container y repartir pizzas para comer.

Pero Hiro Protagonist al menos tiene suerte. No solo habla un lenguaje nuevo, sino lo que se hace con ese nuevo lenguaje le permite ser la nueva clase obrera que es distinto y eso crea un problema de magnitudes catastróficas para otras sociedades, más que el calentamiento global, más que el mercurio en los peces, la lluvia ácida y el derretimiento de los polos. Se trata de un problema del que nadie habla, porque a nadie le preocupa lo que pase con aquellos que no sean capaces de vivir en la cuarta ola, es decir, aquellos países que no cuentan con las capacidades instaladas de la segunda y la tecnología de la tercera ola.

Hiro Protagonist tiene suerte, los que no la tienen son las sociedades analógicas que quedarán atrás en un mundo más complejo. Uno que tiene hoy a 3,7 billones de personas con algún grado de pobreza, de los cuales la mitad solo puede comer y más de 800 millones pasan hambre. La tecnología no es de ninguna forma responsable de que esto ocurra, pero los resultados económicos de las olas tecnológicas harán imposible competir al menos a la mitad de la población mundial.

Estamos viviendo un proceso de cambios vertiginosos y además enfrentando una era de grandes cambios sociales y políticos. Si la tercera ola tecnológica condenó a decenas de países, la cuarta terminará por arruinar a otra parte que será simplemente incapaz de competir en el mundo que se les hace imposible de alcanzar. El resultado es obvio, continentes o porciones importantes de los continentes que habían logrado cierto nivel de prosperidad, caerán en la pobreza y serán arrasados, hordas gigantes de migrantes buscarán una nueva vida en los países de la cuarta ola y el hambre en el mundo será la misma realidad de siempre, no así la pobreza que se extenderá.

China e India emprenderán cada día más su plena productividad y cuando alcancen su pico, el mundo será distinto, pero los productos baratos arrasarán con el poco potencial de África, América Latina, algunos países asiáticos y otras partes de África, los nuevos modelos energéticos terminarán de sepultar a las naciones que vivían de la energía fósil y casi todo lo que yace por debajo del Trópico de Cáncer sufrirá las consecuencias, porque a fin de cuentas el mercurio en los peces y el calentamiento global son problemas del primer mundo que muchos desearían tener debajo de ese mundo.

Sin embargo, la brecha tecnológica y la desaceleración de desarrolladores en Occidente, representan un riesgo enorme para las corporaciones y su seguridad. Cuando India, China y los tigres asiáticos cuenten con dos tercios de los desarrolladores, las corporaciones occidentales estarán en grave riesgo para enfrentar la era del Metaverso.

El nuevo juego ha comenzado. La pregunta es ¿cómo sobrevivir?

www.ingramcontent.com/pod-product-compliance
Lightning Source LLC
Chambersburg PA
CBHW051548250726

48653CB00004BA/1048